Unternehmertum im Kreis Ahrweiler

Mareike Heinzen · Jörn Thiele

Unternehmertum im Kreis Ahrweiler

Praxisberichte von CEOs über Krisen, Chancen und die Zukunft

Mareike Heinzen
Hochschule Koblenz
Remagen, Rheinland-Pfalz, Deutschland

Jörn Thiele
FOM Hochschule für Oekonomie & Management
Köln, Deutschland

ISBN 978-3-662-68328-6   ISBN 978-3-662-68329-3 (eBook)
https://doi.org/10.1007/978-3-662-68329-3

Die Deutsche Nationalbibliothek verzeichnet diese Publikation in der Deutschen Nationalbibliografie; detaillierte bibliografische Daten sind im Internet über http://dnb.d-nb.de abrufbar.

© Der/die Herausgeber bzw. der/die Autor(en), exklusiv lizenziert an Springer-Verlag GmbH, DE, ein Teil von Springer Nature 2024

Das Werk einschließlich aller seiner Teile ist urheberrechtlich geschützt. Jede Verwertung, die nicht ausdrücklich vom Urheberrechtsgesetz zugelassen ist, bedarf der vorherigen Zustimmung des Verlags. Das gilt insbesondere für Vervielfältigungen, Bearbeitungen, Übersetzungen, Mikroverfilmungen und die Einspeicherung und Verarbeitung in elektronischen Systemen.
Die Wiedergabe von allgemein beschreibenden Bezeichnungen, Marken, Unternehmensnamen etc. in diesem Werk bedeutet nicht, dass diese frei durch jedermann benutzt werden dürfen. Die Berechtigung zur Benutzung unterliegt, auch ohne gesonderten Hinweis hierzu, den Regeln des Markenrechts. Die Rechte des jeweiligen Zeicheninhabers sind zu beachten.
Der Verlag, die Autoren und die Herausgeber gehen davon aus, dass die Angaben und Informationen in diesem Werk zum Zeitpunkt der Veröffentlichung vollständig und korrekt sind. Weder der Verlag noch die Autoren oder die Herausgeber übernehmen, ausdrücklich oder implizit, Gewähr für den Inhalt des Werkes, etwaige Fehler oder Äußerungen. Der Verlag bleibt im Hinblick auf geografische Zuordnungen und Gebietsbezeichnungen in veröffentlichten Karten und Institutionsadressen neutral.

Planung/Lektorat: Mareike Teichmann
Springer Gabler ist ein Imprint der eingetragenen Gesellschaft Springer-Verlag GmbH, DE und ist ein Teil von Springer Nature.
Die Anschrift der Gesellschaft ist: Heidelberger Platz 3, 14197 Berlin, Germany

Das Papier dieses Produkts ist recyclebar.

Für unsere Töchter, denn sie sind die Zukunft!

Vorwort

Der 14. und 15 Juli des Jahres 2021 hat sich uns als BürgerInnen des wunderschönen Kreises Ahrweiler ins Gedächtnis gebrannt: Eine Flutwelle unerwarteten Ausmaßes traf uns entgegen aller Vorstellungskraft!

Wir standen am verregneten Abend des 14. Julis in Ahrweiler an unserem kleinen Flüsschen Ahr, in dem wir uns im Sommer oft abkühlten und beobachteten, wie sie langsam – vergleichbar zu den Hochwassern der vergangenen Jahre – über die Ufer trat. Wir erhielten erste E-Mails von Schule und Kindergarten über Schließungen aufgrund der Unwetterwarnung. Es sprach sich herum, dass man sich nahe der Ahr mit Sandsäcken ausstatten und Taschenlampen bereitlegen sollte und zu etwas späterer Stunde auch möglicherweise von der Feuerwehr evakuiert werden könne. Offizielle Warnungen erreichten uns nicht. Ohne allzu große Sorgen gingen viele Menschen schlafen, so auch wir – bis wir kurz nach Mitternacht von Evakuierten aus dem Schlaf „gerufen" wurden, denn Klingel oder elektrische Jalousien funktionierten schon nicht mehr. Wäre uns zu diesem Zeitpunkt bereits klar gewesen, wie viele Menschen, Freunde und Bekannte an der Oberahr bereits ihr Leben gelassen hatten oder noch um ihr Leben kämpften – wie viele Menschen noch in Bad Neuenahr-Ahrweiler und Sinzig in den folgenden Stunden sterben würden, wir hätten uns nicht wieder schlafen gelegt. Diese Schwere lastet auf allen BürgerInnen des Ahrtals. Wir haben es nicht besser gewusst!

Als wir am Morgen des 15. Juli direkt am Wasser der Ahr standen, dort, wo das Ufer normalerweise noch mindestens 100 m entfernt ist und wir unser zum Rhein angeschwollenes Flüsschen betrachteten, mit all den schwimmenden Autos, Wohnwägen, Bäumen, Spielplatzschaukeln und Gartenutensilien, war die Situation noch immer surreal. Unsere kleine Tochter entdeckte angeschwemmte Kinderschuhe und wir begannen sofort aufzuräumen und zusammenzulegen. Lächerlich gegen diese Naturgewalt, aber gegen Ohnmacht und Schock hilft das Tun und Machen, wie wir in diesem Buch noch vielfach lesen werden.

Zu diesem Zeitpunkt wussten wir nichts über das generelle Ausmaß der Katastrophe, nichts über Tote oder zerstörte Brücken. Als immer mehr Freunde und Bekannte aus dem Bundesgebiet und sogar aus dem entfernten Ausland nach unserem Befinden fragten, wurde uns klar, dass Menschen im Katastrophengebiet aufgrund zerstörter Infrastruktur uninformierter sind als der Rest der Welt.

Diejenigen, die zuerst agierten, waren diejenigen, von denen dieses Buch handelt: Die UnternehmerInnen des Kreises Ahrweiler. Zwei von ihnen hatten binnen weniger Tage einen Shuttle-Dienst organisiert, um die zahlreich ins Ahrtal strömenden Helfermassen zu koordinieren. In einer unsicheren, noch nie dagewesenen, komplexen Situation handelten sie proaktiv, innovativ und mutig, indem sie in kürzester Zeit mit eigenem Kapital und persönlichem Einsatz das Helfer-Shuttle ins Leben riefen, welches ein ganzes Jahr über 125.000 HelferInnen ins Ahrtal bringen sollte. Ohne das unternehmerische Denken und Handeln dieser beiden Unternehmer hätte das Wort „SolidAHRität" nie seine heutige Bedeutung erlangt und wäre nicht auf dem 2. Platz des „Wort des Jahres"-Wettbewerb 2021 gelandet.

Aber nicht nur diese beiden Unternehmer, welche wir in diesem Buch vorstellen dürfen, sondern auch viele andere nutzten diese und andere Krisen als Chance für die Zukunft.

Auch vor und nach der Ahrflut gab es viele herausfordernde Zeiten, wie beispielsweise die Finanzkrise 2008, die COVID19-Pandemie 2020 oder der russische Angriffskrieg auf die Ukraine 2022, die die Unternehmen im Kreis Ahrweiler mehr oder weniger hart getroffen haben. Aber UnternehmerInnen wären nicht UnternehmerInnen, wenn sie im Schock verharren oder sich verstecken würden, sondern sie „unternehmen etwas" – im wahrsten Sinne des Wortes. Alle 15 GeschäftsführerInnen, die wir mehrere Stunden interviewen durften und für deren Zeit wir unendlich dankbar sind, klagten nie – auch wenn ihnen stellenweise durch das Jahrhunderthochwasser hohe finanzielle Schäden entstanden. Diejenigen, die nicht unmittelbar betroffen waren, packten mit an, stellten Mitarbeitende für Hilfstätigkeiten frei, sammelten für stark Betroffene oder boten Lagerstätte und Unterkünfte an.

Neben den von uns im folgenden vorgestellten Unternehmen gibt es im Kreis Ahrweiler noch zahlreiche weitere. Unter anderem auch jene, die den wichtigen Tourismus und Weinbau unseres wunderschönen Tales stützen. Dies sind zwei wesentliche und tragende wirtschaftliche Säulen des Kreises, von denen die meisten mit viel Mut, Kraft und Innovationsfähigkeit diese Krise überstanden haben oder noch überstehen. Über sie wurde und wird medial viel berichtet. Daher wollen wir in diesem Buch den Fokus auf die dritte wirtschaftliche Säule des Kreises Ahrweiler legen, die häufig weniger Beachtung findet: den Unternehmen, den „versteckten" (Welt)-Marktführern, den sogenannten „Hidden Champions", die im Kreis Ahrweiler innovative Produkte entwickeln und produzieren sowie Dienstleistungen anbieten. Durch ihre Größe und ihren Erfolg sind sie unverzichtbare Arbeitgeber und Sponsoren der Region sowie auch Kooperationspartner der Hochschulen, sind häufig jedoch nicht bekannt bzw. werden in ihrer Rolle so nicht wahrgenommen. Sie schaffen Arbeitsplätze, die junge Menschen und Familien in das jetzt schon wieder wunderschöne, obwohl teilweise noch zerstörte, natur- und kulturverbundene sowie familienfreundliche Ahrtal locken. Sie machen den Kreis Ahrweiler über seine Grenzen hinaus bekannt und tragen so zu seiner Attraktivität bei. Sie kooperieren und forschen mit den Hochschulen im und über den Kreis hinaus. Wir wollen diesen UnternehmerInnen mit diesem Buch Gehör verschaffen, denn sie arbeiten an unserer Zukunft!

Wir hoffen, dass Sie spannende Einsichten bei der Lektüre der Geschichten und Praxisberichte der CEOs über Krisen, Chancen und ihre Zukunft im Kreis Ahrweiler erlangen! Für alle UnternehmerInnen, die nicht aufgenommen werden konnten, weil die Zeit aufgrund der Flut fehlte oder sich schlichtweg Rahmenbedingungen geändert haben, möchten wir hiermit eine Ermutigung aussprechen, sich bei uns für die nächste Auflage zu melden, auf die wir uns jetzt bereits freuen!

Ahrweiler
31.7.2023

Mareike Heinzen
Jörn Thiele

Stimmen zum Buch

„Was für eine Katastrophe, nach einer Nacht war die Welt im Ahrtal eine andere. Neben vielen Leben hatte die Flut auch wirtschaftliche Existenzen zerstört, es war ein Blick in den Abgrund. Die Unternehmer in der Gegend spürten angesichts der Katastrophe und der Arbeit vergangener Generationen sehr bald aber auch ihre Verpflichtung. Es musste weitergehen, mit neuem Mut und neuen Ideen. Davon berichtet eindringlich dieses Buch".

Carsten Knop, Herausgeber Frankfurter Allgemeine Zeitung

„Mittelständische Unternehmen und Hidden Champions sind oft eng mit ihrer Heimatregion verbunden. Dieses Buch zeigt eindrucksvoll am Beispiel der Jahrhundertflut im Kreis Ahrweiler, wie diese Verbundenheit in schwierigen Zeiten Positives für eine Region bewirken kann. Es unterstreicht die hohe Bedeutung eines global erfolgreichen und lokal verbundenen Mittelstands, wie es ihn in Deutschland in vielen Regionen gibt. Das Buch macht Mut und lässt positiv in die Zukunft blicken!"

Prof. Dr. Jörn Block, Professur Entrepreneurship/Unternehmensführung Universität Trier

Inhaltsverzeichnis

1	**Einleitung**	1
	1.1 Unternehmertum in Krisenzeiten	1
	1.2 Unternehmertum im Kreis Ahrweiler	3
	Literatur	8
2	**Adams Holzbau-Fertigbau GmbH**	9
	2.1 Entstehungsgeschichte: „Familie Adams und die Modularisierung" ...	9
	2.2 Krisen und Chancen: „Ein langer Atem zahlt sich aus"	14
	2.3 Zukunft im Kreis Ahrweiler: „Wunsch nach mehr Bautätigkeit in Rheinland-Pfalz"	15
	2.4 Erfolgsrezept: „Sich mit den richtigen Partnern vernetzen"	17
	Literatur	19
3	**Berthold Becker für Ingenieur- und Tiefbau GmbH**	21
	3.1 Entstehungsgeschichte: „Multi-Unternehmer und Datenbauer"	21
	3.2 Krisen oder Chancen: „Konflikt- und Leidensfähigkeit"	25
	3.3 Zukunft im Kreis Ahrweiler: „Zumindest eine Strategie für die Infrastruktur"	27
	3.4 Erfolgsrezept: „Wertschätzung, Freude und Dranbleiben"	29
	Literatur	31
4	**Dr. Eckel Animal Nutrition GmbH & Co. KG**	33
	4.1 Entstehungsgeschichte: „Mut einer jungen Mutter"	33
	4.2 Krisen oder Chancen: „Aus den Tiefen Höhen machen"	38
	4.3 Zukunft im Kreis Ahrweiler: „Bildung, Internationalisierung und das Handwerk"	40
	4.4 Erfolgsrezept: „Naivität, Mut, ständiges Neuerfinden und das Positive sehen"	42
	Literatur	44

5	**Gebrüder RHODIUS GmbH & Co. KG**		45
	5.1	Entstehungsgeschichte: „Eine 200-jährige Unternehmenshistorie"	45
	5.2	Krisen oder Chancen: „VUCA als das neue Normale"	48
	5.3	Zukunft im Kreis Ahrweiler: „Schön, unternehmerfreundlich, mit besserer Infrastruktur"	50
	5.4	Erfolgsrezept: „Nachhaltiges Weitermachen mit Menschen"	52
	Literatur		54
6	**Heuft Systemtechnik GmbH**		55
	6.1	Entstehungsgeschichte: „Innovatoren mit Mut und Risiko"	55
	6.2	Krisen oder Chancen: „Die Glaskugel gibt es nicht"	58
	6.3	Zukunft im Kreis Ahrweiler: „Ja, aber auch für Familien?"	61
	6.4	Erfolgsrezept: „Balance schaffen"	63
	Literatur		65
7	**Josef Emmerich Pumpenfabrik GmbH**		67
	7.1	Entstehungsgeschichte: „Von Hönningen nach Hongkong"	67
	7.2	Krisen oder Chancen: „Mannschaft, Zusammenhalt und Region"	71
	7.3	Zukunft im Kreis Ahrweiler: „Wenn der Kreis wieder attraktiv wird für Zugezogene"	73
	7.4	Erfolgsrezept: „Tradition und Innovation"	74
	Literatur		76
8	**Klaes GmbH & Co. KG**		77
	8.1	Entstehungsgeschichte: „Hartnäckigkeit, auch beim Generationenwechsel"	77
	8.2	Krisen oder Chancen: „Lernen aus vielfältigen Krisen"	81
	8.3	Zukunft im Kreis Ahrweiler: „Ein Traumstandort, der Neuaufbau braucht"	84
	8.4	Erfolgsrezept: „Den Zielen treu bleiben, Voraussicht und Vertrauen"	86
	Literatur		88
9	**LIGHTWAY GmbH**		89
	9.1	Entstehungsgeschichte: „Gesund wachsen"	89
	9.2	Krisen oder Chancen: „Nie erst in die Krise kommen"	92
	9.3	Zukunft im Kreis Ahrweiler: „Hohe Lebensqualität, aber mit Unterstützung"	94
	9.4	Erfolgsrezept: „In Herausforderungen denken"	95
	Literatur		97

10 MK Technology GmbH ... 99
- 10.1 Entstehungsgeschichte: „Begeisterung und Zufall" ... 99
- 10.2 Krisen und Chancen: „Der Unternehmer trägt letztlich das Risiko" ... 103
- 10.3 Zukunft im Kreis Ahrweiler: „Mehr Pragmatismus seitens der Verantwortlichen" ... 104
- 10.4 Erfolgsrezept: „Ein Nerd mit Ehrgeiz und Ausdauer" ... 105
- Literatur ... 106

11 Neue Werft GmbH ... 107
- 11.1 Entstehungsgeschichte: „Vom Unternehmer-Gen und vom Loslassen" ... 107
- 11.2 Krisen oder Chancen: „Corona als Digital Change at Speed" ... 112
- 11.3 Zukunft im Kreis Ahrweiler: „Investitionen in eine Region mit Lebensqualität" ... 114
- 11.4 Erfolgsrezept: „Unternehmertum, Visionen und große Wachheit" ... 115
- Literatur ... 117

12 Pedics KG ... 119
- 12.1 Entstehungsgeschichte: „Technik, Medizin, Unternehmertum und viele Mentoren" ... 119
- 12.2 Krisen oder Chancen: „Durchbeißen und Weitsicht" ... 124
- 12.3 Zukunft im Kreis Ahrweiler: „Innovativer denken" ... 125
- 12.4 Erfolgsrezept: „Voller Einsatz mit einem starken Team" ... 127
- Literatur ... 129

13 RED Aircraft ... 131
- 13.1 Entstehungsgeschichte: „Entwicklung und Management – jedem seine Kompetenz" ... 131
- 13.2 Krisen oder Chancen: „Nach vorne schauen" ... 134
- 13.3 Zukunft im Kreis Ahrweiler: „Synergien unter Unternehmern schaffen" ... 138
- 13.4 Erfolgsrezept: „Pioniergeist, Optimismus und ständige Verbesserung" ... 139
- Literatur ... 140

14 Schiele Maschinenbau GmbH ... 141
- 14.1 Entstehungsgeschichte: „Motto ist Machen" ... 141
- 14.2 Krisen oder Chancen: „Den Glauben nicht verlieren" ... 144
- 14.3 Zukunft im Kreis Ahrweiler: „Mit guter Anbindung an einen Traumstandort" ... 148
- 14.4 Das Erfolgsrezept: „Das Miteinander" ... 149
- Literatur ... 151

15 Sprengnetter GmbH ... 153
- 15.1 Entstehungsgeschichte: „Theoretische Basis legt den Grundstein" ... 153
- 15.2 Krisen oder Chancen: „Krisen für die nächste Krise nutzen" ... 156
- 15.3 Zukunft im Kreis Ahrweiler: „Über Bildung und gute Infrastruktur" ... 159
- 15.4 Erfolgsrezept: „Am Puls der Zeit mit Start-ups" ... 161
- Literatur ... 163

16 wolfcraft GmbH ... 165
- 16.1 Entstehungsgeschichte: „Der Innovator aus Remscheid" ... 165
- 16.2 Krisen oder Chancen: „Krisenresistent mit Glück und Reflektion" ... 169
- 16.3 Zukunft im Kreis Ahrweiler: „Unternehmerfreundlich, mehr Zukunftsorientierung" ... 171
- 16.4 Erfolgsrezept: „Voraussichtige Produkt- und Organisationsinnovationen" ... 172
- Literatur ... 174

17 Fazit ... 175
- 17.1 Wie UnternehmerInnen aus Krisen Chancen ergreifen ... 176
- 17.2 Plädoyers und Ausblick für die Zukunft ... 181
- Literatur ... 184

Stichwortverzeichnis ... 185

Über die Autoren

Die Autorin
Mareike Heinzen ist seit 2014 Professorin für Innovationsmanagement und Unternehmensführung am RheinAhrCampus in Remagen der Hochschule Koblenz. Der RheinAhr-Campus liegt im Kreis Ahrweiler, der Heimat der Autorin, in der bereits ihre Vorfahren als WinzerInnen, LehrerInnen oder KünstlerInnen zu Hause waren. Bevor sie wieder ins Ahrtal zurückkehrte, studierte sie Wirtschaftsingenieurwesen an der TH Karlsruhe (KIT), in den Niederlanden und Italien, arbeitete dann als Produktmanagerin bei der Daimler AG in Mannheim, den USA und Thailand und promovierte an der ETH Zürich in der Schweiz am Institut für Technologie- und Innovationsmanagement über kontinuierliche Innovationen in der Produktentwicklung. Heute publiziert die Autorin zusammen mit ihrem Forschungsteam, der MIC (Managing Innovation & Collaboration)-Group weiterhin in internationalen Journalen oder referiert auf Konferenzen über Themen wie Unternehmertum oder nachhaltige Innovationen. Außerdem leitet sie den Bachelorstudiengang „Management, Führung, Innovation" sowie den dazugehörigen englischsprachigen Masterstudiengang. Mit der wissenschaftlichen Leitung des StartupLabs am RheinAhrCampus unterstützt sie Studierende beim Einstieg ins Unternehmertum.

Der Autor
Jörn Thiele blickt auf eine langjährige Unternehmensberaterkarriere bei Helbling Management Consultants und Horváth & Partner zurück, innerhalb welcher er Unternehmen in Fragen des modernen Innovationsmanagements beraten hat. Heute ist er als Hochschuldozent an der FOM Hochschule für Oekonomie & Management in Köln mit Schwerpunkt Technologie- und Innovationsmanagement tätig. Zuvor war er bei Roche Molecular Diagnostics in Zug, Schweiz, als Teamleiter in der Systementwicklung angestellt, wo er an der Entwicklung der heutigen verwendeten PCR-Diagnostikplattformen mitwirkte. Nach seinem Studium der Elektrotechnik an der TH Karlsruhe (KIT) promovierte er 2007 zum Dr. Ing. mit Schwerpunkt „Biomedizinische Technik", wo er an neuen Verfahren zur Detektion von Veränderungen von Herzmuskelzellen forschte.

Die Autoren eint als Bewohner des Ahrtals die Hoffnung, dass die Region nicht nur wieder lebenswert und attraktiv wie zuvor wird, sondern auch nachhaltige und innovative Lösungen für die Zukunft bereithält. Insbesondere möchten sie mit diesem Buch eine Lanze für die Unternehmen der Region brechen, welche nicht nur als Arbeitgeber und Gewerbesteuerzahler einen maßgeblichen Teil zur Lebensqualität beitragen, sondern auch in den Krisen der letzten Jahre mutig und innovativ vorangeschritten sind.

Abbildungsverzeichnis

Abb. 1.1	Antworten durch unternehmerisches Denken und Handeln auf VUCA. (Angelehnt an Müller-Roterberg, 2020)	3
Abb. 1.2	Der Fluss Ahr ist zentral im Kreis Ahrweiler, der sich im nördlichen Rheinland-Pfalz durch Kleinstädte, viel Wald, aber auch Weinbau- und Gewerbegebiete auszeichnet. (Mit freundlicher Genehmigung von © Vermessungs- und Katasterverwaltung Rheinland-Pfalz [2023]. All Rights Reserved)	4
Abb. 2.1	Das neue Bürogebäude der Adams Holzbau-Fertigbau GmbH. (Mit freundlicher Genehmigung von © Reinhard und Sebastian Adams [2023]. All Rights Reserved. Foto: Dominik Ketz)	10
Abb. 2.2	Produktion eines Wandelements in Holzrahmenbauweise. (Mit freundlicher Genehmigung von © Reinhard und Sebastian Adams [2023]. All Rights Reserved. Foto: Dominik Ketz)	13
Abb. 3.1	Berthold Becker – sowohl im Tief- als auch im Hochbau zu Hause, rechts der Bad Neuenahrer Bahnhof. (Mit freundlicher Genehmigung von © Markus Becker [2023]. All Rights Reserved. Fotos: Dominik Ketz)	22
Abb. 4.1	Dr. Eckels Corporate Design. (Mit freundlicher Genehmigung von © Dr. Eckel Animal Nutrition GmbH & Co. KG. All Rights Reserved)	34
Abb. 4.2	Dr. Eckels Headquarter in Niederzissen. (Mit freundlicher Genehmigung von © Dr. Eckel Animal Nutrition GmbH & Co. KG. All Rights Reserved)	37
Abb. 5.1	Die Produktpalette des Getränkeanbieters. (Mit freundlicher Genehmigung von © RHODIUS GmbH & Co. KG. All Rights Reserved)	46

Abb. 6.1	Kontroll-, Inspektions-, Ausleit- und Etikettiertechnik bei der Abfüllung und Verpackung von Getränken, Lebensmitteln und Pharmazeutika. (Mit freundlicher Genehmigung von © Heuft Systemtechnik GmbH & Co. KG. All Rights Reserved)	56
Abb. 6.2	Hauptgebäude der Heuft Systemtechnik GmbH in Burgbrohl umgeben von logistikfreundlicher Fläche. (Mit freundlicher Genehmigung von © Heuft Systemtechnik GmbH & Co. KG. All Rights Reserved)	59
Abb. 7.1	Kolbenmembranpumpen der Firma Josef Emmerich Pumpenfabrik GmbH. (Mit freundlicher Genehmigung von © Emmerich Pumpenfabrik GmbH. All Rights Reserved)	68
Abb. 7.2	Eine Großpumpe, die auf dem Werkgelände von Josef Emmerich Pumpenfabrik steht. (Mit freundlicher Genehmigung von © Emmerich Pumpenfabrik GmbH. All Rights Reserved)	69
Abb. 8.1	Das Produktportfolio der Firma Klaes. (Mit freundlicher Genehmigung von © Klaes GmbH & Co. KG. All Rights Reserved)	78
Abb. 8.2	Headquarter Klaes GmbH, Wilhelmstr. 85–87 in Bad Neuenahr-Ahrweiler. (Mit freundlicher Genehmigung von © Klaes GmbH & Co. KG. All Rights Reserved)	79
Abb. 9.1	Ausgewählte Beispiele mittels additiver Fertigung von LIGHTWAY. (Mit freundlicher Genehmigung von © LIGHTWAY GmbH. All Rights Reserved)	90
Abb. 9.2	Die seit 2023 bezugsfertige neue Produktionshalle von LIGHTWAY. (Mit freundlicher Genehmigung von © LIGHTWAY GmbH. All Rights Reserved)	94
Abb. 10.1	Das Forschungs- und Entwicklungszentrum des Unternehmens (links) und Endmontage eines vollautomatischen Dampf-Autoklaven (rechts). (Mit freundlicher Genehmigung von © MK Technology GmbH. All Rights Reserved)	101
Abb. 10.2	Michael Kügelgen am Steuer seines selbstbauten Senkrechtstart-fähigen Luftfahrzeugs eMagic One. (Mit freundlicher Genehmigung von © MK Technology GmbH. All Rights Reserved.)	103
Abb. 11.1	Der neue Standort der Neuen Werft in Bad Neuenahr. (Mit freundlicher Genehmigung von © Neue Werft GmbH [2023]. All Rights Reserved)	108
Abb. 11.2	Marc Ulrich und Celina Tesche vom Ahrtal-Tourismus bei der Verleihung des German Brand Awards 2023 für die Kampagne „we ahr open". (Mit freundlicher Genehmigung von © Neue Werft GmbH [2023]. All Rights Reserved)	110

Abbildungsverzeichnis

Abb. 12.1	Thomas Pütz mit Mitarbeitenden vor seiner ersten Pedics Filiale in Bad Neuenahr kurz nach der Flut. (Mit freundlicher Genehmigung von © Pedics KG [2023]. All Rights Reserved)	120
Abb. 13.1	Integration eines RED-A03 Dieselmotors anstelle des ursprünglichen Flugzeugtriebwerks. (Mit freundlicher Genehmigung von © RED Aircraft [2023]. All Rights Reserved)	132
Abb. 13.2	Eine DHC-2 Beaver des kanadischen Flugzeugherstellers de Havilland of Canada mit einem RED-03 Motor. (Mit freundlicher Genehmigung von © RED Aircraft [2023]. All Rights Reserved)	136
Abb. 14.1	Lackiermaschine EasyCoater und deren Technologie der Firma Schiele. (Mit freundlicher Genehmigung von © Schiele Maschinenbau GmbH [2023]. All Rights Reserved)	142
Abb. 14.2	Die 3. Generation der Firma Schiele: Philip, Teresa und Matthias Gros. (Mit freundlicher Genehmigung von © Schiele Maschinenbau GmbH [2023]. All Rights Reserved)	147
Abb. 15.1	Produkte der Firma Sprengnetter: Innovative Softwarelösungen, sowie Aus- und Weiterbildung. (Mit freundlicher Genehmigung von © Sprengentter GmbH [2023]. All Rights Reserved)	154
Abb. 15.2	Sprengnetter Campus in Bad Neuenahr-Ahrweiler. (Mit freundlicher Genehmigung von © Sprengnetter GmbH [2023]. All Rights Reserved)	156
Abb. 16.1	Das Produktportfolio von wolfcraft. (Mit freundlicher Genehmigung von © wolfcraft GmbH [2023]. All Rights Reserved)	166
Abb. 17.1	Am häufigsten erwähnte Krisen der interviewten UnternehmerInnen in den Interviews des Jahres 2022	176
Abb. 17.2	Um die Krisen zu meistern, wenden die befragten UnternehmerInnen diese Erfolgsrezepte an	177

Tabellenverzeichnis

Tab. 1.1	Übersicht der interviewten Firmen im Kreis Ahrweiler alphabetisch geordnet mit 5 Hidden Champions	7
Tab. 2.1	Fakten Adams Holzbau-Fertigbau GmbH	10
Tab. 3.1	Fakten Berthold Becker Büro für Ingenieur- und Tiefbau GmbH	22
Tab. 4.1	Fakten Dr. Eckel Animal Nutrition GmbH & Co. KG	34
Tab. 5.1	Fakten Gebrüder RHODIUS GmbH & Co.KG	46
Tab. 6.1	Fakten Heuft Systemtechnik GmbH	56
Tab. 7.1	Fakten Josef Emmerich Pumpenfabrik GmbH	68
Tab. 8.1	Fakten Klaes GmbH & Co. KG	78
Tab. 9.1	Fakten LIGHTWAY GmbH	90
Tab. 10.1	Fakten MK Technology GmbH	100
Tab. 11.1	Fakten Neue Werft GmbH	108
Tab. 12.1	Fakten Pedics KG	120
Tab. 13.1	Fakten RED Aircraft	132
Tab. 14.1	Fakten Schiele Maschinenbau GmbH	142
Tab. 15.1	Fakten Sprengnetter GmbH	154
Tab. 16.1	Fakten wolfcraft GmbH	166

Einleitung

Krisen und KMU. Wie reagieren UnternehmerInnen kleiner und mittelständischer Unternehmen (KMUs) in Krisenzeiten auf Widrigkeiten und Unsicherheiten? Wie verhalten sich diese Unternehmen, wenn alles zusammenkommt, wie beispielsweise im Kreis Ahrweiler, wo zwischen zwei globalen Krisen, wie der Covid19-Pandemie und den Auswirkungen des Ukraine-Krieges, vom 14. auf den 15. Juli 2021 eine Flutwelle Teile der Firmengebäude mit sich riss oder Infrastruktur für lange Zeit lahmlegte? Was können andere etablierte oder auch potenzielle UnternehmerInnen von diesen besonders krisengeschüttelten KMUs lernen? Welche internen und externen Rahmenbedingungen sind wichtig, um Unternehmen in Krisenzeiten in einer Region zu unterstützen?

1.1 Unternehmertum in Krisenzeiten

Krisen und die VUCA-Welt. Krisen sind heute allgegenwärtig. Sie sind definiert als temporäre Diskontinuität (Thießen, 2014) und können für Unternehmen in unterschiedlichsten Formen zur Gefahr werden. Auslöser von Unternehmenskrisen können sowohl von internen (z. B. wachsende Mitarbeiteranzahl und Platzmangel) als auch von externen Faktoren (z. B. Pandemien oder Naturkatastrophen) abhängen. Einige Auswirkungen dieser Krisen wirken eher punktuell, andere eher langfristig. Die Auswirkungen von Krisen können mit dem Akronym VUCA umschrieben werden, was sich aus den vier Begriffen **V**olatilität, **U**nsicherheit, **K**omplexität und **A**mbiguität zusammensetzt. *Volatilität* bedeutet, dass sich Rahmenbedingungen häufig ändern, neue Aufgaben ständig hinzukommen und Entscheidungen in kurzer Zeit getroffen werden müssen (z. B. neue Regeln in der COVID19-Pandemie). Ohne gute Vorbereitung und Planung ergibt sich *Unsicherheit*. Es fehlen Informationen, Ursachen

© Der/die Autor(en), exklusiv lizenziert an Springer-Verlag GmbH, DE, ein Teil von Springer Nature 2024
M. Heinzen und J. Thiele, *Unternehmertum im Kreis Ahrweiler*,
https://doi.org/10.1007/978-3-662-68329-3_1

und Wirkungen sind nicht klar, da bisherige Erfahrungen und Strategien fehlen. Durch die schnellen Veränderungen ergibt sich ebenfalls *Komplexität*. Es müssen viele Informationen berücksichtigt werden, die zusammenhängen und sich gegenseitig beeinflussen (z. B. die Neuplanung der Verkehrsinfrastruktur nach der Flutkatastrophe). Diese sind zwar teilweise bekannt oder können vorhergesagt werden, es ist aber nicht möglich alle Aspekte zu verarbeiten und für eine Entscheidung zu nutzen. Somit entsteht *Ambiguität,* also eine Mehr- oder Doppeldeutigkeit der Situation, die zu zwei oder mehr widersprüchlichen Entscheidungsoptionen führt, die beide jeweils Vor- und Nachteile haben. Da Erfahrungen mit ähnlichen Situationen fehlen, sodass nicht oder nur eingeschränkt vorhergesagt werden kann, welche Entscheidung zum gewünschten Ergebnis führen wird. Krisen treten somit mehr oder weniger erwartet auf und sind in ihrer Ursache, Dauer und Verlauf meist diffus. Somit sind das Analysieren und Interpretieren der Situation von Bedeutung. Dies soll in einer Krise Entscheidungen zur Bewältigung ermöglichen.

Antwort auf VUCA durch Unternehmertum. Gerade KMUs sind oftmals in besonderem Maße von VUCA betroffen, da sie über weniger Humanressourcen, Kapital oder Erfahrung im Umgang mit veränderten Rahmenbedingungen und Herausforderungen verfügen. Manche Krisen sind durch UnternehmerInnen beherrschbar – andere, wie beispielsweise Naturkatastrophen, sind außerhalb der eigenen Kontrolle. Umgebungsbedingungen und Unterstützungsangebote sind während einer existenzbedrohenden Krise für Unternehmen letztendlich entscheidend für das jeweilige Überleben oder den Untergang (Pattinson & Cunningham, 2022). Ausgestattet mit besonderer unternehmerischer Orientierung und Leidenschaft besitzen UnternehmerInnen von KMUs meist die Fähigkeit, proaktiv nach neuen Chancen zu suchen, Risiken einzugehen und innovative Lösungen zu entwickeln. Erfolgreiches Unternehmertum zeichnet sich darüber hinaus durch Chancenidentifikation, Ziel- und Kundenorientierung, Agilität und Anpassungsfähigkeit, aber auch durch Führungsqualitäten mit Netzwerken und Entscheidungsfreudigkeit aus.

Die angewandte Forschung zeigt, dass somit grundsätzlich UnternehmerInnen prädestiniert sind, Antworten auf VUCA zu finden (s. Abb. 1.1) (Johansen & Euchner, 2013): Die durch immer wieder verändernde Rahmenbedingungen entstehende *Volatilität* halten UnternehmerInnen mit einer klaren *Vision* und Zielorientierung in Schach. Diese hilft ihnen und ihren Mitarbeitenden auf dem trotz vieler Änderungen auf einem sinnvollen, gemeinsamen Weg zu bleiben. Der *Unsicherheit* kann mit *„Understanding"* (Verstehen) und Weiterbildung begegnet werden. Je besser die Informations- und Wissensgewinnung und -vermittlung im Unternehmen funktioniert, desto weniger Unsicherheit besteht über geplante Aktivitäten und Projekte. Um die *Komplexität* beherrschbar zu machen, sollte *Klarheit* herrschen. Je einfacher und klarer Prozesse, Produkte und Services beschrieben werden, desto weniger verliert sich der einzelne in unnötigen Details und kann sich auf das Wesentliche konzentrieren sowie einfacher Entscheidungen treffen. Der *Ambiguität* steht *Agilität* gegenüber.

1.2 Unternehmertum im Kreis Ahrweiler

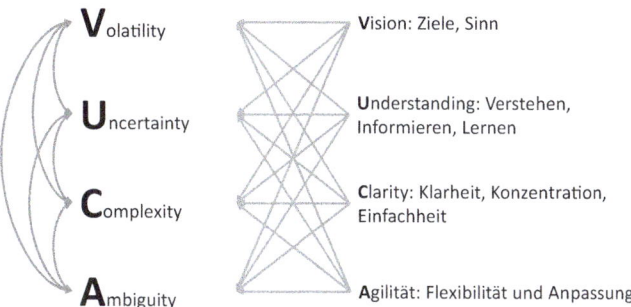

Abb 1.1 Antworten durch unternehmerisches Denken und Handeln auf VUCA. (Angelehnt an Müller-Roterberg, 2020)

Sowohl kreativ als auch effizient zu sein gelingt nur, wenn durch schnelle, kurze Projektzyklen (z. B. Scrum Sprints) eine Idee auch ausprobiert werden kann – sie aber auch nur dann weiterverfolgt wird, sofern sie zum Ziel führt.

Positive und negative Auswirkungen von Krisen. Krisen können sowohl positive als auch negative Auswirkungen mit sich bringen. Wenn UnternehmerInnen die Krise als Chance begreifen und die sich häufig bietenden Opportunitäten nutzen, können daraus neue Produkt-, Prozess-, Service oder Netzwerkinnovationen entstehen (z. B. Video-Konferenzen durch die COVID19-Pandemie) (Xu et al., 2021). Damit spielen UnternehmerInnen eine tragende Rolle in der Unterstützung von Wirtschaftssystemen in Krisenzeiten, indem sie mit ihren Innovationen neue Arbeitsformen schaffen. Außerdem zeigt sich, dass Unternehmen, welche bereits mehrere Krisen erfolgreich gemeistert haben, robustere Geschäftsmodelle, resilientere Unternehmenskulturen und eine bessere Vorbereitung für weitere Krisen mitbringen. Zu den negativen Auswirkungen einer Krise gehören Unternehmensschließungen bzw. -übernahmen, die aus individueller Perspektive für den oder die UnternehmerIn ein Stigma des Scheiterns mit sich bringen kann. Je nach geografischem Standort kann die Schließung eines Unternehmens direkte und indirekte Auswirkungen auf die lokale Bevölkerung haben, z. B. hat der Verlust von wirtschaftlicher Aktivität, Steuereinnahmen, Kapital und Innovationen an einem Standort auch immer Auswirkungen auf die Bereitstellung von Arbeitsplätzen, den Qualifikations- und Ausbildungsbedarf usw.

1.2 Unternehmertum im Kreis Ahrweiler

Lage des Kreises Ahrweiler. Der Landkreis Ahrweiler liegt im Norden von Rheinland-Pfalz an der Grenze zu Nordrhein-Westfalen. Zu seinen acht Kommunen gehören die Stadt Bad Neuenahr-Ahrweiler, die Verbandsgemeinde Brohltal, die Gemeinde Grafschaft, die

Stadt Remagen, die Verbandsgemeinde Altenahr, die Stadt Sinzig, die Verbandsgemeinde Adenau und die Verbandsgemeinde Bad Breisig. Innerhalb der Verbandsgemeinden gibt es insgesamt 74 Ortsgemeinden. Insgesamt erstreckt sich der Kreis Ahrweiler auf einer Fläche von 787 km^2, auf der rund 130.000 Menschen wohnen. Der Kreis Ahrweiler ist eine vielfältige und landschaftlich reizvolle Region (s. Abb. 1.2). Die Topografie des Kreises Ahrweiler ist durch hügeliges bis bergiges Gelände geprägt, da er im südöstlichen Bereich in der Eifel liegt, einer Region mit vulkanischem Ursprung. Dort sind große Seen wie der Laacher See und das Rodder Maar entstanden. Außerdem befindet sich dort auch der Nürburgring, eine der bekanntesten Rennstrecken der Welt. Am östlichen Ende bildet der mächtige Fluss „Rhein" die Kreisgrenze. Durch den Kreis Ahrweiler fließt der Fluss „Ahr" mit einer Gesamtlänge von 89 km, entlang dessen eines der nördlichsten Weinanbaugebiete in Deutschland liegt. Neben Kleinstädten und Weinbaugebieten ist die Hälfte der Kreisfläche mit Wald bewachsen und macht den Kreis Ahrweiler mit seiner abwechslungsreichen Landschaft zu einer beliebten touristischen Destination.

Abb 1.2 Der Fluss Ahr ist zentral im Kreis Ahrweiler, der sich im nördlichen Rheinland-Pfalz durch Kleinstädte, viel Wald, aber auch Weinbau- und Gewerbegebiete auszeichnet. (Mit freundlicher Genehmigung von © Vermessungs- und Katasterverwaltung Rheinland-Pfalz [2023]. All Rights Reserved)

Wirtschaft, Unternehmertum und Zukunftchancen im Kreis Ahrweiler. Die Wirtschaft im Kreis Ahrweiler ist geprägt von einer Vielzahl von kleinen und mittelständischen Unternehmen (KMUs) aus den Wirtschaftsbereichen Industrie, Handwerk, Handel, Tourismus und Dienstleistungen. Der bereits erwähnte Weinbau als die sicherlich herausragende wirtschaftliche Säule in der Region wird durch den Tourismus, den Handel, sowie die Gastronomie begleitet. Sehr häufig sind es kleine und mittelständische Familienunternehmen, die durch Generationen im Kreis Ahrweiler lokal verankert sind und damit zur wirtschaftlichen Stabilität und Beschäftigung in der Region beitragen. Die typischen Charakteristika des familiengeführten Mittelstands, wie beispielsweise Risikobereitschaft, Schnelligkeit, Marktnähe, Flexibilität, Innovationsfähigkeit und Ausbildungsstärke sorgen im Kreis Ahrweiler für eine gewisse Resilienz bei durch Krisen hervorgerufenen konjunkturellen Schwankungen. Dies ist sicherlich auch ein Grund, warum sich der Kreis Ahrweiler im alle 2–3 Jahre durchgeführten Zukunftsatlas von PROGNOS unter 400 Landkreisen, Kommunalverbänden und kreisfreien Städten in Deutschland von Platz 216 im Jahr 2016 auf Platz 141 im Jahr 2019 und auf Platz 123 im Jahr 2022 trotz der Flutereignisse 2021 verbessert hat (PROGNOS Zukunftsatlas, 2022). Die Arbeitslosenquote in Bad Neuenahr-Ahrweiler ist traditionell niedrig und liegt im Mai 2023 unter 4 % (Stadt Bad Neuenahr-Ahrweiler, 2023a, b).

Lage und Verkehr im Kreis Ahrweiler. Grundsätzlich ist der Kreis Ahrweiler über den Straßenverkehr durch zwei Autobahnanschlüsse an die Bundesautobahn A61 und die Nähe zu den Ballungsgebieten Köln/Bonn sehr gut angebunden. Die Flughäfen Köln/Bonn (ca. 50 km), Düsseldorf (ca. 120 km) und Frankfurt Hahn (ca. 110 km) liegen im näheren Umkreis. Die Ahrtalbahn verbindet die Städte entlang der Ahr, welche jedoch seit der teilweise Stilllegung Mitte der 80er Jahre nur noch auf den Personenverkehr zwischen Remagen und Kreuzberg (Ahr) beschränkt ist und im Stundentalkt verkehrt. Aufgrund der topografischen Gegebenheiten sowie der weitläufigen Verteilung der einzelnen Gemeinden und Gemeindeteile ist jedoch für die Mehrheit der Pendler im Kreis das Auto das alternativlose Fortbewegungsmittel der Wahl.

Die Flutkatastrophe im Juli 2021 im Kreis Ahrweiler. Das Hochwasser in Mitteleuropa 2021 traf den Landkreis Ahrweiler schwer. Dabei wurden vier von acht Kommunen durch die Wassermassen massiv zerstört. Starkregen und Überschwemmungen verursachten auch schwere Schäden an der Infrastruktur. Dabei kamen 134 Menschen ums Leben, rund 760 Menschen wurden verletzt. Häuser stürzten ein, Teile von Straßen und Eisenbahnstrecken, die neue Ahrbrücke der Bundesstraße 9 bei Sinzig, zahlreiche Straßenbrücken, mindestens sieben Eisenbahnbrücken und 20 km Streckengleis wurden im Ahrtal zerstört. Unmittelbar nach der Katastrophe wurde auf unterschiedlichen öffentlichen und privaten Ebenen Maßnahmen ergriffen, um die zerstörte Infrastruktur wiederherzustellen und die Grundversorgung der betroffenen BürgerInnen zu gewährleisten.

Die Flutkatastrophe hatte auch direkte finanzielle Auswirkungen auf den Landkreis Ahrweiler. Nach Jahren finanziell ausgeglichener Haushalte musste 2022 aufgrund der

Bereitstellung von finanziellen Soforthilfen ein Defizit von über 14 Mio. EUR verzeichnet werden (Kreis Ahrweiler, 2023). Mit der Soforthilfe wurden Maßnahmen finanziert, die bei der ersten Instandsetzung kommunaler Infrastruktur, Räumung und Reinigung sowie für sonstige Maßnahmen der Gefahrenabwehr durch den Landkreis selbst, durch die Einsatzleitung der ADD im Auftrag des Landkreises sowie durch die betroffenen Städte, Gemeinden und Zweckverbände beauftragt wurden. Die von der Flut betroffenen Städte und Gemeinden sind finanziell verhältnismäßig noch stärker belastet: Bereits durch die Folgen der Corona-Pandemie hatte die größte Stadt des Kreises, Bad Neuenahr-Ahrweiler, Rückgänge in ihren Einnahmen zu verzeichnen. Die finanziellen Folgen der Flutkatastrophe sind jedoch deutlich gravierender: der Haushalt 2022 wurde mit einem Fehlbetrag von 8,7 Mio. EUR abgeschlossen, für 2023 wird ein ähnliches Ergebnis erwartet. Zu den Ausgaben für die Instandsetzung der kommunalen Infrastruktur kommen geringere Steuereinnahmen aufgrund reduzierter Gewerbetätigkeit, vor allem im Dienstleistungssektor, sowie einer Verringerung der Einwohnerzahlen (−7,3 % gegenüber 2021) hinzu (Stadt Bad Neuenahr-Ahrweiler, 2023a, b). Die Zukunft der Kreisstadt wird aus finanzieller Sicht im Haushaltsplan 2023 mit folgenden Worten beschrieben: *„So wird der Wiederaufbau das prägende Merkmal sein sowohl für die Aktivitäten der Stadt Bad Neuenahr- Ahrweiler als auch ihrer Haushalte in den kommenden Jahren."*

15 UnternehmerInnen „plaudern aus dem Nähkästchen". Die nächsten 15 Kapitel präsentieren 15 Praxisberichte führender KMUs im Kreis Ahrweiler. In mehrstündigen Interviews plaudern 15 UnternehmerInnen „aus dem Nähkästchen", wie sie mit den Krisen der letzten Jahre umgegangen sind und welche Lehren sie hieraus für ihre Zukunft und die der Region ziehen. Neben ihren wichtigsten Erfolgsfaktoren schildern die UnternehmerInnen auch, wie ihre individuelle Entstehungsgeschichte dazu beigetragen hat Krisen zu meistern. Die zwischen 2 bis 3 Stunden dauernden Interviews wurden transkribiert, nach Schlüsselwörtern codiert und in Form von Zitaten und Aussagen den jeweiligen Unterkapiteln zugeordnet. Eine Übersicht der interviewten GeschäftsführerInnen ist in Tab. 1.1 dargestellt.

Unter den 15 präsentierten KMUs befinden sich 5 Hidden Champions, die in einer Studie der Universität Trier 2021 aus 146 Unternehmen in Rheinland-Pfalz identifiziert wurden (in Tab. 1.1 als (*) markiert) (Block et al., 2021). Den Begriff „Hidden Champion" prägte Prof. Hermann Simon maßgeblich durch einen Aufsatz aus dem Jahr 1990, in welchem er diese Unternehmen als (Welt-)Marktführer in ihrer Branche beschrieb, die aufgrund ihrer Tätigkeit in Nischenmärkten weitestgehend unbekannt sind (Simon, 1990). Typisch für Hidden Champions sind neben ihrer Marktführerschaft in einer Nische, ihre meist weltweiten Aktivitäten, ihre Innovationskraft, Kundennähe, Mitarbeiterorientierung, Profitabilität und nachhaltige Ausrichtung. Damit haben Hidden Champions eine erhebliche wirtschaftliche und gesellschaftliche Bedeutung und sind für ihre Region und ihre Branche von hoher Relevanz.

1.2 Unternehmertum im Kreis Ahrweiler

Tab. 1.1 Übersicht der interviewten Firmen im Kreis Ahrweiler alphabetisch geordnet mit 5 Hidden Champions

Kapitel	Unternehmen	Branche	Mitarbeiterzahl	Ort	Generation
1	Adams Holzbau-Fertigbau GmbH	Hochbau	80	Niederzissen, Gmde. Brohltal	5.
2	Berthold Becker Büro für Ingenieur- und Tiefbau GmbH	Hoch-/Tiefbau	54	Heimersheim, Gmde. Bad Neuenahr	2.
3	Dr. Eckel Animal Nutrition GmbH & Co. KG (*)	Tierfutter	68	Niederzissen, Gmde. Brohltal	1./2.
4	Gebrüder Rhodius GmbH & Co. KG (*)	Lebensmittel	338	Burgbrohl, Gmde. Brohltal	8.
5	Heuft Systemtechnik GmbH (*)	Maschinenbau	1400	Burgbrohl, Gmde. Brohltal	2.
6	Josef Emmerich Pumpenfabrik GmbH	Anlagenbau	45	Hönningen/ Liers, Gmde. Altenahr	3.
7	Klaes IT GmbH & Co. KG	Informations-technik	275	Bad Neuenahr-Ahrweiler	2.
8	LIGHTWAY GmbH	Additive Fertigung	14	Niederzissen, Gmde. Burgbrohl	1.
9	MK Technology GmbH (*)	Anlagenbau	25	Gelsdorf, Gmde. Grafschaft	1.
10	Neue Werft GmbH	Marketing/ Human Resources	82	Bad Neuenahr-Ahrweiler	1.
11	Pedics KG	Einzelhandel mit Medizinprodukten	80	Bad Neuenahr-Ahrweiler	1.
12	RED Aircraft	Motorenbau	35	Adenau, Gmde. Altenahr	2.
13	Schiele Maschinenbau GmbH	Maschinenbau	69	Niederzissen, Gmde. Burgbrohl	2./3.
14	Sprengnetter GmbH	Immobilien	250	Bad Neuenahr-Ahrweiler	2.
15	wolfcraft GmbH (*)	Werkzeugbau	720	Kempenich, Gmde. Kempenich	2./3.

Bei der Auswahl der nachfolgenden Fallbeispiele und Praxisberichte lag der Fokus vor allem auf produzierenden KMUs im Kreis Ahrweiler, welche neben Land- und Forstwirtschaft (z. B. Weinbau) und Dienstleistungsbereichen (z. B. Tourismus) beachtliche 27,8 % der Bruttowertschöpfung ausmachen (Statistisches Landesamt Rheinland-Pfalz, 2023). Somit tragen diese Unternehmen signifikant zum Wirtschaftswachstum bei und gelten in der Region als attraktive ArbeitgeberInnen.

Damit kommt den größtenteils familiengeführten KMUs im Kreis Ahrweiler nicht nur im Rahmen der Aufbautätigkeiten eine besondere Rolle zu – sie sind heute für die Region wichtiger denn je. Als Wirtschaftsstandort gilt es diese Unternehmen zu halten und möglichst optimale Rahmenbedingungen für die Ansiedlung bzw. Entstehung neuer Unternehmen oder Start-ups zu schaffen. In den folgenden 15 Kapiteln erzählen die UnternehmerInnen – alphabetisch geordnet nach dem Namen ihrer Firma – weit über die auf ihrer Webseite erhältlichen Informationen hinaus und geben mit ihrer „Plauderei aus dem Nähkästchen" viele hilfreiche Einblicke in ihre Erfolgsrezepte, um Krisen auch als Chancen zu begreifen und positiv in die Zukunft zu blicken.

Literatur

Block, J., Moritz, A., Benz, L., & Johann, M. (2021). *Hidden champions in Rheinland-Pfalz – Identifikation, Erfolgsfaktoren, Herausforderungen*. Studie der Uni Trier.

Johansen, B., & Euchner, J. (2013). Navigating the VUCA world. *Research Technology Management, 56*, 10–15.

Kreis Ahrweiler. (2023). Haushaltsplan. Von. https://kreis-ahrweiler.de/wpcontent/uploads/2023/03/Haushalt_2023.pdf. Zugegriffen: 27. Juli 2023.

Müller-Roterberg, C. (2020). *Praxishandbuch Geschäftsmodell-Innovationen: Tipps & Tools*. BoD-Books on Demand.

Pattinson, S., & Cunningham, J. (2022). Entrepreneurship in times of crisis. *The International Journal of Entrepreneurship and Innovation, 23*, 71–74.

PROGNOS Zukunftsatlas. (2022). Handelsblatt Infografiken. Von. https://www.handelsblatt.com/infografiken/prognos-zukunftsatlas-2022/28715856.html. Zugegriffen: 20. Juli 2023.

Simon, H. (1990). „Hidden Champions": Speerspitze der deutschen Wirtschaft. *Zeitschrift für Betriebswirtschaft, 9*, 875–890.

Stadt Bad Neuenahr-Ahrweiler. (2023a). Von. https://www.bad-neuenahr-ahrweiler.de/zahlen-daten. Zugegriffen: 25. Juli 2023.

Stadt Bad Neuenahr-Ahrweiler. (2023b). Haushaltsplan. Von. https://www.bad-neuenahr-ahrweiler.de/fileadmin/redaktion/stadt/haushalt/2023/Haushaltsplan_2023_final.pdf. Zugegriffen: 25. Juli 2023.

Statistisches Landesamt Rheinland-Pfalz. (2023). Statistik RLP. Von. https://www.statistik.rlp.de/index.php?id=171&tx_news_pi1[news]=3819&tx_news_pi1[controller]=News&tx_news_pi1[action]=detail&cHash=b6d441511b585736503213e87e80d2ad. Zugegriffen: 27. Juli 2023.

Thießen, A. (Hrsg.). (2014). *Handbuch Krisenmanagement*. Springer.

Xu, Z., Wang, X., Wang, X., & Skare, M. (2021). A comprehensive bibliometric analysis of entrepreneurship and crisis literature published from 1984 to 2020. *Journal of Business Research, 135*, 304–318.

Adams Holzbau-Fertigbau GmbH

2

Die Adams Holzbau-Fertigbau GmbH bietet Beratung, Planung und Durchführung von Leistungen rund um den Holzbau an. Mittlerweile in 5. Generation geführt, erstreckt sich die Produktpalette vom klassischen Einfamilienhaus bis hin zum Gewerbe- und Kommunalbau (s. Tab. 2.1). Die verwendete Holzrahmenbauweise ermöglicht ein besonders nachhaltiges Bauen sowie durch Vorfertigung im eigenen Unternehmen einen vergleichsweisen schnellen Aufbau des Gebäudes auf der Baustelle. Als richtungsweisendes Vorzeigeobjekt dient das 2022 errichtete neue Bürogebäude (s. Abb. 2.1). Sofern vom Kunden gewünscht, übernimmt das Unternehmen sämtliche Leistungen bis hin zum schlüsselfertigen Gebäude.

Interview mit den Inhabern und Geschäftsführern der Adams Holzbau-Fertigbau GmbH Reinhard und Sebastian Adams am 16.09.2022 von 11.00–13.00 Uhr

2.1 Entstehungsgeschichte: „Familie Adams und die Modularisierung"

Der Entwickler und Gründer. Anton Adams, der Urgroß- und Ururgroßvater unserer Gesprächspartner, gründete im Jahr 1896 einen Zimmereibetrieb in Niederzissen. Sein erster großer Auftrag war die Ausführung der Zimmererarbeiten beim Bau des Klosters in Niederzissen. Anton Adams führte den Betrieb – lediglich durch den Ersten Weltkrieg unterbrochen – bis zu seinem Tod im Jahr 1938. Ein Jahr später übernahm sein Sohn Matthias Adams die Zimmerei. Der Zweite Weltkrieg verhinderte ab 1941 weitere Aktivitäten der Zimmerei. Erst als Matthias Adams 1945 aus dem Kriegsdienst nach Niederzissen zurückgekehrte, konnte er den Betrieb weiterführen und erweiterte ihn am damaligen Standort

Tab. 2.1 Fakten Adams Holzbau-Fertigbau GmbH

Gründung	1896	Mitarbeiteranzahl	90 (2023)
Generation	5	**Geschäftsführer**	Reinhard Adams, Sebastian Adams
Branche	Baugewerbe	**(Globale) Standorte**	Niederzissen
Produkte	Beratung, Planung und Durchführung von Leistungen rund um den Holzbau von Einfamilienhäusern bis hin zu Gewerbe- und Kommunalbauten		

Abb. 2.1 Das neue Bürogebäude der Adams Holzbau-Fertigbau GmbH. (Mit freundlicher Genehmigung von © Reinhard und Sebastian Adams [2023]. All Rights Reserved. Foto: Dominik Ketz)

an der Brohltalstraße um eine Bauschreinerei. Seine Söhne Toni und Josef Adams erlernten ebenfalls das Zimmererhandwerk. Nachdem Toni im Jahr 1952 die Meisterprüfung bestanden hatte, stieg er in den väterlichen Betrieb mit ein und leitete diese gemeinsam mit Josef bis 1970. Denn danach übernahm Josef Adams nach bestandener Meisterprüfung eine Zimmerei in Bad Neuenahr und Toni Adams führte den Betrieb in Niederzissen allein weiter.

Flexibilität muss sein. Aufgrund der zunehmenden Auftragslage wurde ab 1960 die bestehende Werkstatt jedoch zu klein und eine Betriebserweiterung wurde geplant. Der Keller

2.1 Entstehungsgeschichte: „Familie Adams und die Modularisierung"

des neuen Gebäudes war bereits gebaut, da ergab sich plötzlich für Toni Adams die Chance, an dem heutigen Standort des Unternehmens zwischen Niederzissen und Burgbrohl Land zu kaufen.

„Da war mein Vater so weitsichtig und hat sich sofort umentschieden. Er hat auf den bestehenden Keller bei der Bestandsimmobilie – schlicht und ergreifend – sein Wohnhaus draufgebaut."

Das Wohnhaus, welches auf dem zuvor geplanten Zimmereikeller steht, wird heute noch vom 95-jährigen Bauherren Toni Adams bewohnt. Auf dem zusätzlich erworbenen Grundstück baute er eine Zimmererhalle mit Büro und Sägewerk. Zu den bis dato angebotenen Zimmererarbeiten war Adams nun auch in der Lage, große Hallentragwerke aus Leimbindern für Sport-, Tennis- und Lagerhallen zu bauen.

Mit Weitsicht investieren. Im Laufe der weiteren Jahre erweiterte Toni Adams das Firmengrundstück sukzessive. Sobald ein Landwirt eine Parzelle zum Verkauf anbot, griff der weitsichtige Unternehmer zu. Durch die beständige Flächenerweiterung umfasst das heutige Firmengelände eine Größe von rund 24.000 Quadratmetern. Neben dem Firmengelände, wuchsen auch die Geschäftsfelder und der Einzugsbereich des Unternehmens, der sich bald von Bonn über Köln bis ins Ruhrgebiet hinein vergrößerte. Die Söhne von Toni Adams, Hermann Josef und Reinhard Adams, erlernten ebenfalls das Zimmererhandwerk und arbeiteten im Familienunternehmen mit, bis Reinhard Adams 1983 die Zimmerei übernahm und sich Vater Toni fortan auf das Sägewerk und die Verwaltung konzentrieren konnte. 1994 begann Reinhard Adams mit dem Bau von Holztafelwänden, dem sogenannten Holzrahmenbau. Darüber hinaus wurde auch in die technische Infrastruktur investiert.

„Mit dem Kauf der ersten CNC-gesteuerten Zuschnittmaschine, einer sogenannten Abbundanlage, wurden die Arbeitsabläufe revolutioniert. Jetzt hielten auch die ersten Computer Einzug, sodass die Meister fortan nicht mehr in der Werkhalle, sondern in erster Linie am Bildschirm gefordert waren."

Die Mitarbeiterzahl wächst überproportional für einen Zimmereibetrieb. Mit der steigenden Anzahl an Aufträgen wurde im Laufe der Jahre immer mehr Personal eingestellt. Im Branchenvergleich mit den üblichen Zimmereibetrieben, welche durchschnittlich etwa 5 Mitarbeiter pro Betrieb zählten, fiel Adams Holzbau mit seinen damaligen 60 Mitarbeitern bereits *„komplett aus dem Rahmen."*

Im Jahr 2002 zog sich Toni Adams schließlich aus der Unternehmensführung zurück und übergab diese in die Hände der 4. Generation, seinen Söhnen Reinhard und Hermann Josef Adams.

Investition in den eigenen Immobilienpark. Mit den ersten Holzbauprojekten wurden auch immer mehr Bauherren auf die neue Bauweise des Unternehmens aufmerksam, was in weiteren Aufträgen resultierte.

> *„Wir haben zuerst mit einem kleinen Anbau begonnen, so eine Wand vorzufertigen, einen Tafelbau herzustellen. Diese wurde dann auf einen LKW verladen und an der Baustelle ruckzuck zusammengesetzt. Das fanden die Leute großartig."*

Um Interessenten die Bautechnik und fertigen Produkte näher bringen zu können, wurde 1997 in Niederzissen ein separates Grundstück gekauft, auf welchem zwei Doppelhäuser und ein Einfamilienwohnhaus errichtet wurden. Diese dienten als „Ausstellungsstücke", anhand derer Reinhard Adams die Möglichkeiten und Vorteile der Holzrahmenbauweise demonstrieren konnte. Am ersten *„Tag der offenen Tür"* war das Interesse bereits so groß, dass direkt drei Bauverträge vor Ort unterschrieben wurden.

Exot im „Steinbecken". Geographisch liegt Niederzissen in einem von vulkanischer Aktivität geformten Gebiet, in welchem der Abbau von vulkanischem Gestein wie Lava und Basalt lange Tradition und auch noch heute Bestand hat. Dies fällt auch durch die charakteristische Verwendung von Natursteinen vulkanischen Ursprungs beim Bau öffentlicher Gebäude, Wohnhäuser oder Kirchen auf.

> *„Wir sind ja umgeben von einer Region, die von Steinbau geprägt ist... und jetzt kommen wir da mit dem Holzbau an."*

Mit der Zeit entdeckten weitere Handwerksbetriebe die Vorteile des Holzrahmenbaus und des damit verbundenen Interesses. Zunächst als Konkurrenz gesehen, hatte man in den weiteren Unternehmen das Positive gesehen: der Holzbau wurde insgesamt weiter nach vorne gebracht und in der Region sowie darüber hinaus bekannt gemacht. Heute ist der Holzrahmenbau etablierter Standard in der Baubranche (s. Abb. 2.2).

Vom Holzrahmen zum Fertighaus. Zunächst bot das Unternehmen Adams Holzbau lediglich den Holzrahmenbau – sprich den Rohbau – an. Sämtliche nachfolgende Tätigkeiten wurden anschließend durch die weiteren Gewerke durchgeführt: der Dachdecker deckte das Dach ein, der Fensterbauer setzte Fenster ein und der Elektriker installierte die Haustechnik. Der Innenausbau aber fehlte und so wurden seitens der Kunden immer öfters Fragen an das Unternehmen herangetragen, ob nicht auch die weiteren Dienstleistungen neben dem Holzrahmenbau übernommen werden könnten. Reinhard Adams berichtet, wie sie sukzessive das Know-how aufbauten und entsprechende Fachkräfte einstellten, um dem Kunden ein komplettes Gebäude übergeben zu können.

> *„Heute kommen die meisten Kunden zu uns, weil wir die Komplettleistung anbieten."*

Abb. 2.2 Produktion eines Wandelements in Holzrahmenbauweise. (Mit freundlicher Genehmigung von © Reinhard und Sebastian Adams [2023]. All Rights Reserved. Foto: Dominik Ketz)

Die 5. Generation steigt in das Unternehmen ein. Heute bestimmen Anbauten und Aufstockungen, schlüsselfertige Ein- und Mehrfamilienwohnhäuser, Kommunalbauten und Industriehallen aus Holzrahmenelementen das Geschäft der Adams Holzbau-Fertigbau GmbH. Insgesamt ca. 90 Mitarbeitende, vom Bauingenieur über die Zimmerleute bis hin zur allgemeinen Verwaltung, arbeiten an der Realisierung dieser Kundenwünsche. Mit Sohn Sebastian ist die mittlerweile 5. Generation in die Firma eingetreten. Der studierte Wirtschaftsingenieur Fachrichtung Bau und gelernte Zimmermeister leitet die Adams Projektbau, in welcher die kundenspezifischen Wünsche bis hin zum schlüsselfertigen Projekt von A – Z als Generalunternehmer geplant und umgesetzt werden.

Vorteile schlüsselfertigen Bauens zahlen sich aus. Als mit der europaweiten Flüchtlingskrise 2015 über eine Millionen Flüchtlinge und Migranten nach Deutschland kamen und erhöhter Bedarf nach Unterkünften aufkam, wurde an Adams Holzbau die Anfrage nach der „schnellen Erstellung von Wohnraum" herangetragen.

> „Und das war an der Stelle relativ einfach. Den Schlüsselfertigbau beherrschten wir, von daher konnte das dann auch relativ zügig abgewickelt werden."

So erkannten immer mehr Kommunen den Vorteil dieser modularen Bauweise, woraus bis heute eine Vielzahl an Projekten für die öffentliche Hand entstanden sind. Kindertagesstätten und Schulgebäude sind zu Vorzeigeprojekten geworden.

> „Unser jüngstes Projekt dieses Jahr waren fünf Schulerweiterungsbauten für die Stadt Pulheim."

Die komplette Abwicklung dieser fünf Gebäude unterschiedlicher Größenordnungen konnte innerhalb von nur sechs Monaten fertiggestellt werden. Durch den verwendeten Modulbau sind die einzelnen Gebäude rückbaubar und an anderer Stelle wiederverwendbar. Zudem sind sie aufgrund des verwendeten Baustoffs Holz besonders nachhaltig und besitzen durch ihre hohe Wärmedämmung eine sehr viel bessere Energieeffizienz als konventionelle Bauten. In Zeiten hoher Energiekosten ist dies ein Faktor, welchen die Kunden sehr zu schätzen wissen.

2.2 Krisen und Chancen: „Ein langer Atem zahlt sich aus"

Harte Bewährungsprobe in der Baukrise. Nach Mauerfall und Wiedervereinigung gab es kurzfristig zusätzliche Nachfrage aus den neuen Bundesländern, welcher 1994 einen Höhepunkt aus Sicht der Beschäftigungszahlen im Bauhauptgewerbe hatte. Dann erreichte eine Krise die Bauwirtschaft – die Auftragslage wurde zunehmend schwieriger. Dies wirkte sich auch auf die Nachfrage nach Holzbauten aus. Obwohl Reinhard Adams zur gleichen Zeit in die ersten Fertigungstische zur Herstellung von Wänden und Decken investiert hatte, musste gleichzeitig das Sägewerk nach über 40 Jahren aus wirtschaftlichen Gründen geschlossen werden. Aufgrund der beständig schlechter werdenden Situation reichte diese Maßnahme allein jedoch nicht aus.

> „Ich kann mich erinnern... unser Wirtschaftsprüfer war damals hier und hat dann gesagt: ‚Herr Adams, wenn Sie die Mannschaft so behalten, wie sie ist, dann sind Sie noch zwei Jahre da und danach wird es Sie nicht mehr geben.'"

Schweren Herzens folgte Reinhard Adams dem Rat des Experten – und so wurde die Zahl der Mitarbeiter zwischen 1997 und 2003 von 100 auf etwa 50 reduziert.

> „Das waren schmerzhafte Prozesse für beide Seiten, damals für die Mitarbeiter und auch für uns. Aber es war einfach zu wenig Arbeit da."

Insgesamt wurden in Deutschland in dieser Zeit von 1997 bis 2005 im Bauhauptgewerbe 750.000 Stellen abgebaut.

Aufwändige Akquise von Neuaufträgen. Reinhard Adams erinnert sich, dass in diesen Zeiten die Akquirierung von neuen Projekten besonders aufwändig gewesen war.

> *„Man hat nicht ein Angebot geschrieben, Du musstest zehn schreiben und hast vielleicht einen Auftrag bekommen. In den Jahren davor hat man von dreien eins bekommen."*

Trotzdem schaffte es Adams Holzbau sich durch diese schwierige Zeit zu manövrieren. Nach Jahren rückläufiger Entwicklung ging es mit der Baukonjunktur im Jahr 2006 erstmals wieder bergauf, was sich auch in der Auftragslage des Unternehmens bemerkbar machte. Die Flut an der Ahr 2021 war eine weitere Herausforderung während der Corona-Krise und die Folgen des Ukraine-Krieges sind in der gesamten Wirtschaft, auch in der Bauwirtschaft, spürbar – ebenso im Holzbau.

2.3 Zukunft im Kreis Ahrweiler: „Wunsch nach mehr Bautätigkeit in Rheinland-Pfalz"

Aufgrund des Unternehmensstandorts in Niederzissen in der Verbandsgemeinde Brohltal ist mit der Nähe zur A61 eine sehr gute logistische Anbindung gegeben, die durch die zahlreichen Transporte der Fertigteile per LKW einen großen Vorteil bietet. Darüber hinaus gibt es im näheren Umkreis viele Firmen, mit welchen auch aktiv in Projekten zusammengearbeitet wird. Man kennt und schätzt sich, was sich für die Durchführung von Bauprojekten ebenfalls positiv auswirkt.

> *„Wir arbeiten sehr gut mit der Gemeinde Niederzissen zusammen. Insbesondere unser Bürgermeister hat sich sehr stark engagiert, damit wir die Baugenehmigung für unser neues Bürogebäude zügig erlangen konnten."*

Hinsichtlich der Unterstützung seitens des Kreises bzw. des Landes reagiert Reinhard Adams etwas verhalten. Die Mehrheit der Bauprojekte aus öffentlicher Hand wird in Nordrhein-Westfalen (NRW) durchgeführt.

> *„Die Ausschreibungen und Vergabeverfahren in NRW sind dort um einiges einfacher."*

Mit Ausschreibungen und Vergaben in Rheinland-Pfalz hat Reinhard Adams bis dato eher negative Erfahrungen gemacht, da im eigenen Bundesland Rheinland-Pfalz die Bauprojekte nicht schlüsselfertig ausgeschrieben werden dürfen und die Materialwahl meist im Vorfeld durch die vorgeschalteten Planer festgelegt wird.

> *„Wenn aber der Architekt zuerst gestellt wird, und der kein Fan der Holzbauweise ist, dann sind wir ohnehin außen vor."*

Hier wünscht sich Adams transparentere und vor allem einfachere Vergabeverfahren, welche ergebnisoffen, also produkt- und materialneutral ausgeschrieben werden. Dies hätte auch für die öffentlichen Auftraggeber Vorteile:

> *„… mit unserem Wissen und Know-how realisieren wir in NRW Bauprojekte in einer kurzen Zeit, von der Kommunen in Rheinland-Pfalz nur träumen können."*

Wunsch nach weniger Bürokratie. Eine weitere Herausforderung sieht Reinhard Adams in der stetig wachsenden Bürokratie.

> *„Heute besteht unser Betrieb zu einem Drittel aus Büro, das muss man sich mal auf der Zunge zergehen lassen. Es gibt so viele bürokratische Dinge, die von uns abverlangt werden, die überhaupt nicht mit unserem ureigensten Tun in Verbindung zu bringen sind – die vom Staat aber gefordert werden."*

Am Beispiel eines LKW-Transports verdeutlicht Reinhard Adams seine Kritik. Im Vergleich zu früher sei die Anzahl an erforderlichen Genehmigungen gestiegen, damit verbunden auch längere Bearbeitungszeiten. All dies benötigt und bindet Arbeitskräfte, die nicht produktiv für das Unternehmen tätig sind.

Sichtbarkeit als attraktiver Arbeitgeber. Reinhard Adams wünscht sich für die Zukunft, dass das Unternehmen zukünftig auch weiterhin spannende Projekte durchführen kann und damit als attraktiver Arbeitgeber wahrgenommen wird. Vor allem hinsichtlich potenzieller neuer Mitarbeiter möchte er zeigen, was Adams Holzbau zu bieten hat. Denn die Bewerberlage hat sich massiv gewandelt.

> *„Früher hat der Mitarbeiter 20 oder auch 50 Bewerbungen geschrieben und war froh, wenn er eine Stellenzusage bekam. Heute ist es andersrum."*

Vor allem der Nachwuchs aus der Region sei ihm wichtig – und *„dass es tolle und spannende Berufe und Aufgaben direkt in unserer Heimatregion gibt, für die man nicht in die Stadt ziehen oder in großen Konzernen anheuern muss."*

Allerdings ist der Bedarf an Mitarbeitenden nur aus der Region heraus nicht zu decken. Daher muss sich das Unternehmen auch überregional bzw. deutschlandweit „bewerben" und interessant für potenzielle neue ArbeitnehmerInnen werden.

Die nötige Infrastruktur schaffen. Voraussetzung, um Interesse bei potenziellen Fachkräften zu wecken, sei aber auch die nötige Infrastruktur, wie etwa ausreichend zur Verfügung stehende Grundstücke und Kindergartenplätze, welche gerade für junge Familien als essenziell genannt werden. Der Gemeinde scheint dies auch bewusst zu sein, denn es werden weitere Baugebiete erschlossen. Aber auch dies braucht seine Zeit, in welcher die Suche nach Arbeitskräften weiterläuft.

2.4 Erfolgsrezept: „Sich mit den richtigen Partnern vernetzen"

Ausbildung der eigenen Mitarbeitenden als Tradition. Seit Generationen legt Adams Holzbau Wert auf die Ausbildung eigener Mitarbeitenden.

> *„Mein Vater hat immer ausgebildet, immer. Ich habe das beibehalten und stelle nach Möglichkeit jedes Jahr drei neue Auszubildende ein. In diesem Jahr sogar fünf – eine Bauzeichnerin sowie 4 Zimmerer-Azubis."*

So sind über die drei Ausbildungsjahre verteilt in der Regel immer neun angehende Zimmerer zeitgleich im Unternehmen. Davon profitieren auch die anderen Betriebe in der Region.

> *„Aber damit speisen wir auch den eigenen Betrieb. Und ohne das wäre es gar nicht möglich: Sie kriegen heute keinen ausgebildeten Zimmerer mehr."*

Reinhard Adams merkt an, dass die Bedeutung des Handwerks in den vergangenen 10 bis 15 Jahren kontinuierlich abgenommen habe. Dies führt der Unternehmer auch ein stückweit auf die Bildungspolitik in Deutschland zurück, was die Suche nach geeigneten Mitarbeitenden deutlich erschwert.

> *„Das Handwerk hat nicht mehr den Stellenwert wie früher."*

Spezialisierung als krisenresistenter Faktor. Durch eine hohe Fertigungstiefe sowie ein breites Know-how in verschiedenen Gewerken ist die Adams Holzbau-Fertigbau GmbH in der Lage, Hausbauprojekte aus einer Hand „schlüsselfertig" anzubieten. Dies bringt einen entscheidenden Wettbewerbsvorteil gegenüber anderen Unternehmen mit sich.

> *„Den einfachen Dachstuhl, den kann auch eine Zimmerei mit drei Mitarbeitern leisten. Doch die Vorfertigung sowie auch die Restabwicklung hinten raus, das machen dann eben nicht mehr so viele."*

Als Reinhard Adams seinerzeit diesen Weg des „Generalunternehmers" einschlug, wurde nicht jedes Details strategisch hinterfragt.

> *„Da sind viele Entscheidungen dabei gewesen, die im Grunde genommen aus dem Bauch heraus getroffen wurden."*

Anhand der positiven Entwicklung des Unternehmens hat sich der Entschluss von damals im Nachhinein als sehr gut erwiesen und Adams Holzbau-Fertigbau durch die Spezialisierung auch ein Stück krisenfester gemacht.

Erfolgsmodell Holzunion: im Verbund gemeinsam stärker. Anfang 2014 wurde die Holzunion als Verbund von vier Gesellschaftern mit eigenem Geschäftsführer ins Leben gerufen, welchem die Adams Holzbau-Fertigbau GmbH Ende 2014 als 5. Gesellschafter beitrat. Ziel der Holzunion ist es, die unterschiedlichen Kernkompetenzen vom Holzhausbau bis zum komplexen Ingenieur-Holzbau zu bündeln und so vor allem Großprojekte zu stemmen. Als Mitglied in der Holzunion ist das Unternehmen in der Lage, mit den Partnerfirmen Aufträge durchführen zu können, welche als Einzelunternehmen so nicht möglich wären.

> *„Mit diesem Verbund haben wir eine Manpower von 300 Leuten – und auch eine entsprechende schlagkräftige Produktionskapazität!"*

Alle fünf Holzbau-Unternehmen planen und arbeiten mit computer-gesteuerten Maschinen, sprich CAD-Planung und CNC-gesteuertem Abbund sowie CNC-gesteuerter Elementfertigung. Durch eine einheitliche Hard- und Softwareplattform können mittels Datenaustausch entsprechende Fertigungsschritte auf unterschiedliche Produktionsstätten der Verbundpartner verteilt werden. Somit ist man in der Lage, Lastspitzen zu glätten oder Unterauslastungen einzelner Unternehmen auszugleichen. Voraussetzung für diese erfolgreiche Zusammenarbeit ist ein enges Vertrauensverhältnis zwischen den Geschäftsführern der einzelnen Verbundpartner.

> *„Wir haben schließlich ein gewisses Know-how, was wir uns über Jahre erarbeitet haben – das möchte man nicht einfach so an die Konkurrenz weggeben ... "*

Ein Ratschlag an junge Unternehmer. Neben dem Zusammenschluss in der Holzunion sind Reinhard und Sebastian Adams bundesweit auch über Verbände mit anderen Unternehmern und Akteuren der Baubranche vernetzt, beteiligen sich zudem auch aktiv in der regionalen Verbandsarbeit.

> *„Ich kann einem jungen Unternehmer nur raten, sich einer Organisation anzuschließen, z. B. einer Innung. Da lernt man neue Kollegen kennen, erhält so viele Informationen und man kann voneinander profitieren. Aus meiner Sicht ist das einfach unerlässlich."*

Fazit und Handlungsempfehlungen für UnternehmerInnen
Die Adams Holzbau-Fertigbau GmbH ist ein Familienunternehmen in der mittlerweile

5. Generation, welches sich durch stetigen Ausbau des Produkt- und Dienstleistungsangebotes auch in Krisenzeiten am Markt behauptet hat.

Die größten Erfolgsfaktoren waren und sind:

1. Die nötige Weitsicht für zukünftige Chancen
2. Investition in die eigenen Mitarbeiter, auch durch Ausbildung
3. Erweiterung des Angebots durch Erhöhung der Fertigungstiefe
4. Aufbau und Pflege eines kompetenten und belastbaren Netzwerks

Literatur

Kempenich, H.-W. (02. Januar 2017). *Holzbau Adams blickt auf 120 Jahre zurück – Niederzissener Betrieb wird in vierter Generation geführt – 70 Mitarbeiter*. Rhein-Zeitung.

3 Berthold Becker für Ingenieur- und Tiefbau GmbH

Die Berthold Becker GmbH (s. Tab. 3.1) ein Ingenieurbüro in Bad Neuenahr-Ahrweiler, welches Infrastrukturprojekte in Rheinland-Pfalz und Nordrhein-Westfalen realisiert. Die Experten im kommunalen Tief- und Straßenbau entwickeln vor allem Infrastruktursysteme in den Bereichen Straßenbau, Wasserversorgung und Abwasserentsorgung sowie die dazugehörigen Ingenieurbauwerke wie Hochbehälter und Kläranlagen (s. Abb. 3.1). Ein Schwerpunkt liegt seit 25 Jahren in der Informationstechnik für die kommunale Infrastruktur, welche auch geografische Informationssysteme und Beratungsleistungen als BIM Manager umfasst.

Interview mit dem Geschäftsführer der Berthold Becker GmbH in Heimersheim/Bad Neuenahr-Ahrweiler, Markus Becker am 11.11.2022 von 14.00–16.00 Uhr

3.1 Entstehungsgeschichte: „Multi-Unternehmer und Datenbauer"

Der Multi-Unternehmer und Erfindergeist. Der Vater unseres Gesprächspartners, Berthold Becker, und Gründer der Berthold Becker GmbH begann sofort nach seinem Ingenieurstudium 1963 Bauaufträge jeglicher Art anzunehmen. Seine Arbeit prägte die folgende Frage an seine Frau Hilde Becker, die ihm von Beginn an als Unterstützerin mit jeglichen Hilfsarbeiten zur Seite stand:

> „Berthold fragte: ‚Hilde kommst Du mit 800,- DM im Monat aus?' und Hilde sagte ja."

Tab. 3.1 Fakten Berthold Becker Büro für Ingenieur- und Tiefbau GmbH

Gründung	1968	Mitarbeiteranzahl	54 (2023)
Generation	2	GeschäftsführerInnen	Markus Becker, Torsten Ohlert
Branche	Hoch-/Tiefbau	(Globale) Standorte	Heimersheim
Dienstleistungen	Trinkwasserversorgung, Abwasserentsorgung, Verkehrsanlagen, Gewässer, Hochwasser- & Starkregenvorsorge, Datenbankpflege, Dienstleistungen, Beratung		

Abb. 3.1 Berthold Becker – sowohl im Tief- als auch im Hochbau zu Hause, rechts der Bad Neuenahrer Bahnhof. (Mit freundlicher Genehmigung von © Markus Becker [2023]. All Rights Reserved. Fotos: Dominik Ketz)

Um diese Einnahmen zu realisieren, arbeitete er am Morgen bei der Firma Münch in Heppingen, für die er auch Quarzsand verkaufte, was ihm zunächst den Namen „Sandmännchen" einbrachte (Becker, 2018). Am Nachmittag übernahm er als freier Mitarbeiter bei der Firma Gmünd und Schneider in Bonn Ingenieurstätigkeiten, bevor er sich am Abend schließlich seiner Selbstständigkeit widmete.

> *„Die Gründung seiner Baufirma war somit fließend und wird auf den 01.04.1968 datiert."*

Berthold Becker vermarktete vor allem seine Kernkompetenz als Statiker, dachte aber schon damals für seine ersten Kunden, die vor allem aus Freunden und Bekannten bestanden, eine ganzheitliche Bauplanung von der Architektur, über den Bauantrag, der Statik bis zur Bauüberwachung.

> *„Die Akquisition gestaltete sich oft einfach: Nach dem Kirchgang sind sie in die örtliche Kneipe zum Hummel und haben die Freunde gefragt: „Willst Du eigentlich nicht mal bauen?" – Oft ergab sich daraus ein Projekt."* (Becker, 2018).

Nicht nur seine eigene Selbständigkeit trieb Berthold Becker in den 70er Jahren voran, sondern er gründete auch immer wieder einzelne Unternehmen: 1969 wurde Berthold Becker zusammen mit Franz Braun Gesellschafter und Geschäftsführer der Firma Braun und Becker GmbH, die öffentliche Umbauten jeglicher Art übernahm, wie beispielsweise einen Tankstellenumbau. 1970 wurde Berthold Becker Gesellschafter mit 45 % Beteiligung der Leimersdorfer Tonwerke Jakob Linden GmbH & Co. KG, in welcher er Betriebsleiter bis 1975 war und welche heute noch besteht. Zwischenzeitlich erblickten auch vier Kinder mit Markus, Thomas, Anne und Cathrin Becker das Licht der Welt in der Ehlingerstraße in Heimersheim, welches damals noch als landwirtschaftlicher Komplex Stück für Stück in die heute bestehenden Büroräume umgebaut wurde. Aktuell findet der Umbau des Bürohofes in ein Infrastrukturzentrum statt.

> *„Die vielseitigen Aktivitäten von Berthold Becker hatten zur Folge, dass ausgebaut und innerhalb des Hauses umgezogen werden musste. Hilde Becker berichtet: ‚Die Kinder wurden abends von Kunden und Bauunternehmern immer wieder geweckt und gestört.'"* (Becker, 2018).

Der *„Multi-Unternehmer"* Berthold Becker sah aber immer wieder neue Möglichkeiten und Optionen und gründete am 22.9.1972 zusammen mit dem Bauingenieur Hermann Terporten das Becker-Terporten Ingenieurbüro für Hoch- und Tiefbau GmbH.

> *„Wenn man sich selbstständig macht, gehört eine Menge Mut dazu. Zum Mut gehört auch, mit den Existenzängsten umzugehen. Die Uridee eines gemeinsamen Unternehmens ist es, auch die Ängste zu halbieren und die Stärken zu verdoppeln."* (Becker, 2018).

Bis 1987, dem Jahr der Trennung der Büros Becker und Terporten, stellte das Büro Becker-Terporten 30 Mitarbeitende und die Firma Braun und Becker 20 Mitarbeitende ein. Den betriebswirtschaftlichen Überblick über Lohnabrechnung und Finanzbuchhaltung hatte über all diese Jahre Hilde Becker, die ursprünglich eigentlich eine Ausbildung zur Schneiderin absolviert hatte.

> *„Hier hatten sich unterschiedliche Stärken herauskristallisiert: Mein Vater, der Multi-Unternehmer und Erfindergeist, und Hermann Terporten, der starke Ingenieur und Statiker. Da war es folgerichtig neue Wege zu gehen."*

Berthold Becker war nicht nur mehrfacher Unternehmer, sondern auch Erfindergeist und Innovator. Neben der Anmeldung eines Patentes für den Weinberg und der Entwicklung von Pumpspeicherwerken oder Wasserkraftschnecken in Gewässern setzte er sich auch für Auenseen, Naturschutzgebiete, Verbindungs- und Umgehungsstraßen in der Region ein.

> *„Einige angehende Bürgermeister erfragten Infrastruktur-Ideen für die Wahlkämpfe bei meinem Vater."*

Diese Infrastruktur-Ideen ebben in der Nachfolgegeneration nicht ab.

Der Datenbauer und Vernetzer. 1997 übernahm unser Gesprächspartner und erstgeborene Sohn Markus Becker die Geschäftsführung. Schon während des Studiums des Bauingenieurwesens in Aachen hatten beide Söhne, auch der zweitgeborene Thomas Becker, bereits verschiedene Projekte des Unternehmens verantwortlich geführt – so zum Beispiel die Einführung der Informationstechnik innerhalb des Unternehmens.

> *„Als ich 1995 in das Unternehmen einstieg, sagte mein Vater: ‚Hier an dem Kaufmännischen habe ich sowieso keine Lust, mach Du das mit den Bilanzen.' Er machte lieber Weinberg oder die Trinkwasserversorgung mit Meerwasser durch die Wüste, also alles Mögliche. Mein Vater ist einfach ein Original."*

Aber auch Markus Becker ist der Offenheit für Neues und Innovationen treu geblieben. Schon 2000 entwickelte er eine eigene Datenbank, die „BeckerDatenbank Suchen & Finden", die das Fachwissen erfahrener Mitarbeitender sammelte und jedem zugänglich machte. Grundsätzlich war und ist Markus Becker das Vernetzen aller Beteiligten sowie die Weitergabe von Wissen auf und rund um die Baustelle ein wichtiges Anliegen.

> *„Meine Vision ist im Ingenieurbereich, dass wir – ähnlich wie ein Ärztezentrum – Infrastrukturzentren haben."*

Bis 2004 arbeiteten die Brüder Markus und Thomas Becker noch gemeinsam im väterlichen Betrieb, bis sich beide Wege trennten und Thomas Becker geschäftsführender Gesellschafter der Becker Ingenieure GmbH wurde.

> *„Thomas ist eher der Hochbauer, ich mehr der Tiefbauer. Gewässer ist das Feld, wo wir zusammenarbeiten. Und wir sind beide Alphatiere. Das hat mein Vater gemerkt und die Trennung initiiert. Wir empfehlen uns heute gegenseitig weiter."*

Für sein großes Ziel der Vernetzung baute Markus Becker 2009 zunächst eine Infrastruktur Akademie auf, in der heute bis zu zehn Veranstaltungen im Jahr stattfinden, mit beispielhaften Themen wie Vergaberecht, Straßenbau oder Starkregenwerkstatt. 2010 erschien schließlich die erste Kundenzeitung unter dem Motto „Kommunikation möglich machen". Neben den Vernetzungs- und Kommunikationsbemühungen versuchte Markus Becker die unterschiedlichen Unternehmen seines Vaters erfolgreich weiterzuführen.

> *„2010 habe ich versucht nach der Methode meines Vaters die Unternehmen am Laufen zu halten. Ich hatte so viele Bälle in der Luft, das ging so nicht mehr. Dann habe ich einen Berater getroffen, Prof. Quelle aus Dortmund. Der hat mir Unternehmensstrategie erklärt und wir haben Vision und Strategie entwickelt. Und danach sind wir stark gewachsen."*

Die Zusammenarbeit zwischen Markus Becker und der von Prof. Dr. Guido Quelle geführten Mandat Managementberatung GmbH verhalf dem Berthold Becker Ingenieurbüro zu großen Wachstumsschritten, die schließlich sogar in ein gemeinsames Buch (und Hörbuch) „Die Wahrheit liegt vor der Baggerschaufel" mündeten (Becker & Quelle, 2018). Außerdem konzipierten sie gemeinsam innerhalb der Unternehmensstrategie eine Wertaussage für das Ingenieurbüro Berthold Becker.

> *„Unsere Wertaussage ist, dass wir für zukunftsfähige Infrastruktur sorgen. Wenn man im öffentlichen baut mit dem öffentlichen Vergabewesen, dann stößt man immer auf Widerstände. Wir sind eine Mannschaft. Wenn wir kommen, ist das immer mit einer Leidenschaft. Wir spielen bis zum Ende!"*

Somit betreut Markus Becker heute neben dem *Berthold Becker Ingenieurbüro* und der *Infrastruktur-Akademie* noch eine weitere Marke: Sein 2016 gegründetes Start-up „*localexpert24*". Damit bietet er – wie kann es für den Netzwerker Markus Becker auch anders sein – eine Plattform für Tiefbauakteure an, welche Daten rund um die Baustelle von Netzeigentümern, Ingenieurbüros und Tiefbaufirmen zur Verfügung stellt bzw. zum Austausch anbietet. Für diese Möglichkeit der Bereitstellung von Metadaten sowie der Vernetzung rund um das Thema Tiefbau wurde Markus Becker bereits mehrfach ausgezeichnet wurde.

> *„Die Herausforderungen der Zukunft Klimaschutz, Energie und Verkehrswende müssen regional und lokal umgesetzt werden. Deswegen ist die Netzwerkarbeit so wichtig. Innovationen entstehen nur auf Vertrauenskulturen. Localexpert24 will diese aufbauen!"*

Nicht nur für eine zukunftsfähige Infrastruktur bereitet Markus Becker viel vor, sondern auch für die Zukunft seiner drei Marken: 2020 wurde Torsten Ohlert neben Markus Becker zum Geschäftsführer der Berthold Becker GmbH berufen.

3.2 Krisen oder Chancen: „Konflikt- und Leidensfähigkeit"

Krisen gehören zum Unternehmertum dazu. Als Markus Becker im Gespräch die Krisen seines Unternehmens aufzählt, ist die Liste lang. Die Flut an der Ahr im Juli 2021 war für ein Ingenieurbüro, welches sich mit Gewässerausbau beschäftigt, ein besonderer Einschnitt. Die Corona-Krise erwähnt Markus Becker nebenbei. Im Rahmen eines Großprojektes, als ein Bonner Unternehmen sein Lager 2017 in der Grafschaft im Kreis Ahrweiler baute, explodierten die Kosten.

> *„Was mir in Krisen immer hilft sind Mentoren, die ich in kritischen Angelegenheiten befrage. In der Großprojekt-Krise half beispielsweise zur sachlichen Klärung der Nachtragsprüfung Prof. Krudewig aus Koblenz. Die Experten und Mentoren haben uns die Konfliktfähigkeit gegeben, in unangenehme Dinge hineinzugehen."*

Bereits 2015 hate sich eine Personalkrise im Ingenieurbüro Berthold Becker angebahnt, in der die Hauptleistungsträger in Altersteilzeit oder Rente gingen. Auch die Jahre von 2000 bis 2010 waren aufgrund der niedrigen Baupreise, an denen die Gebührenordnung des Ingenieurbüros maßgeblich hängt, nicht einfach.

> *„Eigentlich sind wir kontinuierlich von Krisen umgeben. Aber Du siehst sie eh nicht kommen. Meistens bist Du unterschiedlich gewappnet. Mal bist Du jung verheiratet, mal sind da familiäre Belange. Was mir geholfen hat, ist eine gewisse Leidensfähigkeit, das auch mal auszuhalten."*

Unternehmensnachfolge als emotionalste Krise. Als Markus und Thomas Becker Anfang der 2000er Jahre zusammen mit ihrem Vater für das Ingenieurbüro Berthold Becker tätig waren, wuchs die Meinungsverschiedenheit in Projekten. Der Versuch diese zu beseitigen, war durch viele Vorbereitungsgespräche über Jahre hinweg geprägt.

> *„Wir haben montags abends um 18 Uhr immer zusammengesessen und über diese Themen gesprochen. Zwei Brüder und ein Senior. Dann ging es schon mal hoch her. Dann hat die Mutter immer Kaffee und Tee gebracht. Als ich irgendwann sagte, wir müssten uns trennen, fiel meiner Mutter das Tablett herunter."*

Markus Becker beschreibt diese Gespräche als *„mit Abstand die emotionalste Krise in seinem Berufsleben, seinem Bruder sagen zu müssen, dass er lieber allein arbeiten wolle."* Berthold Becker gründete mit Thomas Becker die Becker Ingenieure GmbH, in welchem Thomas Becker 2004 geschäftsführender Gesellschafter und 2011 alleiniger Gesellschafter wurde. Auch wenn die Trennung unangenehm erschien, für beide Unternehmen bedeutete diese Veränderung den Start in eine starke Wachstumsphase.

Die Flut im Ahrtal 2021. Auch wenn das Ingenieurbüro in der Ehlinger Straße in Heimersheim von den Fluten nicht direkt betroffen war, so bedeutet eine Flut für ein Ingenieurbüro, welches sich mit Trinkwasserversorgung, Abwasserentsorgung, Verkehrsanlagen, Gewässer sowie Hochwasser- und Starkregenvorsorge beschäftigt, eine gewaltige Belastung durch eine Vielzahl an Anfragen, Projekten und dem damit notwenigen Engagement aller Mitarbeiter. Beispielsweise war das Ingenieurbüro an der Studie beteiligt, welche die Notwendigkeit und Auslastung der neuen Kläranlagen für das Ahrtal überplante, sowie an vielem darüber hinaus. Markus Becker beschreibt die Abhängigkeiten, die in solchen Infrastrukturprojekten stecken.

> *„Nun kommen z. B. zwei Kläranlagen nicht mehr ins Ahrtal. Der Abwasserzweckverband möchte die neue Kläranlage abseits der Ahr bauen, was wiederum das Ortsnetz mit Gasleitungen tangiert. Diese Abhängigkeiten, die durch die unstrategischen Arbeiten der letzten Jahre entstanden sind, fallen uns heute im Katastrophenfall auf die Füße. Jeder wartet auf jeden."*

Diese Abhängigkeiten möchte der „Datenbauer" Markus Becker mit seinem digitalen Infrastrukturgedächtnis und komplettem 3D-Modell vom Ahrtal lösen. Dafür wurde er sogar als BIM Manager in Aufbau- und Entwicklungsgesellschaft des Kreis Ahrweilers berufen.

> *„Das Schöne an Modellen ist, dass man zeigen kann, was früher war, wo standen die Häuser vor der Flut. Diese Linie geht nicht mehr verloren. Das objektiviert. Daten helfen uns in der emotionalen Phase, in der wir noch stecken."*

Emotionsgeladen und chaotisch, aber auch mit innovativen Ansätzen beschreibt er die jetzige Krise im Ahrtal, ähnlich den Krisen zuvor. Markus Becker ist dennoch optimistisch gestimmt und schaut mit großen Erwartungen und leuchtenden Augen in die Zukunft.

> *„Es ist gerade viel zu gestalten hier. Es ist auch eine spannende Zeit. Es ist auch eine Unternehmerzeit. Es gehört dazu, dass wir dieses Chaos annehmen und weitermachen."*

3.3 Zukunft im Kreis Ahrweiler: „Zumindest eine Strategie für die Infrastruktur"

Fokus Ahrtal, aber nicht nur. Schon für Berthold Becker als Multi-Unternehmer, aber auch seinen Sohn Markus ist die Unabhängigkeit vom Kreis Ahrweiler wichtig.

> *„Ein Drittel unseres Umsatzes machen wir im Ahrtal, alles andere außerhalb, vor allem im nördlichen Rheinland-Pfalz oder Nordrhein-Westfalen."*

Für sein vielfältiges Engagement im Kreis Ahrweiler erhielt Markus Becker 2022 die Ehrennadel des Landes Rheinland-Pfalz. Neben seiner Tätigkeit als Geschäftsführer stellt er dem Kreis Ahrweiler seit Jahren seine *„Fachexpertise zur Unterstützung der Entwicklung der Kreisstadt sowie des Kreises Ahrweiler"* (Kreisverwaltung Ahrweiler, 2022) zur Verfügung. Außerdem engagierte er sich immer im kommunalpolitischen Bereich: 10 Jahre im Stadtrat, 15 Jahre im Kreistag.

> *„Für mich als Unternehmer ist es wichtig, dass ich auch in der Kommunalpolitik unabhängig vom Kreis Ahrweiler und vom Ahrtal bin. Unser Kunde muss immer frei sein."*

Es fehlt die Strategie. Den Abschied nach 20 Jahren aktiver Beteiligung in der Kommunalpolitik begründet Markus Becker mit einem verstärkten Fokus auf das Unternehmertum und einem damit verbundenen schlagkräftigeren Wirken. Die Zeit in der Kommunalpolitik hat ihn sehr geprägt und geholfen den kommunalen Kunden besser zu verstehen. Er wünscht sich Denkkreise für das Ahrtal, in denen übergreifende Strategien entwickelt werden und die der Kommunalpolitik mit Expertise unterstützend zur Seite stehen. Die Strategie soll helfen

„Kirchturmdenken" zu überwinden und die Gemeinsamkeiten aller Beteiligten am Wieder- und Neuaufbau des Ahrtals hervorzuheben. Aus seiner Sicht wäre eine Kommunalreform im Ahrtal angebracht. Durch die bestehenden, zu kleinen Organisationseinheiten ist der Mangel an Fachkräfte für den gewaltigen Um- und Weiterbau der unterirdischen Infrastruktur nicht zu beheben. Das Ahrtal ist der rote Faden, der gemeinsam unter Beibehaltung der örtlichen Charakteristika entwickelt werden muss.

> *„Ein strategischer, zukunftsorientierter Denkkreis für die Region, den Kreis wäre mein Wunsch, der für den Katastrophenfall und für die dann entstehende Hektik vor denkt: Was braucht der Kreis in der Zukunft? Was heißt beispielsweise klimaneutrale Zukunft und wie wird die ausgestaltet? Was ist das Ideale für die Region?"*

Infrastrukturzentren und digitales Infrastrukturgedächtnis. Sollte dieser strategische Ansatz nicht im großen Stil funktionieren, so soll laut Markus Becker zumindest die Infrastruktur zusammengeführt werden. Dafür möchte Markus Becker kämpfen, denn *„strategische Infrastrukturentwicklung macht auf dem Land bisher keiner."*

> *„Meines Erachtens muss mindestens die Infrastruktur zusammengeführt werden. Wir können doch nicht alle 10 km ein Abwasser- oder Wasserwerk haben. Oder drei Gasversorger, die sich nicht einigen können. Wir müssen ein gemeinsames Bild haben."*

Dabei möchte er am Beispiel der Ärztezentren sich im Ahrtal für ein Infrastrukturzentrum einsetzen, welches alles Wissen rund um die Infrastruktur digitalisiert und bündelt.

> *„Ich glaube, wir sind an einer Zeit, an der wir einen Organisationssprung machen müssen. Diese Trennung Bauherr, Baufirma, Ingenieurbüro. Da gibt es immer mehr Dinge, die aufweichen. Das Wissen, was wir jetzt aufbauen, ist volkswirtschaftliches Vermögen, welches wir allen Parteien und späteren Generationen weitergeben müssen."*

Grundsätzlich plädiert der Vernetzer Markus Becker vor allem auf den Zusammenhalt und die Gemeinsamkeiten, die durch gemeinsame Visionen, Strategien und Zentren und das Teilen von Wissen durch Daten erreicht wird.

> *„Wir brauchen einen Ahrtalschulterschluss. Wir wollen zusammenhalten. Wir wissen noch nicht was rauskommt. Die Zeit ist ungewiss. Aber wir machen es zusammen, weil dann das Beste rauskommt."*

Markus Becker ist für den Kreis Ahrweiler optimistisch und will sich für seine Ideen einsetzen, bis sie umgesetzt sind.

> *„Die Menschen, die von den Elbhochwassern betroffen waren, sagen: ‚Habt Geduld!' Die Geduld haben nicht viele. Aber wir, wir bleiben hier wohnen, bis es besser als vorher ist!"*

3.4 Erfolgsrezept: „Wertschätzung, Freude und Dranbleiben"

Wertschätzung, Freude und Dranbleiben. Das ist der Titel des Jubiläumsbuches zum 50. Geburtstag der Berthold Becker GmbH (Becker, 2018). Markus Becker betont auch hier wieder die Wichtigkeit von Visionen und Strategien, die Orientierung geben, aber ohne „*Dranbleiben*", sie auch nichts bringen.

> *„Dranbleiben ist nur das schönere Wort für Disziplin. Wertschätzung sorgt für eine saubere Kommunikation und Freude erzeugt einen Sog."*

Markus Becker wird an seinem ganzheitlichen Ansatz, Infrastrukturzentren und -daten für die Region zu bauen, dranbleiben, diese Ideen mit Wertschätzung kommunizieren und mit viel Humor und Freude in den Arbeitsalltag seiner Mitarbeitenden bringen.

> *„Du darfst die Freude an der Arbeit nicht verlieren und keine Unzufriedenheit schlucken.*
>
> *Mit Mut und Zuversicht entstehen neue DINGE und wir entwickeln uns weiter und lösen die Herausforderungen der Zukunft."*

Größter Vermögensgegenstand – die Mitarbeitenden. Kürzlich wurde das Ingenieurbüro Berthold Becker von seinen Mitarbeitenden zum familienfreundlichen Arbeitgeber gewählt.

> *„Ich dachte zunächst das sei eine Marketing-Sache, aber 92 % haben mitgemacht und über 90 % haben gesagt, dass sie sich fair bezahlt fühlen. Das hat mich sehr gefreut. Die Mitarbeitenden sind unser größter Vermögensgegenstand."*

Dazu hat das Ingenieurbüro das sogenannte Projekt *PPP* „professionelles passendes Personalwesen" mit den fünf Säulen Recruiting, Mitarbeiterentwicklung, Mitarbeiterbetreuung, Arbeitsrecht und Vergütungssystem ins Leben gerufen.

> *„Hier verbessern wir uns stetig. Vernetzen uns über die Sozialen Medien, über die ich tolle Mitarbeitende gefunden habe. Meinen Mitarbeitenden sage ich immer: ‚Das Einzige, was ich erwarte, ist persönliches Wachstum'".*

Dazu gehört auch Mut und Zuversicht, die zwei Worte, die Markus Becker gerne auf seinem Grabstein hätte, mit diesen er aber auch seinen Mitarbeitenden ein Vorbild sein will.

> *„Ich sage meinen Mitarbeitenden immer: ‚Reagiert auf Beobachtungen. Wenn irgendjemand mit 70 km/h über den Hof rast, dann sagt was. Nur so kann sich etwas verbessern. Aber habt auch Mut Dinge umzusetzen, Dinge falsch zu machen, Dinge zu korrigieren."*

Verantwortung und Anpacken. Markus Beckers Selbstverständnis ist nicht nur zu konsumieren, sondern auch zu gestalten, Verantwortung zu übernehmen und die Herausforderungen der Welt anzupacken.

> *„Du bist selbst verantwortlich für Dein Leben. Urlaub, Konsum ist mal ganz schön aber doch nicht das Wichtigste. Wir können auf unserem Spielfeld jeden Tag dafür sorgen, dass Dinge sich sinnvoll weiterentwickeln. Die Flut hat uns doch gezeigt, dass nach aller großzügigen Hilfe Du selbst wieder in die Verantwortung für Dein Leben kommen musst."*

Deshalb setzt sich Markus Becker auch für die Ausbildung in seinem Unternehmen, aber auch mit der Infrastrukturakademie und vielen Vorträgen in der Bildung ein, da aus seiner Sicht diese verantwortungsbewusste und aktive Lebenseinstellung nicht früh genug gelehrt werden kann.

> *„Das finde ich toll, Leuten Mut zu machen, nimm Dein Leben selbst in die Hand. Du kannst alles gestalten. Hol Dir in den ersten Jahren einen guten Mentor und sei in Beziehungen stark."*

Für alle die noch hadern, gibt Markus Becker mit:

> *„Bitte engagiert Euch und kümmert Euch. So funktioniert unsere Demokratie. Für alle die ein Herz im Ahrtal haben, seid geduldig. Macht nicht zu früh einen Abschluss."*

Fazit und Handlungsempfehlungen für UnternehmerInnen
Die Berthold Becker für Ingenieur- und Tiefbau GmbH möchte mit Infrastrukturzentren **Akteure vernetzen** und mit digitalen Infrastrukturgedächtnissen **Wissen teilen**:
  Größte Erfolgsfaktoren hierfür sind:

1. Ganzheitliche Visionen und Strategien für das Unternehmen, auch für die Region
2. Vernetzung und Wissen teilen und durch Daten objektivieren
3. Die Mitarbeitenden als größten Vermögensgegenstand ansehen
4. Verantwortungsbewusstsein, Proaktivität, Neugierde und Offenheit für Neues, aber auch Geduld und Optimismus vorleben

Literatur

Becker, M. (2018). *Wertschätzung, Freude, Dranbleiben.* Jubiläumsbuch der Berthold Becker Büro für Ingenieur- und Tiefbau GmbH.

Becker, M., & Quelle, G. (2018). *Die Wahrheit liegt vor der Baggerschaufel: Wie Infrastrukturprojekte wirklich gelingen.* Books on Demand GmbH.

Kreisverwaltung Ahrweiler. (2022). *„Außergewöhnlicher und langjähriger Einsatz ist unbezahlbar!" – Landrätin überreicht Ehrennadel des Landes Rheinland-Pfalz.* Kreisverwaltung Ahrweiler.

4 Dr. Eckel Animal Nutrition GmbH & Co. KG

Die Dr. Eckel Animal (s. Tab. 4.1) Nutrition GmbH & Co. KG zählt als Hidden Champion (Block et al., 2021) zu den führenden internationalen Anbietern moderner Futterzusatzstoffe für Rind, Schwein, Geflügel und Aquakultur (s. Abb. 4.1). Die innovativen Produkte verbessern das Tierwohl und machen Tierernährung ressourcenschonender, klimafreundlicher und gesünder. Dr. Eckel exportiert in 43 Länder auf vier Kontinenten. Die Internationalität spiegelt sich auch im Unternehmen wider: das Team setzt sich aus über 17 verschiedenen Nationen zusammen, Alltagssprachen sind Englisch und Deutsch.

Interview mit der Geschäftsführerin der Dr. Eckel Animal Nutrition GmbH in Niederzissen, Dr. Antje Eckel am 11.05.2022 von 12.30–16.00 Uhr

4.1 Entstehungsgeschichte: „Mut einer jungen Mutter"

Studium und Promotion. Bevor Antje Eckel 1994 die Dr. Eckel Animal Nutrition GmbH & Co. KG in Niederzissen gründete, studierte die gebürtige Hannoveranerin von 1983–1988 an der Technischen Universität München in Weihenstephan Erwerbsgartenbau mit Schwerpunkt Ökonomie. In der ersten Woche des Studiums lernte sie ihren Mann Bernhard Eckel kennen, welcher zu dieser Zeit Landwirtschaft studierte. Fast gleichzeitig begannen beide 1989 ihre Promotion; Bernhard Eckel am Lehrstuhl für Tierernährung, Antje Eckel am Institut für Gemüsebau, Arznei- und Gewürzpflanzen mit dem Thema „Der Kohlenhydrat-Stoffwechsel von Hopfen in Abhängigkeit von der jahreszeitlichen Entwicklung". (Demleitner, 2018).

Tab. 4.1 Fakten Dr. Eckel Animal Nutrition GmbH & Co. KG

Gründung	1994	**Mitarbeiteranzahl**	68 (2023)
Generation	1./2	**GeschäftsführerInnen**	Dr. Antje Eckel
Branche	Tierfutter	**Globale Aktivitäten**	> 40 Länder
Produkte	Futterzusatzstoffe für die Nutztierernährung (Rind, Schwein, Geflügel und Aquakultur). Hierzu zählen z. B. Phytogene (natürliche Substanzen auf Pflanzenbasis), Probiotika und Präbiotika, organische Säuren u. a.		

Abb. 4.1 Dr. Eckels Corporate Design. (Mit freundlicher Genehmigung von © Dr. Eckel Animal Nutrition GmbH & Co. KG. All Rights Reserved)

„An diesem Lehrstuhl habe ich die ersten Dinge für die Selbstständigkeit gelernt, ohne dass ich es wusste."

Dem Lehrstuhl am Institut für Gemüsebau, Arznei- und Gewürzpflanzen wurden wenige Mittel zugesprochen. Antje Eckel musste sich selbstständig um Stipendien und Forschungsgelder bemühen und somit erste Projekte eigenständig aufsetzen und kalkulieren sowie auch für sich als Forschende werben. Dafür war ihr Doktorvater selbst eine Koryphäe auf seinem Gebiet und ließ seinen Mitarbeitenden sehr viele Freiheiten.

„Ich habe meinen Freiraum gehabt. Mir hat das einfach Spaß gemacht."

Der Weg nach Niederzissen und in die Gründung. Während ihrer Promotion in Weihenstephan wurde Antje Eckel Mutter zweier Kinder. Ihr Mann Bernhard Eckel hatte bereits nach seiner Promotion eine neue Stelle im Vertrieb bei einem Unternehmen für Futtermittelzusatzstoffe angenommen. Durch seine hervorragenden Englisch- und Französischkenntnisse erhielt er früh viel Verantwortung, bereiste Europa und baute sich hierüber ein Netzwerk auf.

„Irgendwann sagte sein Chef: Du kannst das so gut, suche dir einen Ort in Deutschland mit Nähe zur Kundschaft, von dem aus du den Vertrieb abwickelst. Was für ein Angebot!"

Bernhard Eckel suchte und fand mit der Region um Niederzissen im Kreis Ahrweiler einen Ort, von dem er seinerzeit innerhalb von zwei Stunden Autofahrt 80 % seiner Kunden erreichen konnte. Außerdem ergab sich glücklicherweise die Gelegenheit, ein preiswertes Familienhaus zu erwerben, in welches Antje Eckel mit den beiden kleinen Kindern einzog und ihre Promotion beendete, während ihr Mann im Vertrieb unterwegs war.

> „Mein Mann rief regelmäßig vom Außendienst aus an und fragte, was ich mache. Er schimpfte, wenn ich nicht an der Dissertation schrieb und stattdessen den Haushalt machte."

1992 promovierte Antje Eckel über den Kohlenhydratstoffwechsel von Hopfen, der heute ein wichtiger Bestandteil vieler Produkte von Dr. Eckel Animal Nutrition ist. Als Antje Eckel von Niederzissen aus nach einer Beschäftigung suchte, dachte sie zunächst an Ministeriumsarbeiten in Bonn.

> „Der Gedanke kam: Willst du den ganzen Tag außer Haus sein? Die ganzen Fahrzeiten? Zwei kleine Kinder? Der Mann ist unterwegs. Du musst alles outsourcen … Und so entstand langsam im Kopf die Idee einer Selbstständigkeit."

Antje Eckel machte Nägel mit Köpfen: Nachdem sie bereits in einigen Projekten ihren Mann unterstützt und erste Erfahrung im Geschäft rund um die Futtermittelindustrie gesammelt hatte, besuchte sie internationale Messen, um ein Gefühl für die Bedürfnisse (und somit auch für innovative Produkte) im Lebens- und Futtermittelbereich zu bekommen.

> „Ich habe die Kinder bei den Großeltern geparkt, das verdiente Geld meines Mannes genommen, habe mich auf internationalen Messen informiert und schließlich etwas gefunden, was für den deutschen Markt damals etwas ganz Neues war: Eine Alternative zu antibiotischen Leistungsförderern. Ich war mir sicher, dass der Markt dazu jetzt bereit wäre. Und ich sagte meinem Mann: ‚Ich mache mich selbstständig!'"

1994 gründete Dr. Antje Eckel die Dr. Eckel GmbH (seit 2016 Dr. Eckel Animal Nutrition GmbH & Co. KG), deren alleinige Geschäftsführerin sie heute immer noch ist.

Die erste Zeit nach der Gründung. In der Garage legte Antje Eckel ein Lager an, ihr Schlafzimmer diente gleichzeitig als Büro – bei Kundenbesuchen wurde das Ehebett kurzerhand ins Kinderzimmer geschoben.

> „Ich habe mit reinem Handel angefangen, denn dafür brauchte man kein Geld. Den Herstellern habe ich klar gemacht, dass ich die ideale Vertriebsfrau für sie bin."

Als Antje Eckel merkte, dass die Aufträge anwuchsen und sie personelle Unterstützung brauchte, stellte sie als ersten Mitarbeiter ihren Mann Bernhard ein. Sie scherzt:

> *„Ich hatte wirklich etwas zu bieten: Halbes Gehalt, doppelte Arbeit und Kinderbetreuung. Meine Tochter sagt heute: ‚Er war super naiv oder hat dich echt geliebt.'"*

Es war natürlich nicht nur seine Frau, die Bernhard Eckel überzeugte, das junge Unternehmen zu unterstützen, sondern auch die innovativen Produkte, die Selbstständigkeit und die Rahmenbedingungen, die sein vorheriger Arbeitgeber schuf.

> *„Sein Arbeitgeber hat positiv reagiert, hat sein Produktportfolio angeschaut und überlegt, ob es Produkte gibt, die gemeinsam mit Dr. Eckel vertrieben werden können. Bernhard kannte die Kunden und den Markt."*

Nicht nur personell musste sich Antje Eckel in den nächsten Jahren verändern, auch räumlich wurde das Haus in Niederzissen zu eng. Die Firma wurde in eine Souterrainwohnung in der Nachbarschaft verlagert, denn *„bis dorthin reichte das Babyphone noch."* Doch bald war auch diese Wohnung zu klein. 2003 wurde das Bürogebäude und 2005 die Lagerhalle im Stiefelfeld im Industriegebiet in Niederzissen eröffnet. Zwölf Jahre nachdem Dr. Eckel als erster deutscher Anbieter von Futtermittelzusatzstoffen ohne antibiotische Leistungsförderer an den Start gegangen war, trat 2006 das EU-weite Verbot von antibiotischen Leistungsförderern im Tierfutter in Kraft. Fortan setzte Dr. Eckel auf selbst entwickelte Produkte, die das Unternehmen in den Niederlanden herstellen ließ. Einen einschneidenden Wendepunkt stellte die Umstellung vom reinen Handel mit Futterzusatzstoffen zur eigenen Produktion dar, der zunächst mit einem Rückschlag begann.

Vom Handel zur Produktion dank Enteisungsmitteln. Ende der 2000er-Jahre geriet ein Geschäftspartner der Dr. Eckel GmbH in Schwierigkeiten, der unter anderem auch Enteisungsmittel für Flughäfen anbot. Sein Marktanteil in diesem Bereich war auf unter 20 % geschrumpft und er fand niemanden, der den Vertrieb von Enteisungsmitteln kurzfristig anbieten konnte. Zwar hatten Enteisungsmittel mit dem gehandelten Produktportfolio von Dr. Eckel rein gar nichts zu tun. Doch Antje und Bernhard Eckel nahmen die Herausforderung trotzdem an und wurden in diesem Markt rasch sehr erfolgreich. Da sie als kleines Handelsunternehmen schnelle und agile Vertriebsprozesse bieten konnten, übernahmen sie bald die gesamte Rechnungslegung des Geschäfts und verdienten sehr gutes Geld.

> *„Wir waren für diesen Konzern sehr stark geworden, haben den Marktanteil auf 60 % getrieben. Wir kamen gar nicht auf die Idee, dass wir diese Position verlieren konnten. Rückblickend haben wir uns zu sehr im Erfolg gesonnt."*

Doch dann wurde der Konzern verkauft und der neue Eigentümer übernahm das lukrative Enteisungsgeschäft von einem auf den anderen Tag selbst. Nach vielen Gesprächen mit dem Rechtsanwalt, vielfältigen Vertragsverhandlungen mit Wettbewerbern und der Androhung einer Klage handelte Antje Eckel mit dem neuen Geschäftsführer des Konzerns einen Vergleich für das verlorene Enteisungsgeschäft aus.

4.1 Entstehungsgeschichte: „Mut einer jungen Mutter"

> *„Der Verlust dieses Geschäfts war so ein Erdrutsch, so ein prägender Moment, der uns gezeigt hat, dass wir einen falschen Weg gingen. Wäre das nicht passiert, hätten wir nie verstanden, dass der Handel allein keine Zukunft hat. Dann wären wir heute noch Händler mit immer weiter sinkenden Margen. Die Entschädigung habe ich dann in die Produktion investiert."*

Nicht jeder Mitarbeitende in der Firma hatte zu diesem Zeitpunkt schon das Gespür für die sinkenden Margen im Handel. Daher traf die Entscheidung, nun selbst zu produzieren, nicht bei allen auf Verständnis. Immerhin war Dr. Eckel als Händler zu diesem Zeitpunkt immer noch sehr erfolgreich am Markt.

> *„Obwohl uns dieser Verlust unseres Handelspartners wie ein Abgrund erschien, war diese Krise im Nachhinein aus heutiger Sicht absolut notwendig. Es war eine große Chance, die man sonst nicht gehabt hätte."*

2009 investierte das Unternehmen die Entschädigung in einen 25 m hohen Turm (s. Abb. 4.2) zur eigenen Produktion von Futtermittelzusatzstoffen und stellte Verfahrenstechniker ein.

Auch von den Erfahrungen mit der Produktionstätigkeit in den Niederlanden konnte Dr. Eckel im Bereich Herstellung und Einkauf profitieren. Es folgten eine Auslandsniederlassung in Thailand 2011 und die stetige Weiterentwicklung des Produktportfolios bis heute.

Familienzusammenarbeit und die nächste Generation. Antje Eckel wird oft gefragt, wie die Zusammenarbeit mit dem eigenen Ehepartner funktioniert. Für Bernhard Eckel ist es eine Selbstverständlichkeit, dass *„Frau auch ihren Mann steht"*, war doch seine Mutter selbst Anästhesistin sowie stellvertretende Krankenhauschefin und fuhr am Wochenende im

Abb. 4.2 Dr. Eckels Headquarter in Niederzissen. (Mit freundlicher Genehmigung von © Dr. Eckel Animal Nutrition GmbH & Co. KG. All Rights Reserved)

Notarztwagen mit. Eine konsequente Teilung der Verantwortlichkeiten (Abteilungen) hilft im Alltag. Dazu kommt eine große Toleranz füreinander und das Wissen, dass keiner perfekt ist.

„Derjenige, der zuerst die Termine im Kalender hatte, durfte reisen – der andere war im Büro und kümmerte sich um Haushalt und die Kinder. Sicherlich sind die Kinder nicht perfekt aufgewachsen. Von Überbetreuung kann man nicht sprechen. Aber die Kinder schätzten auch ihre Selbstständigkeit."

Alle drei Kinder des Ehepaares Eckel sind mittlerweile im Unternehmen tätig. Viktor Eckel im Marketing und E-Learning, Klara Eckel in der Produktion und Theo Eckel im Einkauf. Ob eines der Kinder oder mehrere zukünftig in die Geschäftsführung aufsteigen werden, ist offen.

„Wir bauen keinen Druck auf. Die Kinder sollen ihre Rolle selbst finden können. Das Wichtigste ist, dass die nächste Generation wachsen kann und eigene Erfahrungen und Fehler machen darf."

4.2 Krisen oder Chancen: „Aus den Tiefen Höhen machen"

Die Bankenkrise 2008. Da zum Zeitpunkt der Finanzkrise 2008 das Unternehmen hauptsächlich im deutschsprachigen Raum handelte und die Futtermittelbranche kaum Absatzeinbußen hatte (*„der Fleischkonsum sank nicht, es wurde nur statt im Restaurant vom heimischen Grill konsumiert"*), profitierte das Unternehmen sogar von der Krise.

„Die Banker waren immer überrascht und haben gesagt, warum sind die Zahlen noch so gut, warum wachsen die Umsätze noch? Und so konnten wir trotz der Finanzkrise 2009 in unsere Produktion investieren."

Die Corona-Krise 2020. Zu diesem Zeitpunkt hatte Dr. Eckel seinen Exportanteil deutlich gesteigert. Das machte sich in der Corona-Krise bemerkbar. Nach anfänglich starkem Umsatzzuwachs bekam auch das Niederzissener Unternehmen die weltweiten Lockdownauswirkungen in Form von Devisenknappheit in den Schwellenländern und Herausforderungen in der Lieferkette deutlich zu spüren. Doch die Corona-Zeit brachte auch wertvolle Veränderungen.

„Wir haben wahnsinnig viel beim Thema Digitalisierung gelernt und davon profitiert. Endlich war es möglich, den Kunden über MS Teams zu treffen, ohne zu reisen."

4.2 Krisen oder Chancen: „Aus den Tiefen Höhen machen"

Der Lockdown im März 2020 traf das Unternehmen Dr. Eckel mitten in der Umstellung des Warenwirtschafts- und Prozessleitsystems. Die externen Berater rieten davon ab, die Umstellung trotz der Einschränkungen durchzuführen. Aber Antje Eckel hielt am Einführungsdatum des 1. April 2020 fest und traf damit wieder einmal die richtige Entscheidung.

> *„Innerhalb von drei Tagen waren wir auf voller Leistung. Es lief alles. Die ganze Mannschaft hatte darauf hingearbeitet. Hätten wir das verschoben, wäre der Motivationsschub verloren gegangen. Niemand war abgelenkt. Es gab nichts anderes zu tun. Wir haben alles über MS Teams gemacht bis spät in die Nacht, ganz ohne Berater vor Ort."*

Auch wenn die Corona-Krise und die Systemumstellung emotional belastend waren, so geben viele Mitarbeitende heute Antje Eckel die Rückmeldung, in dieser Zeit am meisten gelernt zu haben. Antje Eckel resümiert:

> *„Rückblickend spürt man die Höhen nur, wenn man die Tiefs auch kennt."*

Außerdem hat Corona auch die Art des Arbeitens bei Dr. Eckel verändert: Remote work und mobiles Arbeiten sind häufiger geworden, Pendeln und Geschäftsreisen werden öfter hinterfragt.

> *„Die Arbeitsmodelle ändern sich. Aber man sieht die Zukunft nicht so klar, wie man sie vielleicht noch vor zehn Jahren gesehen hat. Diversität ist daher auch im Unternehmen jetzt wichtig. Verschiedene Dinge parallel auszuprobieren, auch auf das Risiko hin, etwas Geld in den Sand zu setzen."*

Grundsätzlich haben die Krisen der letzten Jahre (dazu zählen auch die Ahrflut im Juli 2021 oder der Angriffskrieg Russlands auf die Ukraine im Februar 2022) das Unternehmen Dr. Eckel immer wieder unternehmerisch oder organisatorisch beeinflusst. Glücklicherweise wurden aber auch immer wieder Möglichkeiten gefunden, mit den einhergehenden Herausforderungen umzugehen.

> *„Unternehmer fühlen sich ja geradezu herausgefordert, wenn es Probleme gibt, die passende Lösung dazu zu finden."*

4.3 Zukunft im Kreis Ahrweiler: „Bildung, Internationalisierung und das Handwerk"

Unternehmerfreundlich und eine wunderschöne Region. Grundsätzlich beschreibt Antje Eckel Rheinland-Pfalz als einen sehr guten Standort für Unternehmen.

> *„Dadurch, dass Rheinland-Pfalz ein weniger industrielles Bundesland ist, ist der Zugang zur Politik leichter, die Wege kürzer. Besuch von der Wirtschaftsministerin würde ich in NRW oder Niedersachsen vermutlich nicht bekommen."*

Auch den Standort ihrer Firma und die Region möchte Antje Eckel nicht missen, zumal der Faktor „Made in Germany" für ihre Kunden ein ganz wichtiges Verkaufsargument ist. Viele ihrer Mitarbeitenden genießen die Lebensqualität der ländlichen Umgebung rund um den Laacher See, welcher im Sommer gerne für eine willkommene Abkühlung oder als Naherholungsgebiet genutzt wird. Die Mitarbeitenden wissen das Leben und Arbeiten umgeben von schöner Natur zu schätzen – und wer in der Stadt wohnen möchte, kann auf vom Unternehmen bezahlte Fahrgemeinschaften aus Bonn und Koblenz zurückgreifen.

> *„Obwohl sie am Tag gearbeitet haben, kommen unsere Mitarbeitenden entspannt von der Arbeit nach Hause."*

Aufgrund der während die Corona-Pandemie etablierten Homeoffice-Regelungen und der damit verbundenen Strukturänderungen entfällt inzwischen die Notwendigkeit, jeden Tag zur Arbeit zu pendeln. Das macht den ländlichen Raum wie den Kreis Ahrweiler mit Niederzissen wieder attraktiver für Arbeitnehmer. Zudem bietet Rheinland-Pfalz eine kostenlose Kinderbetreuung, die Antje Eckel als Unternehmerin sehr schätzt.

> *„Das ist so viel wert für die Mitarbeiter und für mich. Denn ich kriege meine Mitarbeiter ganz schnell nach der Kinderpause wieder ins Unternehmen, die Kita kostet ja nichts. In anderen Bundesländern überlegen sich Eltern den Wiedereinstieg nach dem Kind genauer."*

Ausländische Fachkräfte gegen den Arbeitskräftemangel. Trotz der beschriebenen arbeitnehmerfreundlichen Strukturen ist sich Antje Eckel sicher, dass einhergehend mit dem demografischen Wandel der Fachkräftemangel bestehen bleiben wird und Fachkräfte aus dem Ausland benötigt werden.

> *„Mein Appell an die Politik ist: Wenn wir schon nicht genügend eigene Arbeitskräfte haben, lasst uns doch clever genug sein, gut ausgebildete Leute aus dem Ausland zu holen, die uns in den Betrieben helfen und die uns auch helfen, internationaler zu werden."*

Leider, so berichtet Antje Eckel, gibt es bei den seit 2015 existierenden Welcome Centern in Rheinland-Pfalz, welche die Einreise und Integration gut ausgebildeter Fachkräfte unterstützen sollen, gemäß ihren Erfahrungen mit ausländischen Mitarbeitenden noch Optimierungsbedarf. Beispielsweise wollten sie einen argentinischen Geschäftsführer einstellen, der bisher die Niederlassung eines deutschen Konzerns in Thailand geleitet hatte.

> *„Da braucht es sicher noch sehr viel. Das war ein Riesentheater, ihn nach Deutschland zu bekommen und nervenaufreibend für die gesamte Familie. Es wäre schön, wenn in den Schreiben stünde: ‚Schön, dass Sie da sind. Ihr Integrationskurs findet dann und dann statt.' Stattdessen steht dort: ‚Wenn Sie an den Integrationskursen nicht teilnehmen, werden Sie mit der Strafe XY belegt nach Paragraf Z.' Das könnte man doch schnell und nett abstellen."*

Da die Dr. Eckel Animal Nutrition GmbH ein sehr internationales Unternehmen ist, weiß Antje Eckel um die Wichtigkeit der Internationalisierung.

> *„Wir sind ein Exportland. Diese Menschen helfen uns, in ihren Ländern besser Fuß zu fassen. Außerdem: Sobald der Geschäftsführer Englisch spricht, lernt der gesamte Betrieb Englisch inklusive Produktion. Das hat einen so hohen Wert!"*

Ausbildung, Ausbildung, Ausbildung. Ausbildung ist ein Herzensthema von Antje Eckel, denn darin sieht sie die Basis für eine funktionierende Wirtschaft und ein harmonisches Miteinander.

> *„Kein Kind darf unterwegs verloren gehen. Kein Kind ist dumm, jeder hat Fähigkeiten und Talente, es müssen aber die Grundlagen frühzeitig gelegt und gefördert werden. Das müssen wir in den Schulen schaffen, sonst sind wir zu spät dran."*

Da Arbeitsinhalte immer anspruchsvoller werden, plädiert Antje Eckel für ordentliche Abschlüsse mit grundlegendem Basiswissen:

> *„Für mich ist es in Ordnung, wenn es viele Abiturienten gibt. Ein Elektriker muss heute so viel wissen. Alle müssen viel lernen und wir können sie alle dorthin bringen. Dann müssen die Klassen kleiner, die Lehrer besser ausgebildet werden. Dann brauchen wir Ganztagsschulen.*
>
> *Wenn wir das nicht machen, dann müssen wir hinterher Leute durchfüttern und schaffen Abhängigkeiten, obwohl die Menschen selbst in der Lage wären, Geld zu verdienen."*

Start-up-Förderung für Auszubildende. Die meisten Start-up-Förderungen im Land und Kreis richten sich nur an HochschulabsolventInnen, wie beispielsweise das sogenannte EXIST-Gründungsstipendium (Bundesministerium für Wirtschaft & Klimaschutz, 2023). Leider beobachtet Antje Eckel, dass es kaum Gründungsprogramme und -stipendien für Auszubildende gibt, obwohl sie in Rheinland-Pfalz gerade im Handwerk ein großes Potenzial sieht.

> „Das könnte ein großer Standortvorteil für Rheinland-Pfalz und auch den Kreis Ahrweiler werden, wenn junge Leute mit einer handwerklichen Ausbildung, beruflicher Erfahrung und tollen Ideen mit finanzieller Unterstützung und Weiterbildung für die Gründung begeistert würden. Außerdem würde es Gründungen motivieren, die nicht dem schnellen Geld hinterherjagen, sondern solide Geschäftsmodelle aufbauen und so für die Region extrem bereichernd wären."

4.4 Erfolgsrezept: „Naivität, Mut, ständiges Neuerfinden und das Positive sehen"

Jung gründen mit Naivität, Ehrlichkeit und Authentizität. Antje Eckel, die selbst als junge Mutter mit 30 Jahren ihr Unternehmen gegründet hat, rät Gründungsinteressierten, die jungen Jahre zu nutzen.

> „Für die Risikobereitschaft hilft es, jung und naiv zu sein und nicht immer die Tragweite bestimmter Entscheidungen zu oft zu durchdenken."

Antje Eckel erzählt von einem Fall, als sie mit dem Geschäftsführer eines Lieferanten in ihrem damaligen Schlaf-/Geschäftszimmer in Niederzissen verhandelte. Sie bekam den Auftrag und setzte im ersten Jahr statt der verhandelten 200 t Ware das Vierfache um, später sogar das 20-fache.

> „Diesen Auftrag hatte ich gegen namhafte Firmen gewonnen. Dem Geschäftsführer habe ich erzählt, dass ich meinen Mann und zwei kleine Kinder ernähren muss. Später im Ruhestand erklärte er mir, dass ich den Job bekommen hatte, weil er ein hungriges Vertriebsteam brauchte und deshalb mich auswählte, jemanden, der noch nicht satt war, der noch motiviert war."

Mutige und risikoreiche Entscheidungen. Aus Antje Eckels Sicht trifft man in jungen Jahren mutige Entscheidungen einfacher als später mit all den Erfahrungen, die zu viel Abwägen und Überlegen führen. Daher benötigt der oder die erfahrene und etabliertere UnternehmerIn einen noch größeren Mut als in jungen Jahren, um risikoreiche Entscheidungen zu treffen.

> „Die Produktion hat 5,5 Mio. Euro gekostet, zu einem Zeitpunkt, wo wir keine 10 Mio. Euro Umsatz hatten."

Eine weitere Lehre, die Antje Eckel aus den letzten 30 Jahren Unternehmertum gezogen hat, ist, dass „neue Dinge immer Chefsache sind. Da geht es oft darum, dass man Geld ins Risiko setzt. Diese Entscheidung darf ich keinem Mitarbeiter aufbürden."

Kontinuität als Feind der Innovation. Somit heißt es als etablierte Unternehmerin weiterhin die *„Augen offen zu halten"*. Durch den ständigen Wandel fällt es Antje Eckel schwer, sich auf ein Zukunftsbild für ihre Firma festzulegen.

> *„Im Mittelstand ist das Heute immer anders als das Morgen! Es steht ein Generationenwechsel an. Ich glaube, dass die Firma sich insgesamt vollständig wandeln wird. Dafür wäre ich völlig offen. Das macht das Leben ja auch spannend, dass es diese Veränderung geben kann!"*

Um diese Veränderung überhaupt gestalten zu können, ist es wichtig, als Unternehmerin und auch für die Mitarbeitenden Freiräume zu schaffen, Probleme und Herausforderungen willkommen zu heißen und sich Zeit für Innovationen zu nehmen.

> *„Ich bin auch nicht besonders gut darin, mir diesen Freiraum zu schaffen. Aber wenn es jeden Tag gleichläuft und ich mir nicht den Freiraum zum Nachdenken gebe, dann passiert gar nichts. Wenn es keine Herausforderungen gibt, dann gibt es keine Veränderung, kein Anstrengen: Die Goldmedaille ist nichts wert, wenn keiner mitläuft."*

Und auch eine offene Fehlerkultur muss etabliert sein, um Innovation voranzutreiben.

> *„Es geht gerade darum, die Fehler schneller hintereinander zu machen, um schnell die richtige Entscheidung treffen zu können."*

Das Positive des Unternehmertums genießen. Antje Eckel vergleicht Unternehmertum mit Bungee-Springen – auch wenn sie zugibt, dass sie Bungee-Springen noch nie versucht hat und auch nicht sicher ist, ob es ihr gefallen würde.

> *„Manchmal ist man im freien Fall und denkt, irgendwann muss das Seil doch greifen. Das ist im Fall anstrengend. Aber wenn das Seil dann gegriffen hat, im Hoch, das Kribbeln im Bauch. Das ist wie eine Droge."*

Aus Antje Eckels Sicht ist es wichtig, bei all den herausfordernden Zeiten *„nicht zu sehr der Vergangenheit nachzujammern"*, sondern nach vorne auf Neues zu schauen und das Positive am Unternehmertum zu genießen.

> *„Im Laufe der Jahre habe ich gemerkt: Wenn ich mal da sitze und denke ‚Läuft das im Moment schön' und ich mit allem und mit der Welt zufrieden bin, dann dauert es nicht lange und irgendwo explodiert ein Vulkan. Und die Herausforderung nehme ich dann an."*

Fazit und Handlungsempfehlungen für UnternehmerInnen

Die Dr. Eckel Animal Nutrition GmbH sah in der *„Kontinuität schon immer den Feind der Innovation"* und versucht sich daher immer wieder neu zu erfinden. Größte Erfolgsfaktoren hierfür sind:

1. Die Naivität junger GründerInnen und Mitarbeitenden nutzen, um Themen nach vorne zu bringen
2. Kontinuierliche Veränderung annehmen, Freiräume schaffen und aus Fehlern lernen
3. Internationalisierung, Bildung und Auszubildende fördern
4. Krisen und Tiefen annehmen, um die Höhen wertzuschätzen

Literatur

Block, J., Moritz, A., Benz, L., & Johann, M. (2021). *Hidden Champions in Rheinland-Pfalz – Identifikation, Erfolgsfaktoren, Herausforderungen.* Studie der Uni Trier.

Bundesministerium für Wirtschaft und Klimaschutz. (2023). EXIST Gründerstipendium. Von. https://www.exist.de/EXIST/Navigation/DE/Gruendungsfoerderung/EXIST-Gruendungsstipendium/exist-gruendungsstipendium.html.

Demleitner, K. (08. November 2018). *Pflanzliche Zusatzstoffe machen Tiere gesünder – Unternehmen in Niederzissen will auf dem internationalen Markt Fuß fassen.* Rhein-Zeitung.

Gebrüder RHODIUS GmbH & Co. KG

Vor knapp 200 Jahren 1827 wurde die Gebrüder RHODIUS GmbH & Co. KG (s. Tab. 5.1) gegründet. Damit bringt das Familienunternehmen nicht nur die längste Erfahrung und Tradition im Kreis Ahrweiler mit, sondern mit der neu eingestiegenen Generation auch viele neue Ideen und frischen Zeitgeist. Als Hauptprodukte vertreibt Rhodius Mineralwasser und Erfrischungsgetränke (s. Abb. 5.1).

Interview mit der Geschäftsführerin der Gebrüder RHODIUS GmbH & Co.KG in Burgbrohl, Frauke Helf am 29.06.2022 von 16.00–17.30 Uhr

5.1 Entstehungsgeschichte: „Eine 200-jährige Unternehmenshistorie"

Die Gebrüder Rhodius. Das inhabergeführte Familienunternehmen Gebrüder Rhodius GmbH & Co. KG wurde 1827 als Bleiweißfabrik von den Brüdern Christian, Carl Christian, Engelbert und Friedrich Eduard Rhodius sowie Karl Gustav Bischof in Burgbrohl gegründet.

> *„Für das Malerfarbpigment Bleiweiß brauchte man auch Kohlensäure und so kam der Standort Burgbrohl mit seinen natürlichen Quellen zustande."*

Das Unternehmen entwickelte sich bezüglich Produktionsfläche und Produktpalette ständig weiter. Beispielsweise wurde ab 1883 überschüssige Kohlensäure verflüssigt, in Flaschen gepresst und als eigenständiges Produkt verkauft. 1937 wurde das Unternehmen um eine Lackfabrik erweitert. In der Nachkriegszeit stellte RHODIUS die Bleiweißproduktion ein und widmete sich zum einen der Produktion von Schleifscheiben, wofür 1952 die RHODIUS

Tab. 5.1 Fakten Gebrüder RHODIUS GmbH & Co.KG

Gründung	1827	**Mitarbeiteranzahl**	338 (2022)
Generation	8	**GeschäftsführerInnen**	Frauke Helf, Hannes Tack
Branche	Lebensmittel	**Globale Standorte**	Burgbrohl
Produkte	Mineralwasser und Erfrischungsgetränke		

Abb. 5.1 Die Produktpalette des Getränkeanbieters. (Mit freundlicher Genehmigung von © RHODIUS GmbH & Co. KG. All Rights Reserved)

Schleifwerkzeuge GmbH & Co. KG gegründet wurde. Ein zweites Standbein wurde durch die 1958 gegründeten RHODIUS Mineralquellen und Getränke GmbH & Co. KG mit der Abfüllung von Mineralwasser und alkoholfreien Getränken geschaffen.

> „Mein Opa, Manfred Rhodius, war ein Erfindergeist und hat immer nach neuen Möglichkeiten Ausschau gehalten. So sind viele Unternehmen in der Nachkriegszeit unter RHODIUS entstanden. Zum Beispiel lernte er einen Entwickler kennen, der eine neue Technologie zur Herstellung von Schleifwerkzeugen erfunden hatte. Dies war der Anfang für RHODIUS Schleifwergzeuge. Auf einer Reise in die USA lernte er den Pepsi-Cola Chef kennen, der noch eine Produktion in Deutschland brauchte – die Geburtsstunde von RHODIUS Mineralquellen."

Durch den Erwerb der Lizenzrechte zur Produktion und Vertrieb von Pepsi-Cola konzentrierte sich RHODIUS Mineralquellen die ersten Jahre ausschließlich auf Erfrischungsgetränke. Erst 1974 folgte die Produktion von Mineralwasser unter der Marke RHODIUS.

„Cola war von Beginn an ein Kernstück unseres Unternehmens. Auf diesem Produkt haben wir unsere Kompetenzen und Kundenkontakte in die Gastronomie und Fachhandel über viele Jahre aufgebaut. Und Mineralwasser war dann eine logische Schlussfolgerung. Wir haben eines der besten Mineralwässer der Welt. Unser RHODIUS Mineralwasser entstammt einer artesischen Quelle von 500 m Tiefe und ist reich mineralisiert. Das ist ziemlich besonders."

Die 7. und 8. Generation mit neuem Zeitgeist. Da die Großeltern unserer Gesprächspartnerin drei Töchter bekamen und eine weibliche Unternehmensnachfolge zu dieser Zeit noch nicht denkbar war, übernahmen zwei Schwiegersöhne und damit Vater und Onkel von Frauke Helf und Hannes Tack das Unternehmen. In den 80er und 90er Jahren, nachdem die Holding-Struktur der Gebrüder RHODIUS GmbH & Co.KG immer weiter wuchs, trennte man sich von einem Großteil der Tochtergesellschaften mit dem Ziel der Konsolidierung.

„Schließlich konzentrierte man sich auf die beiden erfolgreichsten Unternehmen, RHODIUS Schleifwerkzeuge und RHODIUS Mineralquellen. Ersteres führte mein Onkel, letzteres mein Vater."

Ab 2013 stieg Frauke Helf ins Unternehmen RHODIUS Mineralquellen ein und arbeitete noch 5 Jahre parallel zu ihrem Vater, bis er und ihr Onkel 2017 die jeweiligen Unternehmen an die 8. Generation übergaben. In diesem Jahr wurden Frauke Helf sowie ihr Bruder Hannes Tack geschäftsführende Gesellschafter der Gebrüder RHODIUS GmbH & Co. KG und ihr Cousin Bernd Lichter geschäftsführender Gesellschafter der RHODIUS Schleifwerkzeuge GmbH & Co. KG. Mit der 8. Generation kam ein Wandel und wieder ein *„neuer Zeitgeist"* ins Unternehmen hinein.

Trennung und Veränderung. Anfang des Jahres 2022 erfolgte schließlich die Trennung von RHODIUS Schleifwerkzeuge GmbH & Co. KG, welche zu 100 % an Cumi (Carborundum Universal Limited), eines der größten und ältesten Familienunternehmen in Indien, verkauft wurde. Die Veräußerung soll RHODIUS Schleifwerkzeuge neues Wachstum durch Erweiterungen der Sortimentstiefe, des globalen Vertriebs und des Zugangs zu Rohstoffen ermöglichen, was auch einen Ausbau der Arbeitsplätze in Burgbrohl bedeuten könnte (Rhein-Zeitung, 2022).

„Mit dem Verkauf können sich beide Unternehmen besser auf ihre Kerngeschäfte konzentrieren. Auch auf gesellschaftlicher Ebene wurde eine klare Trennung vollzogen. Gebrüder RHODIUS hat heute vier Gesellschafter, meine Eltern, mein Bruder und ich."

Somit ändert sich auch die Rolle für die Gebrüder Rhodius GmbH & Co. KG als Holding-Gesellschaft. Vorher waren unter der Muttergesellschaft Gebrüder RHODIUS die Shared-Service-Funktionen, wie Human Resources, Rechnungswesen, IT und das technische Büro, angesiedelt und für alle Tochterunternehmen zuständig. Da es mit der RHODIUS Mineralquellen GmbH & Co. KG nun nur noch ein Tochterunternehmen gibt, ändert sich auch das Rollenverständnis.

> *„Wir betrachten uns heute als ein Getränkeunternehmen und sind jetzt auch dabei uns als Einheit wieder zu finden."*

Als reiner Getränkehersteller hat RHODIUS mit geschätzten 50 Mio. Euro für die nächsten 2 Jahren die höchsten Investitionen in der Firmengeschichte losgetreten: u. a. für eine neue Dosenanlage und ein neues Logistikzentrum an der A61. Auf einer Fläche von 70.000 m² schafft RHODIUS eine 24.000 m² große Lagerhalle und Arbeitsplätze für min. 60 Personen. Mit dieser neuen Investition entsteht eines der modernsten Getränkelogistikzentren im nördlichen Rheinland-Pfalz (Rhodius, 2022).

5.2 Krisen oder Chancen: „VUCA als das neue Normale"

Natürlich hatte auch RHODIUS seit der Bankenkrise 2008 immer mal wieder größere und kleinere Krisen zu verzeichnen. Seit der Coronapandemie 2020 sieht sich das Unternehmen durch eine bis heute anhaltende Volatilität immer wieder vor Herausforderungen gestellt. Frauke Helf nutzt auch den Begriff der VUCA-Welt, in welchem das Akronym für die englischen Begriffe **V**olatilität, **U**nsicherheit, **K**omplexität und **A**mbiguität die neuen Rahmenbedingungen für Unternehmensführungen beschreibt.

Corona als Initiator der VUCA-Welt. Durch die Coronakrise hatte RHODIUS sowohl im Bereich Schleifwerkzeuge als auch im Getränkebereich starke Umsatzeinbußen von kurzzeitig bis zu 40 % zu verzeichnen. Im Getränkebereich war dies vor allem dem Umstand geschuldet, dass die Umsätze mit der Gastronomiebranche als großer Bereich 2020 von heute auf morgen einbrachen.

> *„So schnell wie man den Absatz verliert, konnte man die Kosten gar nicht runterfahren. Die Maschine kostet, egal ob die Hälfte produziert wird oder das Doppelte."*

Auch wenn RHODIUS in einigen Bereichen, wie z. B. dem Vertrieb, der Logistik oder Produktion Kurzarbeit einführte und damit Ausgaben reduzieren konnte, half dies nicht den Absatzverlust gänzlich zu kompensieren. Trotzdem entschied sich RHODIUS, die Einsparmaßnahmen nicht auf alle Bereiche auszuweiten – im Gegenteil: es wurden neue Projekte mit dem Ziel lanciert, um die langfristige Wettbewerbsfähigkeit des Familienunternehmens nicht zu gefährden.

„Auch wenn die Ergebnisse nicht wie geplant kamen, haben wir uns entschieden nur da zu sparen, wo es sinnvoll ist. Wir haben uns auch bewusst entschieden weiterhin in Marketing zu investieren, um unsere Position am Markt nicht zu schwächen. Das ist ein wesentlicher Vorteil der Familienunternehmen. Wir können langfristig agieren und sind an keine kurzfristigen Ziele gebunden. Am Ende stehen wir als Familie dahinter."

Trotzdem beschreibt Frauke Helf die Corona-Zeit als *„frustrierend"*, da die Bestimmungen sich je nach Bundesland täglich änderten und konkrete Planungen durch ein *„ständiges Auf und Ab"* immer wieder über den Haufen geworfen wurden.

Gerade aufgerappelt, dann kam die Flut. Juni 2021 war der erste Monat bei RHODIUS, in dem es nach über einem Jahr Corona-Krise wirtschaftlich wieder nach Plan lief.

„Wir wollten alle wieder nach vorne gucken und dann kam die Flutkatastrophe."

Als in der Nacht vom 14. zum 15. Juli die Wassermassen über das Ahrtal rollten, wurde auch ein Logistik- und Warenlager mit RHODIUS Produkten in Heimersheim stark beschädigt. Alle außen gelagerten Flaschen wurden teilweise bis an die Ahrmündung in den Rhein mitgerissen. Auch die Flaschen, die in der Halle gelagert waren, waren so verschlammt, dass sie aufgrund von Sicherheitsaspekten nur noch vernichtet werden konnten.

„Bei momentanen Flaschen-Lieferzeiten von acht Monaten, vernichtet man seine Produkte nicht gerne freiwillig, aber es gab keine andere Option."

Die Überflutung des Außenlagers führte dazu, dass RHODIUS teilweise mehr als zwei Wochen nicht vollständig lieferfähig war. Außerdem waren viele Rohstofflieferanten, wie z. B. für Alkohol und Zucker, selbst betroffen, was ebenfalls die Produktion beeinträchtigte.

„Bei uns ist jetzt zwar alles wieder in „trockenen Tüchern", wenn man das so sagen darf, aber die Region wird diese Katastrophe noch viele Jahre beschäftigen."

Die Ukraine-Krise als die einschneidendste Krise der Geschichte. Durch den Angriffskrieg Russlands auf die Ukraine sieht sich RHODIUS jedoch vor seine bislang größte Herausforderung gestellt: Es sind die massiven Preissteigerungen, welche auch viele andere Unternehmen hart trifft.

„Das sind Dimensionen, die die Auswirkungen von Corona bei Weitem übersteigen. Wir haben Preiserhöhungen zu verzeichnen, die unseren gesamten Unternehmensgewinn für ein Jahr deutlich übertreffen."

Kurzfristige starke Preiserhöhungen muss auch RHODIUS wie viele andere Unternehmen schon jetzt an seine Kunden weitergeben. Mit den drohenden noch massiveren Preissteigerungen erwartet Frauke Helf langfristig Auswirkungen auf den Konsum der Verbraucher.

> *„Die Konsumenten werden nicht alle mitziehen können. Sie werden sich fragen: Gehe ich und falls ja, wie oft gehe ich noch in die Gastronomie? Welche Getränke leiste ich mir noch?"*

Dass die Unternehmerin Frauke Helf diese Krisen aber auch als Chancen sieht, zeigen die vielfältigen Investitionen des Unternehmens, beispielsweise in ihre Produktionskapazitäten in Produktions- und Logistiklager.

> *„Wir sehen, dass viele Unternehmen auf die Bremse treten. Wenn sich der Markt weiter konsolidieren wird, dann werden wir mit diesen Investitionen sicherlich eine stärkere Marktposition als vorher haben."*

Frauke Helf ist sich sicher, dass Stillstand nie die richtige Antwort auf Krisen ist, auch wenn sie wie momentan spürbar vermeintlich ohne Pause einschlagen. Es gilt sie zu akzeptieren oder sie sogar als Chance zu begreifen.

> *„Ich denke wir müssen uns generell darauf einstellen, dass die sogenannte VUCA-Welt nicht mehr weggeht. Sei es Corona oder die Ukraine, es wird kein Verharren mehr geben, das müssen wir akzeptieren und vor allem muss man sich als Unternehmer mit Schnelligkeit und Flexibilität darauf einstellen können. Das ist die Herausforderung, aber auch ein Erfolgsfaktor."*

5.3 Zukunft im Kreis Ahrweiler: „Schön, unternehmerfreundlich, mit besserer Infrastruktur"

RHODIUS Mineralquellen fühlt sich gerade durch seine Quellen, ein Geschenk der Natur, seiner Heimat und den Menschen stark verbunden.

Wunderschöne Gegend für Familien. Da Frauke Helf selbst einige Jahre in Großstädten wie Hamburg und München wohnte, weiß sie, wie praktisch und vielfältig der Kreis Ahrweiler für Familien ist. Zu nennen wäre beispielsweise bezahlbarer Wohnraum oder die wunderschöne Natur.

> *„Es gibt wenige Regionen in Deutschland, die so schön sind wie das Ahrtal. Vor allem trifft es die Werte und Themen, die Familien wichtig sind. Wir müssten es nur besser vermarkten."*

Frauke Helf kennt und schätzt die AWstark!-Initiative (AWstark, 2023), die unter anderem das Standortmarketing für Firmen im Kreis Ahrweiler übernimmt.

"Ich würde mir hier eine kostenfreie Mitgliedschaft wünschen, um gemeinsam Werbung für die Region zu machen. Denn wenn die Familien herziehen, dann bringt uns das viele potenzielle Arbeitskräfte, die langfristig bleiben."

Unternehmensoffener Kreis. RHODIUS Mineralquellen arbeitet in vielen Projekten sehr eng und gut mit den Behörden des Kreises Ahrweiler zusammen. Ihre Erfahrungen sind sehr positiv.

"Wir arbeiten eng mit den Behörden zusammen, um unsere Region gemeinsam weiterzuentwickeln."

Verkehrsinfrastruktur muss attraktiv für Arbeitnehmer werden. Frauke Helf berichtet, dass gerade Verkehrs- und Wohninfrastruktur bei der Rekrutierung von neuen Mitarbeitern eine Herausforderung ist.

"Wer kein Auto besitzt, hat es schwer. Das ist wenig attraktiv. Dies bekommen wir immer wieder zu spüren, nicht zuletzt ist dies ein Thema bei der Einstellung von Flüchtlingen."

Aber auch für die Beschäftigung minderjähriger Auszubildender oder Mitarbeitender, welche noch keinen Führerschein oder Auto besitzen, ist eine Anbindung durch den öffentlichen Nahverkehr notwendig, dessen Taktzeiten sich an den Bedarfen der Schichtzeiten orientiert. Das Argument, dass nach Corona Homeoffice-Vereinbarungen den Pendelverkehr verringern, lässt Frauke Helf nicht gelten.

"Wir sind natürlich flexibler geworden und bieten zusätzlich mobiles Arbeiten an. Aber in der Produktion können wir das nicht umsetzen. Und in allen anderen Bereichen wollen die Mitarbeiter auch an den Standort kommen, um den Teamspirit zu erleben."

Aus ihrer Sicht muss ein Gesamtkonzept für die Verkehrsinfrastruktur im Kreis gedacht werden. Denn in die Seitentäler des Kreises wird keine Bahn fahren, wo es – wie beschrieben – auch immer mehr Bedarf an qualifizierten Arbeitskräften gibt bzw. geben wird.

"Wenn man das Thema Verkehrsinfrastruktur lösen würde, dann könnten sicherlich viel mehr Personen einen Arbeitsplatz bei uns wahrnehmen."

Zusammenarbeit zwischen Politik und Unternehmen beim Thema Umweltschutz und Fachkräftemangel. Frauke Helf beschreibt, dass sich Rhodius Mineralquellen vermehrt im Bereich Nachhaltigkeit und Quellschutz engagiert. Aber um vor allem ökologische Bestreben umzusetzen, bedarf es eines ganzheitlichen Denkens in der Region.

> „Für unseren Quellschutz ist es beispielsweise wichtig, dass eine ökologische Landwirtschaft betrieben wird. Zum Thema Umweltschutz findet noch keine Zusammenarbeit zwischen Politik und Unternehmen statt. Hier braucht es eine gemeinsame Arbeitsgruppe, die sich mit dem Thema Nachhaltigkeit auf Kreisebene beschäftigt."

Das gleiche gilt für den Fachkräftemangel im Kreis Ahrweiler. Für die Rekrutierung von osteuropäischen Fachkräften hat Rhodius ein eigenes Projekt lanciert. Als Einzelperson oder -unternehmen sind die bürokratischen Hürden kaum zu stemmen, berichtet Frauke Helf.

> „Wie toll wäre es, man würde das gemeinschaftlich angehen, mit mehreren Unternehmen oder als Region, die diese Fachkräfte suchen. Eine zentrale Stelle für alle Unternehmen im Kreis, die koordiniert, sich auskennt und an die Unternehmen die Fachkräfte vermittelt und sich um die rechtliche Basis kümmert. Wir wollen, dass sich die Menschen integrieren und wohlfühlen, um sie langfristig für die Region zu gewinnen!"

5.4 Erfolgsrezept: „Nachhaltiges Weitermachen mit Menschen"

Erfolgsfaktor Mitarbeitende. Aus Frauke Helfs Perspektive hat eine positive Unternehmenskultur direkten Einfluss auf den Erfolg des Unternehmens.

> „Ich glaube ein wesentlicher Aspekt ist der Führungsstil und wie wir mit den Mitarbeitern umgehen, wie wir sie einbeziehen, auch in der Entwicklung von Ideen."

Gerade in Krisen, beschreibt Frauke Helf, beweist sich der Zusammenhalt in der Belegschaft als Schlüsselelement.

> „Es ist immer ein gemeinsamer Weg. Unser großer Vorteil sind unsere wirklich guten und loyalen Mitarbeiter mit einem extrem guten Teamspirit, der uns gestärkt durch die letzten Krisenjahre hat kommen lassen."

Mitarbeitende müssen die neuen Pfade, welche durch die stetig verändernden Rahmenbedingungen der VUCA-Welt entstehen, auch mitgehen wollen und bereit sein, gewohnte Routinen über Bord zu werfen und sich anzupassen. Dies bedarf einer erfahrenen Führungsmannschaft mit modernen, partizipativen Führungsstilen.

Mutig Entscheidungen treffen und nicht im Schock verharren. Unternehmertum bedeutet Proaktivität, Risikobereitschaft und Innovationsfähigkeit. Das bestätigt auch Frauke Helf. Gerade in Krisenzeiten muss der/die UnternehmerIn in der Lage sein, Entscheidungen zu treffen, wofür es Mut und Risikobereitschaft bedarf.

> „Ich glaube es gibt nichts Schlimmeres als in unseren Zeiten im Stillstand zu verharren. Man hat nie hundertprozentige Gewissheit, dass der Weg der richtige ist, aber wenn man sich ein

gutes fundiertes Bild der Lage und Situation gemacht hat, dann heißt es klare Entscheidungen zu treffen."

Frauke Helf ist sich sicher, dass Reaktionen auf Krisen wie *„Schockzustand"* und *„Warten"* die falschen Vorgehensweisen sind. Den besten Beweis hierzu führt Frauke Helf folgendermaßen aus:

„Wir haben trotz der Krisen in den letzten Jahren nun die zwei größten Investitionen der Firmengeschichte losgetreten und immer – trotz Unsicherheiten – an unserer Strategie festgehalten."

Langfristiges Denken als großes Asset von Familienunternehmen. Familienunternehmen haben den Vorteil, in Generationen denken zu können und sich deshalb nicht von kurzfristigen Umsatz-, Absatz- oder Ergebniszielen treiben lassen zu müssen. Das führt auch dazu, dass Projekte verworfen werden, wenn sie nicht dem langfristigen und nachhaltigen Wettbewerbsvorteil oder Erfolg des Unternehmens dienen.

„Das gibt uns viele Freiheiten, z. B. in Dinge zu investieren, die sich vielleicht auch erst in zehn Jahren rechnen, die zum jetzigen Zeitpunkt nicht sexy sind, aber die uns vielleicht in zehn Jahren in eine ganz andere Position versetzen. So können wir häufig als Familienunternehmen auch viel besser auf langfristige Innovationen setzen, die nicht unbedingt einen ROI von 3 Jahren und weniger haben."

Fazit und Handlungsempfehlungen für UnternehmerInnen

Die Gebrüder RHODIUS GmbH & Co. KG ist das traditionsreichste Unternehmen im Kreis mit einer fast **200-jährigen Geschichte**, was sie allerdings von **Veränderung, Tatendrang und Innovation** nicht abhält:

Größte Erfolgsfaktoren hierfür sind:

1. Zufriedene und motivierte Mitarbeitende durch eine angemessene Führungskultur
2. Mut zu Entscheidungen und nicht im Schock zu verharren
3. Langfristiges und nachhaltiges Denken
4. VUCA-Welt als gegeben annehmen und stärker aus dieser hervorgehen

Literatur

AWstark. (2023). Von. https://aw-stark.de/ueber-awstark/. Zugegriffen: 17. Mai 2023.

Rhein-Zeitung. (3. Februar 2022). Übernahme in Burgbrohl: Rhodius Schleifwerkzeuge wechselt den Besitzer. https://www.rhein-zeitung.de/region/aus-den-lokalredaktionen/kreis-ahrweiler_artikel,-uebernahme-in-burgbrohl-rhodius-schleifwerkzeuge-wechselt-den-besitzer-_arid,2368308.html. Zugegriffen: 17. Mai 2023.

Rhodius. (14. Juni 2022). Von Rhodius setzt Spatenstich für das neue Brohltaler Logistikzentrum. https://www.rhodius-mineralquellen.de/de/rhodius-setzt-spatenstich-fuer-das-neue-brohltaler-logistikzentrum/. Zugegriffen: 17. Mai 2023.

Heuft Systemtechnik GmbH

6

Die Heuft Systemtechnik GmbH (s. Tab. 6.1) ist ein Hidden Champion (Block et al., 2021) im Bereich Kontroll-, Inspektions-, Ausleit- und Etikettiertechnik bei der Abfüllung und Verpackung von Getränken, Lebensmitteln und Pharmazeutika (s. Abb. 6.1). Mit jahrzehntelanger Erfahrung sind es vor allem die modularen Lösungen des Systemtechnikanbieters, welche den Kunden für den jeweiligen Anwendungsfall einen optimalen Nutzen bieten.

Interview mit dem Geschäftsführer der Heuft Systemtechnik GmbH in Burgbrohl, Bastian Heuft am 12.07.2022 von 9.00–11.00 Uhr

6.1 Entstehungsgeschichte: „Innovatoren mit Mut und Risiko"

Der Innovator. Als Bernhard Heuft, der Vater von Alexandra Heuft und Schwiegervater von Bastian Heuft, die Heuft Systemtechnik GmbH 1979 gründete, hatte der angehende Physiker bereits ein Jahr zuvor sein erstes Patent erhalten. Dass Bernhard Heuft sein Physikstudium nie abschloss und er nur so viel lernte, dass sein Wissen für die Gründung ausreichte, demonstrierte seinen ausgereiften Unternehmergeist. Aber auch von außen kam die Ermöglichung, diese unternehmerische Passion zu leben: Sein Vater, Karl-Heinz Heuft, war technischer Betriebsleiter bei der Rhodius GmbH. Er und der damalige Geschäftsführer Manfred Rhodius sahen das Potential in Bernhard, der für ein damalig bestehendes Problem die Lösung fand: Obwohl mit den hohen Anlagenleistungen die Füllstände von Flaschen mit diskreter, analoger Elektronik erkannt werden konnten, waren solche Anlagen nicht in der Lage, fehlerhaft gefüllte Flaschen so auszuleiten, ohne dass der Produktionsstrom unterbrochen wurde. Bernhard tüftelte und mit dem Patent von 1978 überzeugte er nicht

© Der/die Autor(en), exklusiv lizenziert an Springer Verlag GmbH, DE, ein Teil von Springer Nature 2024
M. Heinzen und J. Thiele, *Unternehmertum im Kreis Ahrweiler*,
https://doi.org/10.1007/978-3-662-68329-3_6

Tab. 6.1 Fakten Heuft Systemtechnik GmbH

Gründung	01. April 1979	**Anzahl Mitarbeitende**	Ca. 1.400 (2022)
Generation	2	**GeschäftsführerInnen**	Alexandra & Bastian Heuft
Branche	Maschinenbau	**Globale Standorte**	18
Produkte	Maschinen mit Kamera-, Röntgen- und Bildverarbeitungstechnologie zur präzisen Leer- und Vollbehälterinspektion, mit Etikettiertechnik, mit Behälterflussoptimierung, Betriebsdatenerfassung und Leistungsanalyse		

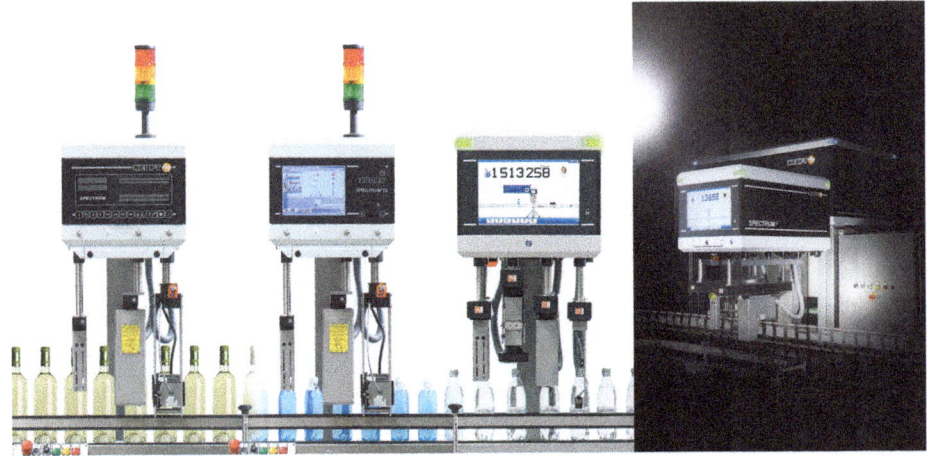

Abb. 6.1 Kontroll-, Inspektions-, Ausleit- und Etikettiertechnik bei der Abfüllung und Verpackung von Getränken, Lebensmitteln und Pharmazeutika. (Mit freundlicher Genehmigung von © Heuft Systemtechnik GmbH & Co. KG. All Rights Reserved)

nur seinen Vater, sondern hatte auch beim Getränkehersteller Rhodius mit seiner Lösung für eine funktionierende Produktionslinie gesorgt. Die neue technische Lösung erregte Aufsehen über Burgbrohl hinaus. Große Unternehmen und Konzerne boten dem damals 18-jährigen Bernhard bereits Entwicklungsleiterpositionen an.

> „Weil auch diese Konzerne schon gesehen haben, dass er schon mit einer Technologie von morgen unterwegs ist."

Bernhard Heuft ist ein „Innovator", einer der neue Technologien und Innovationen als Erster ausprobiert. Beispielsweise setzte er sich in den 70er Jahren bereits mit Prozessortechnologien auseinander, als noch alles diskret verschaltet war. Mit seiner Affinität zu Amerika verfolgte Bernhard Heuft die Technik- und Gründerszene zu dieser Zeit in Cupertino, Kalifornien, und importierte einen der ersten auf Mikroprozessoren basierenden Rechner von Texas Instruments für mehrere tausend D-Mark nach Burgbrohl:

„Zu dieser Zeit gab es wenige Texas Instruments in Gebrauch: Ein paar davon in amerikanischen Hochschulen und einer bei Bernhard Heuft in Burgbrohl."

Glücklicherweise verstand Karl-Heinz Heuft den Technikdrang seines Sohnes, während seine Mutter nicht nachvollziehen konnte, warum er gut dotierte Jobangebote ablehnte. Trotzdem bewiesen Vater und Sohn Mut: Karl-Heinz Heuft nahm eine Hypothek auf sein Privathaus auf, um seinem Sohn die Gründung zu ermöglichen.

„Und heute sieht man ja: Er hat recht gehabt!"

Technologisch brachte Bernhard Heuft weniger eine maschinenbauliche als eher eine datenwissenschaftliche Innovation auf den Markt. So sieht Bastian Heuft sich im Gespräch auch weniger als „Maschinenbauer" als vielmehr als Datenspezialist. Denn die *„Kunst der Firmengeschichte"* ist bis heute, die Vielzahl an Daten in kürzester Zeit auszuwerten und daraufhin maschinelle Handlungen anzusteuern. Bernhard Heuft programmierte bereits früh direkt auf Hardware-Ebene, d. h. in Maschinensprache, und weniger in den gängigen Programmiersprachen. Dieser Ansatz wurde bis heute beibehalten und verleiht der Heuft Systemtechnik GmbH die Schnelligkeit und Flexibilität, die sie heute mehr denn je benötigen. Eine *„echte Garagenerfindergeschichte"* titelte 2018 die Rhein-Zeitung (Demleitner, 2018).

Die 2. Generation. Der Übergang von der ersten zur nächsten Generation wurde frühzeitig vorbereitet. Bereits 2015 wurde Alexandra Heuft Unternehmensinhaberin und CEO. Bis die operative Übergabe jedoch 2020 an Alexandra und Bastian Heuft überging, vergingen noch einige Jahre. Als sich Alexandra und Bastian 2008 während des Studiums des Wirtschaftsingenieurwesens an der TU Kaiserslautern kennenlernten, wuchs Bastian Heuft mit jeder Wochenendfahrt ins schöne Ahr- und Brohltal mehr in die Themen des Unternehmens hinein, die Bernhard Heuft bewusst mit an den Familientisch brachte. Trotzdem sammelte Bastian Heuft zunächst externe Erfahrung in der Automobil-Branche, bevor er dann 2014/15 zusammen mit seiner Frau Alexandra ins Unternehmen eintrat. Beide gründeten ein Team, die sogenannte Usability-Gruppe im Unternehmen, welche die Aufgabe hatte, die aus der Historie heraus sehr expertenlastige Software nutzerfreundlicher zu gestalten. So konnten Alexandra und Bastian Heuft anhand dieses Projektes nicht nur die Software weiterentwickeln, sondern sich bereits ein internes Netzwerk aufbauen und Firmenwissen aneignen. Sie erhielten Zugang zu Produktdaten und Kundenanforderungen, lernten aber auch die Struktur des Unternehmens kennen. So entstand 2018 aus der ursprünglichen Usability-Gruppe ein Business Development Team, welches weniger die Geschäftsentwicklung extern und marktseitig betrachtete, sondern sich eher intern auf Prozesse und Strukturen fokussierte und diese entwickelte und vorantrieb.

> *„Mit diesem Übergang konnten wir das Unternehmen sehr schnell kennenlernen. Und es kristallisierte sich auch schnell heraus, dass eine Doppelspitze mit Alexandra und mir zwar gut funktionieren kann, aber wir uns thematisch aufteilen sollten."*

Als sich Bernhard Heuft 2020 noch stärker aus der operativen Geschäftsführung zurückzog, übernahm Bastian Heuft komplett die Themen Vertrieb, Marketing und Produkte und seine Frau Alexandra alle weiteren Felder. Mit der Geburt der Kinder wurde Bastian Heuft dann noch *„etwas mehr zum Feuerwehrmann."* Bernhard Heuft beschäftigt sich weiterhin mit dem gewerblichen Schutz technischer Lösungen; eine Situation, die Bastian Heuft als *„Win–Win"* bezeichnet. Dass die Familie Heuft nie aufhört zu tüfteln, beweist auch der Großvater von Alexandra Heuft, Karl-Hans Heuft, welcher heute noch mit 96 Jahren seine Internetbestellungen via Sprachassistenz aufgibt und Videoschnittprogramme bedient.

6.2 Krisen oder Chancen: „Die Glaskugel gibt es nicht"

Die Heuft Systemtechnik GmbH bewegt sich mit ihren Produkten in sehr krisensicheren Märkten. Lebensmittel, Getränke und Medikamente sind Erzeugnisse, die tagtäglich auch in Krisenländern, wie u. a. momentan der Ukraine und Russland, über Anlagen zur Verfügung stehen müssen.

> *„Nehmen wir beispielsweise allein die Abfüllung von Wasser. Gerade in Ländern, wo man nicht einfach den Wasserhahn öffnen kann, muss das Wasser in die Flasche, und diese muss inspiziert werden."*

Bankenkrise 2008. Trotz aller Krisenstabilität hat auch die Heuft Systemtechnik GmbH wirtschaftlich schwierige Zeiten wie die Bankenkrise erfahren müssen. Glücklicherweise kam es nie zu Entlassungen, da die Mitarbeitenden ihre flexiblen Arbeitszeitkonten, welche bereits in den 80er Jahren eingeführt wurden, stark ins Minus fahren durften bei gleichem Entgelt. Zudem nutzte Bernhard Heuft die Krise, um das heutige Hauptgebäude in Burgbrohl zu erbauen (siehe Abb. 6.2), welches 2010 fertiggestellt wurde. Die Bankenkrise als einen Investitionszeitraum für Immobilien zu nutzen, zeugt von der großen Risikobereitschaft des damaligen Geschäftsführers.

> *„Bernhard Heuft ist das Risiko des Neubaus in der Bankenkrise eingegangen, weil er an die Projekte und Kunden geglaubt hat und die Krise eher als Chance begriffen hat, sich wieder neu zu sortieren."*

Abb. 6.2 Hauptgebäude der Heuft Systemtechnik GmbH in Burgbrohl umgeben von logistikfreundlicher Fläche. (Mit freundlicher Genehmigung von © Heuft Systemtechnik GmbH & Co. KG. All Rights Reserved)

Sein Mut gibt Bernhard Heuft recht: Von 2010 bis 2014/15 hatte die Heuft Systemtechnik GmbH ihre bis dahin stärksten Jahre, welche sich in der Erweiterung der Produktpalette um Abfüll- und Verpackungsanlagen im Pharmabereich und einem damit einhergehenden überproportionalen Wachstum des Unternehmens widerspiegelte.

Mikrokrise 2014/15. Zu dieser Zeit näherte sich die Heuft Systemtechnik GmbH ihrem 40-jährigen Firmenjubiläum. Dies bedeutete nicht nur einen Generationenwechsel an der Spitze mit Alexandra und Bastian Heuft, sondern auch ruhestandsbedingt der Verlust vieler langjähriger Wegbegleiter von Bernhard Heuft – und damit vieler Wissensträger. Gleichzeitig hatte zu dieser Zeit die Veränderung der kompletten Produktpalette zur Folge, dass die sogenannte Spektrum-1-Plattform, die 20 Jahre als Plattform für 40–50 Grundgeräte mit zig Ausprägungsformen gedient hatte, umgestellt wurde. Dies war schließlich auch die Geburtsstunde des hauseigenen Heuft-Betriebssystems, welches alle Industrie-PCs und Betriebssysteme ablöste.

> *„Die System-Umstellung war für uns damals eine sehr kritische Entscheidung, denn wir waren bereits groß und hatten renommierte Kunden und mussten praktisch bei Null wieder anfangen. Das hat uns gut gefordert, aber auch gefördert."*

Bis 2018 etablierte sich die gesamte Produktpalette im neuen System langsam.

> *„Es gab viele Anfängerfehler, steile Lernkurven und auch hier und da Reputationsverluste bei Kunden. Aber die vielen Lessons Learned waren eher ein Umschwung als eine Krise."*

Als die Systeme 2018 dann endlich stabil liefen, wähnte sich Heuft Systemtechnik für die nächsten Jahre in Vorfreude:

> *„2019 und 2020 waren unsere Jahre. Nach all den schmerzvollen Veränderungen standen uns sehr gesunde Jahre bevor."*

Es kam anders.

Die Corona-Krise 2020. Die Absatzzahlen im ersten Quartal 2020 lasen sich richtig gut, sodass für alle im Unternehmen klar war, dass die Richtung stimmte. Als die Covid19-Pandemie – und damit für das Unternehmen die bis dato schwerste Krise – begann, war die Verunsicherung unter den Mitarbeitenden und Kunden groß. Bastian Heuft beschreibt seine Rolle als Führungskraft in dieser Zeit so:

> *„Wichtig war erst einmal zu reflektieren: Was passiert da jetzt? Was wird von mir erwartet? Für mich habe ich den Satz gefunden, den ich in dieser Zeit zig-Mal wiederholt habe: Bitte Abstand halten, aber nah dranbleiben!"*

Nach über 40 Jahren am Markt war das Thema Kurzarbeit für Heuft Systemtechnik ein neuer Umstand. Für viele langjährige Mitarbeitende war dies ein Schock und mit Aussagen wie *„Das hätte es unter dem Bernhard nie gegeben."* musste man erst umgehen lernen. Die Kurzarbeit fiel in den meisten Abteilungen zwar moderat aus, führte jedoch möglicherweise auch zu einer Fluktuation der Mitarbeitenden, die Heuft Systemtechnik mit einem Anstieg von 1 % auf 3 % innerhalb von 2 Jahren so nicht kannte. Bastian Heuft führte viele Exit-Gespräche persönlich, um, wie er sagt *„die Realität einzufangen"*, die ihm aber auch geholfen haben zu verstehen, was zukünftige Mitarbeitende benötigen.

> *„Auffallend war, dass es keine Muster für die Weggänge gab, sondern vielmehr sehr viele unterschiedliche und individuelle Gründe."*

Bastian Heuft vermutet, dass die Krise Zeit zur Reflektion gab, um sich neu zu orientieren und der damals schon vorherrschende Fachkräftemangel gab sein Übriges.

> *„Und trotzdem sollte man sich nicht verbiegen. Als Unternehmen authentisch bleiben. Das schätzen unsere Mitarbeitenden bis heute."*

Die Flut im Juli 2021. Auch wenn das Unternehmen selbst nicht direkt von der Flut im Ahrtal betroffen war, so gab es ca. 15 Mitarbeitende, die privat Haus bzw. Hab und Gut verloren haben und teilweise nicht versichert waren. Die Betroffenen wurden mit Firmen- und Mitarbeiterspenden unterstützt. Die Hilfsbereitschaft war wie im gesamten Ahrtal auch im Unternehmen enorm. Ein neu eingestellter Manager war selbst betroffen und fiel für eine Zeit lang aus, genauso wie einige Zulieferer aus der Oberahr.

> *„Im Vergleich zu den anderen Krisen konnten wir hier schnell Lösungen finden."*

Der Angriffskrieg Russlands in der Ukraine 2022. Der Ukraine-Krieg verstärkte die durch Corona bereits hervorgerufenen Lieferkettenprobleme nochmals. Bereits während der Corona-Pandemie investierte die Heuft Systemtechnik sehr stark in den Aufbau von Supply-Chain-Management-Strukturen, welches sich nun bereits positiv ausbezahlte. Zudem profitiert Heuft Systemtechnik durch ihre hohe Fertigungstiefe in der Elektronik und macht sich so unabhängiger von den Engpässen der globalen Lieferketten. Bastian Heuft umschreibt diese Abteilung so:

> *„Mittlerweile beschäftige ich einige Entwickler Vollzeit, die nur für mich umentwickeln, um lieferfähig zu bleiben. Denn die Aufträge sind da in unserer Branche."*

Aber solche Krisen befeuern nicht nur Liefer- und Materialengpässe, sondern natürlich auch die psychologische Unsicherheit der Mitarbeitenden eines so globalen Unternehmens wie Heuft. Beispielsweise existiert eine Tochterfirma in Moskau – *„auch hier war viel Balance in der Kommunikation mit den Mitarbeitenden gefragt."*

Grundsätzlich haben die beschriebenen Krisen Bastian Heuft bestätigt, dass vieles nicht mehr planbar ist und man als Unternehmen flexibel und agil bleiben muss.

> *„Es heißt sich immer Fragen zu stellen, ob Dinge noch zeitgemäß sind. Nah an Kulturen, nah an den Menschen zu sein und auch Politiker zu verstehen, denn keiner weiß in diesen Zeiten, wie es weiter geht."*

6.3 Zukunft im Kreis Ahrweiler: „Ja, aber auch für Familien?"

Starke Verwurzelung. Die Familie Heuft lebt bereits in 8. Generation in Burgbrohl und hatte, wie in der Entstehungsgeschichte bereits erwähnt, viele Anknüpfungspunkte zur Unternehmerfamilie Rhodius sowie eine Verbundenheit mit Burgbrohl und dem Kreis Ahrweiler. Auch Bastian Heuft fühlt sich hier als gebürtiger Berliner sehr wohl.

> *„Der freischnauze Berliner ist passend und kompatibel zum Rheinländer. Wir tragen beide das Herz auf der Zunge. Also, Kommunikation auch mal mit Zweifeln, die weh tut, nicht hintenrum, sondern geradeheraus, ist wichtig. So kommt man weiter. Das passt hier vom Typ-Mensch-Konzept!"*

Die Unternehmerfamilie Heuft hat ihre Verwurzelung im Kreis Ahrweiler vor allem mit den Investitionen in ihre Immobilien bewiesen und verfolgt mit ihrer Agenda, den Standort in Burgbrohl zu erhalten und weiter auszubauen. Die ländliche Umgebung von Burgbrohl hat zum einen den Vorteil, dass dort noch weitere Fläche für Expansionen zur Verfügung steht, und zum anderen, dass die Logistik für die vielen komplexen Anlagenprojekte flexibler ist (s. Abb. 6.2).

Die komplexen Projekte sind herausfordernd und spannend für gut qualifizierte Mitarbeitende, die Bastian Heuft gerne langfristig in der Region „*verwurzeln*" würde.

> *„Wir denken bei der Einstellung nicht in drei- oder fünf-Jahresplänen, sondern eher in Zyklen. Wir suchen Menschen, die wir langfristig, eher 10–20 Jahre, ggf. sogar generationsübergreifend binden können. Die Region bietet mir das, indem wir junge Familien anlocken, die sich ansiedeln wollen."*

Land und Stadt gleichzeitig. Trotz der ländlichen Gegend im Kreis Ahrweiler ist gerade für junge Menschen die gute Anbindung zur Autobahn A61 ausschlaggebend und ermöglicht einen einfachen Zugang zu großen Städten wie Bonn, Köln und Koblenz. Für junge Familien sind hier Häuser mit Gärten bezahlbarer als in den größeren Städten. Da Heuft Systemtechnik aus vielen internationalen Standorten besteht, ist auch die Nähe zu den Flughäfen Köln/Bonn und Frankfurt nicht unwichtig. Die Nähe zu mehreren Hochschulen, unter anderem einer eigenen im Kreis Ahrweiler, hilft bei der Anwerbung von gut ausgebildeten Mitarbeitenden, welche die Heuft Systemtechnik für ihre hochqualifizierten Stellen benötigt.

> *„Es geht darum Mitarbeitende zu finden, die sich auch langfristig in die Region verlieben können, sich ansiedeln möchten."*

Hierfür stellt Bastian Heuft fest, muss die Heuft Systemtechnik GmbH vor allem in der Region noch bekannter werden. Die erste Generation um Bernhard Heuft gründete 18 Standorte weltweit und machte Heuft in der Welt bekannt. Nun heißt es für die nächste Generation junge Menschen für die Heuft Systemtechnik GmbH als Arbeitgeber am Mutterstandort zu begeistern.

Familienfreundlicher werden. Die Begeisterung speziell für Mitarbeitende mit Familien zu wecken, geht allerdings nur, wenn auch die regionalen Strukturen unterstützen. Familien benötigen vor allem Plätze für die Kinderbetreuung U3 sowie Kindertagesstätten, Vereinswesen und Sportstätten, Aufgeschlossenheit für die Ansprüche von modernem Wohnraum.

> *„Leider bekomme ich oftmals aus meiner Belegschaft zurückgespielt, dass diese Ansprüche in einigen Bereichen nur sehr schwer erfüllt werden. Hier sehe ich die Politik sowie die Verwaltung dahinter stark gefordert, diesen Ansprüchen in Zukunft gerecht zu werden, um genügend Anreize für die Verwurzelung zukünftiger Heuft-Mitarbeitenden in der Region zu bieten."*

Große Unterstützung für Unternehmen. Ganz anders sieht es bei Baumaßnahmen von Unternehmen aus. Hier erhielt die Heuft Systemtechnik beispielsweise bei ihrem Neubau 2008 und auch bei allen weiteren Baumaßnahmen immer die uneingeschränkte Unterstützung von Stadt und Kreis. Auch für die Zukunft mit ihren Investitionen in Energiethemen, wie Erdwärme, Wind oder Solar, geht Bastian Heuft von einer guten Unterstützung aus.

6.4 Erfolgsrezept: „Balance schaffen"

Führungskräfte im Spagat zwischen „fem großen Ganzen" und „trotzdem nah dranbleiben". Als größtes Asset sieht Bastian Heuft die Mitarbeitenden seines Unternehmens. Dabei alle Disziplinen unter einem Dach zu haben, d. h. neben einer Vielzahl an Wissensarbeitern auch handwerklich-technische, kaufmännisch-verwaltende sowie künstlerisch-kreative, stellt ein offensichtlich weiterer Vorteil hinsichtlich kurzer Wege dar. Als Familien-Unternehmer ist die Verantwortung für diese Mitarbeitenden und deren Familien groß.

> *„Natürlich ist es als Unternehmer schwer Themen loszulassen, aber dann werde ich mir meiner Verantwortung bewusst, weltweit 1.400 Mitarbeitende und ihre Familien zu ernähren und dann sage ich, okay, ist ja schön und gut, dass ich mit meiner intrinsischen Motivation lediglich die Technologie vorantreiben wollen würde, aber ich werde für was anderes gebraucht!"*

Deshalb ist eine gewisse Nähe zu den Mitarbeitenden Voraussetzung. Aber darin, so erzählt Bastian Heuft, liegt auch die Gefahr, zu sehr ins Detail zu gehen und Micromanagement zu betreiben. Umso wichtiger ist eine gute Führungsmannschaft mit hoher Eigenverantwortlichkeit, die sich Themenfelder aufteilen und die miteinander harmonieren. Dies ist nicht einfach in einem Unternehmen wie Heuft Systemtechnik, welches von 1979 bis heute auf 1400 Mitarbeitende mit 18 Standorten weltweit rasant angewachsen ist. Als erfolgreiches Technologieunternehmen hat die zweite Generation um Alexandra und Bastian Heuft sich vorgenommen, in noch professionelleren Strukturen zu arbeiten mit der Herausforderung, nicht zu anonym, nicht zu prozessual zu werden. Sie wollen keinen Konzern erschaffen – der Familiencharakter soll erhalten bleiben.

> *„Um das zu schaffen, sind mein Fokus die richtigen Leute, die unsere Werte verstehen und bestenfalls teilen. Dann braucht man vor allem Leitplanken, mit denen ich versuche, fast alles*

zu handhaben. Wir haben eine relativ flache Hierarchie mit ca. 100 Führungskräften über alle Ebenen verteilt. Sie müssen natürlich wissen, so steht die Geschäftsleitung dazu und dann in der Lage sein, es selbst in die Hand zu nehmen."

Auch die Menge und Art des mobilen Arbeitens der Mitarbeitenden liegt eigenverantwortlich in der Hand der jeweiligen Führungskräfte. Heuft nennt es *„berufsmobiles Arbeiten"*, denn der Arbeitsplatz der Mitarbeitenden vor Ort bleibt immer bestehen, egal wieviel sie von zu Hause arbeiten. Die Führungskräfte kennen die Leitplanken der Geschäftsleitung und dass unter einem mobilen Arbeiten von zu Hause nicht die Kultur und die Zusammenarbeit leiden darf.

„Es könnte auch sein, dass jemand mal fünf Tage in der Woche von zu Hause arbeitet und die nächste Woche fünf Tage hier ist. Das muss aber mit der Gruppe passen. Das muss bereichsübergreifend abgestimmt sein. Das muss die Führungskraft verantworten."

Gemeinsam und offen nach vorne schauen. Bastian Heuft hat gerade ein Change Programm aufgesetzt, welches *„Back to Future"* heißt. Es geht darum die Tradition und alten Errungenschaften wertzuschätzen, aber sich mit neuen Dingen zu beschäftigen. Dazu gehört auch nach dem ersten Scheitern der Veränderung nicht direkt aufzugeben, sondern Durchhaltevermögen zu beweisen, aus dem Scheitern zu lernen und ein gewisses Risiko ins Ungewisse zu gehen. Hinzu kommt der Mut, offen mit Lieferanten, Instituten, Hochschulen, Wettbewerbern zu kooperieren.

„Die Historie bei Heuft zeigt sehr gut, dass sich Mut und Risikobereitschaft auszahlen: Auch wenn wir weiterhin viele Dinge im Kern verstehen möchten und somit sehr vieles selbst entwickeln, müssen auch wir den Mut haben, nicht alles in den eigenen vier Wänden machen zu wollen. Sonst kann man heute nicht mehr Schritt halten."

Fazit und Handlungsempfehlungen für UnternehmerInnen

Die Heuft Systemtechnik GmbH schafft den Spagat zwischen **„dem großen Ganzen"** und **„trotzdem nah dranbleiben"**:
   Größte Erfolgsfaktoren hierfür sind:

1. Die Werte des Unternehmens und seine eigenen Werte kennen, daraus Leitplanken formulieren und diese nicht über Bord werfen
2. Führungskräften und Mitarbeitenden entlang dieser Werte Eigenverantwortung übertragen
3. Mehr in die Zukunft schauen als in die Vergangenheit

4. Strukturen und Prozesse professionalisieren, dabei Hands-on-Mentalität und Gestaltungsspielräume beibehalten

Literatur

Block, J., Moritz, A., Benz, L., & Johann, M. (2021). *Hidden Champions in Rheinland-Pfalz – Identifikation, Erfolgsfaktoren, Herausforderungen.* Studie der Uni Trier.

Demleitner, K. (29. November 2018). *Weltweiter Erfolg begann einst im Flaschenkeller: So arbeitet die Firma Heuft heute.* Rhein-Zeitung.

Josef Emmerich Pumpenfabrik GmbH 7

Die Josef Emmerich Pumpenfabrik GmbH (s. Tab. 7.1) ist seit fast 80 Jahren ein Spezialist für Kolbenmembranpumpen (s. Abb. 7.1) in Hönningen/Liers direkt an der Ahr. Das Unternehmen konzentriert sich auf Kolbenmembranpumpen mit eigener Membranproduktion.

Interview mit dem Geschäftsführer der Josef Emmerich Pumpenfabrik in Hönningen-Liers, Reiner Arenz am 21.06.2022 von 14.30–16.30 Uhr

7.1 Entstehungsgeschichte: „Von Hönningen nach Hongkong"

Fachwissen, Gründlichkeit, Überzeugung und Willen. Der Kölner Josef Emmerich gründete direkt nach dem Krieg 1945 in Köln-Bayenthal, in einem Wohnmischgebiet, das Unternehmen Josef Emmerich Pumpenfabrik als *„Garagenfirma"*. Schon als 15-jähriger war Josef Emmerich ein Tüftler und der Wunsch selbstständig zu arbeiten in ihm gereift.

> *„Mit 15 wandte er sich schriftlich an die Industrie- und Handelskammer Köln mit der Bitte um Auskunft, was er tun müsse, um ein Unternehmen zu gründen. Man schrieb ihm höflich zurück, er möge damit noch etwas warten."* (Josef Emmerich Pumpenfabrik GmbH, 2015).

Weil ihm die Gründung zunächst verwehrt blieb, begann er Ende der 20er Jahre eine Ausbildung als Maschinenschlosser, wo er bereits mit Landmaschinen und Pumpen in Berührung kam. Auch während des Krieges war er als Fachmann für Pumpen für die Wiederinstandsetzung von Wasserleitungen verantwortlich. Nach der Kriegsgefangenschaft und dem Tod seiner ersten Frau Katharina gründete Josef Emmerich noch im selben Sommer seine Firma, obwohl seine Tochter Ingeborg gerade fünf Jahre alt war. Zunächst montierte er mit wenigen

Tab. 7.1 Fakten Josef Emmerich Pumpenfabrik GmbH

Gründung	1945	Mitarbeiteranzahl	45 (2022)
Generation	3.	Geschäftsführer	Reiner Arenz
Branche	Anlagen-bau	(Globale = Standorte	Hönningen/Liers
Produkte	Kolbenmembranpumpen		

Abb. 7.1 Kolbenmembranpumpen der Firma Josef Emmerich Pumpenfabrik GmbH. (Mit freundlicher Genehmigung von © Emmerich Pumpenfabrik GmbH. All Rights Reserved)

Mitarbeitenden kleine Hand- und Kreiselpumpen für landwirtschaftliche Betriebe, bei denen es sich in den ersten Jahren um Pumpen im Niederdruckbereich handelte. Nach seinen ersten Patentanmeldungen Ende der 40-er Jahre folgte 1953 das wegweisende Patent, welches die Grundlage für die Kolbenmembranpumpen legte. Bei einer Kolbenmembranpumpe handelt es sich um eine oszillierende Verdrängerpumpe, bei der Hydraulik- bzw. Arbeitsbereich der Pumpe und das zu verpumpende Medium durch eine Gummimembran getrennt sind. Damit konnten auch schlammhaltige, abrasiv oder korrosiv wirkende Medien befördert werden.

> *„Josef Emmerich fand heraus, dass durch diese noch nicht am Markt erhältliche Pumpentechnologie nicht nur der Beförderungsprozess wirtschaftlich und energetisch optimiert wurde, sondern, dass auch das Medium sehr verschleißfrei transportiert werden konnte."*

Ab den 50er Jahren begann Josef Emmerich Netzwerke und Vertriebspartner aufzubauen, sodass seine Pumpen bis nach Taiwan und Kanada ausgeliefert wurden. Den größten Netzwerkpartner fand Josef Emmerich 1964 in den Vereinigten Aluminium-Werken (VAW), wofür er ein spezielles Verfahren entwickelte.

7.1 Entstehungsgeschichte: „Von Hönningen nach Hongkong"

> *„Diese Großpumpen im Hochdruckbereich mussten bei sehr hohem Druck von 130 bar und hohen Temperaturen von 120°C Bauxit, also Erde mit Natronlauge aufgemischt, durch ein vier km langes Rohr pumpen."*

Durch die Zusammenarbeit mit den VAW professionalisierte sich das bis dahin als Handwerksbetrieb geführte Unternehmen. Zudem etablierten sich aufgrund geforderter Qualitäts- und Sicherheitsstandards und Regularien in der Zusammenarbeit industrielle Strukturen.

> *„Emmerich sicherte sich als erster deutscher Produzent von großen Kolbenmembranpumpen einen Marktzugang zur internationalen Aluminiumproduktion. Das war ein Riesenmarkt bis in die 70er Jahre."*

Als die Produktionsfläche mit Anbauten im Wohngebiet Köln-Bayenthal zu klein wurde, verlegte Josef Emmerich sein Unternehmen 1971 nach Hönningen-Liers auf ein großes Gelände an der Ahr, wo er seine Großpumpen (s. Abb. 7.2) produzieren und verladen konnte. Durch sein intensiv betriebenes Hobby der Jagd hatte Josef Emmerich schon früh einen Bezug zu diesem kleinen Ort aufgebaut und sich auch ein kleines Ferienhaus errichtet, was später zum Wohnhaus wurde. So hatte er bereits Kontakte in dieser Gegend.

> *„Gelockt hat man ihn im Wesentlichen, nicht weil es hier so schön ist, sondern mit der Eisenbahn, die noch direkt in die Halle hineinfuhr."*

So konnten die großen Pumpen direkt über die Eisenbahnlinie verfrachtet werden. Leider hielt dieses Glück der Schiene nur bis 1985, als die Bahn entschied, die wenig befahrene Strecke zwischen Ahrbrück und Adenau stillzulegen. Und nicht nur die Schiene

Abb. 7.2 Eine Großpumpe, die auf dem Werkgelände von Josef Emmerich Pumpenfabrik steht. (Mit freundlicher Genehmigung von © Emmerich Pumpenfabrik GmbH. All Rights Reserved)

erlebte eine Krise, sondern auch das Aluminiumgeschäft. Ende der 70er Jahre war die Josef Emmerich Pumpenfabrik eine Produktionsfabrik mit 70 Mitarbeitenden, die durch die steigenden Energiepreise und den darauffolgenden Zusammenbruch der VAW in kürzester Zeit auf 30 Mitarbeitende zusammenschrumpfte. Zusätzlich wurde Josef Emmerich ab 1976 Dialysepatient, was ihn nicht davon abhielt auch Pumpen für dieses Thema zu entwickeln.

> *„Da die damaligen Dialysegeräte noch wenig ausgereift waren, entwickelte Emmerich für den Eigenbedarf eine kleine, mobil einsetzbare Pumpe."* (Josef Emmerich Pumpenfabrik GmbH, 2015).

1977 übernimmt Dietmar Ganser, langjähriger Vertrauter und Vertriebsleiter, die operative Geschäftsführung, um neue Märkte zu finden. Er wird im Markt für Filterpressen fündig. Mit dieser Pressen-Technologie wird Schlamm das enthaltene Wasser entzogen und so beide Medien separiert. Das Wasser kann dann mittels Kolbenmembranpumpen dem ursprünglichen Prozess wieder zugeführt und so wieder verwendet werden. Heute werden Filterpressen auch in Klär- oder Bergwerken eingesetzt.

In den 80er und 90er Jahren erfolgte eine sukzessive Modernisierung des vorhandenen Maschinenparks. Durch effizientere Prozesse schrumpfte die Belegschaft weiter auf ca. 40–50 Mitarbeitende.

> *„Ähnliches passierte 2016 und 2017. Da waren wir noch um die 60 Mitarbeiter. Dann haben wir Prozesse optimiert und sind heute wieder ca. 40 Mitarbeitende. Das hatte außer in der Aluminiumkrise nie etwas mit Krisen zu tun."*

1985 wurde der Enkel Michael Gosewinkel Mitgesellschafter, 1986 Tochter Ingeborg sowie die dritte Frau von Josef Emmerich, Anneliese. Als in den folgenden Jahren zunächst 1994 Josef Emmerich verstarb, dann seine Tochter Ingeborg und zuletzt 2020 Anneliese Emmerich, erhält der Enkel alle Gesellschafteranteile. Da weder die Frau, Tochter oder Enkel Interesse an einer operativen Geschäftsführung hatten, wird 2002 unser Gesprächspartner und studierter Maschinenbauingenieur und Betriebswirt Reiner Arenz Nachfolger von Dietmar Ganser und führt die Josef Emmerich Pumpenfabrik GmbH seither in eine moderne, von Teamarbeit und technologischen Innovationen geprägte Zeit.

> *„Eigentlich hätte ich das Unternehmen meines Onkels, die Arenz GmbH Plastifizier- und Verschleißtechnik, übernehmen sollen und war dort bereits einige Jahre Geschäftsführer. Kurz vor der Firmenübernahme gab es jedoch familiäre Probleme, sodass eine Firmenübernahme keinen Sinn mehr machte. Da kam die Geschäftsführung bei Emmerich sehr gelegen. Ich kannte die Region und den Maschinenbau, hatte aber bis dahin überhaupt keine Ahnung, was eine Kolbenmembranpumpe ist."*

Michael Gosewinkel und Reiner Arenz entstammen der gleichen Generation: *„Michael Gosewinkel ist mein Jahrgang, wir haben monatliche Besprechungen über Strategie und Ziele. Wir verstehen uns gut."* Nun, da Michael Gosewinkel die kompletten Firmenanteile besitzt, sind Entscheidungen hinsichtlich innovativerer Ansätze und Veränderungen leichter umzusetzen.

7.2 Krisen oder Chancen: „Mannschaft, Zusammenhalt und Region"

Die Mannschaft konstant halten. Grundsätzlich kann sich die Josef Emmerich Pumpenfabrik als Anlagenbauer als krisensicher bezeichnen, da ihre Grundlast vor allem durch das Ersatzteil- und Servicegeschäft abgedeckt ist und nur ein geringer Umsatzanteil durch das Neupumpengeschäft bestimmt wird.

„Wenn wir über Schwankungen reden, dann reden wir über das Neupumpengeschäft. Das ist eine sehr gesunde Basis. In Krisenzeiten werden diese Neupumpenprojekte ggf. auch einmal aufgegeben. Dafür entsteht auf der anderen Seite aber auch wieder Neues!"

Mit der Banken-, Corona- oder der jetzigen Ukrainekrise zeigten sich wiederholt kleine Einbrüche und *„Dellen"*, jedoch konnten Reiner Arenz und seine Vorgänger diese Krisen immer mit einem überschaubaren Kurzarbeitszeitraum von maximal neun bis zehn Monaten auffangen.

„Kurzarbeit war für uns ein deutliches, ein gutes Werkzeug zur Krisenbewältigung."

Dennoch beschreibt Reiner Arenz als sein herausforderndstes Problem in Krisenzeiten *„die Mannschaft bei Schwankungen konstant zu halten."* Daher gehört die Auswahl und das Management von Personal gleichzeitig für ihn auch zum wichtigsten Bestandteil des Risikomanagements seiner Firma.

So nah an der Ahr und trotzdem Glück. Jeder und jede, die den Kreis Ahrweiler und die Lage der Gebäude der Josef Emmerich Pumpenfabrik kennen, hätten nach der Flutnacht mit an Sicherheit grenzender Wahrscheinlichkeit das Unternehmen als überflutet abgestempelt. Aber es kam anders. Der alte Bahndamm von ca. 2 m Höhe direkt zwischen Gebäude und Ahr diente als Deich. Nach der ersten Erleichterung, dass es keine Gebäudeschäden gab, fingen jedoch die Probleme für das Unternehmen erst an.

„Das Problem war nicht die Flut, sondern danach, die Logistik, das Aufbereiten."

Da alle Kanäle für die Ver- und Entsorgung weggerissen waren, fehlte es drei Monate lang an fließendem Wasser. Die gerade neu gelegte Glasfaserleitung hatte die Ahr herausgerissen – somit fehlte auch über drei Monate der Internetzugang, welcher lediglich notdürftig per

Hotspot ersetzt wurde und so den Kontakt zu den wichtigsten Kunden ermöglichte. Reiner Arenz erzählt, dass für ihn die erste Woche nach der Flut die schlimmste war.

„Ich komme privat aus Meckenheim. In Liers war die Brücke weg, in Hönningen die Straße. Keiner von uns kam hierher. Selbst die Lierser, die auf der anderen Ahrseite wohnen, wussten eine Woche nicht, ob die Firma abgesoffen war oder nicht."

Für die Firma war am kritischsten, dass das Unternehmen für die Kunden nicht mehr erreichbar war – weder per Internet noch per Telefon. Der Servicedienstleister, der die Webseite betreute, hat seinen Sitz in Rheinbach und war selbst Opfer der Fluten in Nordrhein-Westfalen geworden.

„Ich konnte nicht mal ein Sätzchen auf die Webseite schreiben, wie z. B. „Uns gibt es noch. Ruft uns unter dieser Notrufnummer an". Das hat uns sehr wehgetan, weil wir auch wussten, dass die Kunden Angst hatten und sich nach Alternativen umschauten. Das war das größte Problem. Wenn man nichts tun kann und überhaupt niemandem Bescheid sagen kann."

Glücklicherweise konnte die Josef Emmerich GmbH noch so rechtzeitig reagieren, dass sie keinen Kundenverlust zu verzeichnen hatten. Dennoch gibt Reiner Arenz zu Bedenken:

„Wäre die Ahr 20 cm höher gewesen, dann wäre das Verwaltungsgebäude und die Fertigung komplett überflutet gewesen. Dann wäre jetzt die Firma nicht mehr da. Das kann man ganz klar sagen."

Reiner Arenz betont sich nicht beschweren zu wollen, da das Unternehmen nicht direkt Opfer der Flutkatastrophe wurde. Außerdem hatte Reiner Arenz eine Ausfallversicherung abgeschlossen, welche die Firma zumindest finanziell schadlos aus der Flutkrise brachte.

„Die ersten Wochen waren richtig kompliziert. Ohne Wasser, ohne Internet konnten wir den Fokus weniger aufs Arbeiten legen als vielmehr als soziale Auffangstation dienen. Wir haben gegrillt, um abzulenken. Das war dann erstmal meine Aufgabe als Unternehmer."

Vielmehr sind die eher immateriellen Schäden des Flutereignisses heute fast ein bis zwei Jahre danach zu spüren. Einige Mitarbeitende kündigten, weil sie aufgrund fehlender Perspektive in einer noch verwahrlosten Gegend wegzogen. Andere haben nach der Flut angepackt, sich durch noch mehr Arbeiten abgelenkt und erhalten nun die Quittung (Reiner Arenz nennt es den *„Boomerang"*) durch psychische Erkrankungen, einhergehend mit langen Ausfallzeiten. Neue Auszubildende und Mitarbeitende aus der Region sind hier nicht nur durch den Fachkräftemangel kaum zu finden, sondern auch durch die Unsicherheit, ob die Region wieder so schön wie vorher wird.

„Trotzdem liegt unsere Zukunft im Kreis Ahrweiler. Der Standort ist nicht infrage gestellt. Wir wollen uns hier sogar noch etwas ausdehnen."

7.3 Zukunft im Kreis Ahrweiler: „Wenn der Kreis wieder attraktiv wird für Zugezogene"

Der Vorteil des Ländlichen. Die Zukunft im Kreis Ahrweiler ist für Reiner Arenz und seine Firma, die Josef Emmerich Pumpenfabrik GmbH, gesetzt. Er begründet diese Entscheidung mit mehreren Faktoren:

> *„Neben der Region, die sehr schön ist, waren Kreisverwaltung und Gemeinde hier im Ahrtal immer kooperativ und unkompliziert. In den großen Städten, wie Bonn und Köln, sind die Verwaltungen nicht bereit, so auf Unternehmen zuzugehen und deren Wünsche umzusetzen."*

Reiner Arenz möchte Unternehmen und Mittelständlern Mut machen, sich aus den großen Ballungszentren mit allen einhergehenden Platz- und organisatorischen Problemen zu lösen und auf dem Land neu anzufangen – gerade in der Ahrregion.

> *„Klar, wird sich jetzt jeder fragen: An der Ahr, da wo die Flut war? Aber da ist es schön zu hören, von den Menschen, die hier wirklich arbeiten, wie schön es hier ist und wie gut man hier leben und arbeiten kann."*

Obwohl Reiner Arenz die *„Eifler als ein treues Volk"* bezeichnet, musste er sich als Unternehmer die Loyalität seiner Mitarbeiter erst erarbeiten.

> *„Als ich hier neu anfing, hat es lange gedauert, bis ich das volle Vertrauen der Mitarbeiter aufgebaut hatte; dass sie merken, dass wenn ich etwas sage, ich mich auch daran halte. Dann sind die Leute auch treu und bleiben da! Das hat man in städtischen Regionen mit all dem Wettbewerb absolut nicht!"*

Loyalität als wesentlicher Faktor im Fachkräftemangel. Tatsächlich hatte die Josef Emmerich Pumpenfabrik in den Jahren vor der Flut nie Probleme Mitarbeitende zu finden. Circa 10 % der Belegschaft waren Auszubildende, die dem Unternehmen auch treu blieben. Das reicht heute in Zeiten des Fachkräftemangels leider nicht mehr. Aber Reiner Arenz berichtet auch, dass es nicht nur kleinen, mittelständischen Unternehmen auf dem Land so geht, sondern auch den großen Konzernen wie Siemens und Bosch. Reiner Arenz ergänzt dazu: *„Und was die Treue angeht, haben wir sogar einen Vorteil!"*

Trotzdem ist der Anspruch und der Bezug zur Arbeit der Generationen von heute – vor allem nach der Corona-Pandemie – ein anderer erzählt Reiner Arenz.

> *„Die erste Frage, die ich heute in Bewerbungsgesprächen gestellt kriege ist, wie viel Homeoffice ist denn möglich? In der Fertigung, wo es um manuelle Maschinensteuerung geht, kriegen wir das schwer umgesetzt."*

Aber auch in diesen Bereichen kann Reiner Arenz flexiblere Arbeitszeiten anbieten – vor allem für Mitarbeitende, die von weiter entfernten Wohnorten kommen und deren Pendelzeit der kritische Punkt im Arbeitsverhältnis ist.

> *„Ein Schweißer von uns wollte zu einem näheren und besser bezahlenden Arbeitgeber wechseln. Ich habe ihm flexible Arbeitszeiten angeboten. Vier Tage die Woche länger zu arbeiten und dafür Freitag zu Hause zu bleiben. Das war für ihn ausreichend. Er wollte gar nicht weg. So konnte ich ihn halten."*

Gestaltungsfreiheit eines Geschäftsführers. Mit Unternehmertum im Blut war es schon immer das Anliegen von Reiner Arenz stetig zu innovieren, sich weiterzuentwickeln, an *„Herausforderungen mit dem Team zu wachsen"* sowie auch neue Geschäftsfelder und Märkte zu erschließen.

Seit 2020 ist Michael Gosewinkel alleiniger Gesellschafter, was eine Neuausrichtung der Strategie ermöglicht. Reiner Arenz weiß um das Nischenprodukt, welches die Josef Emmerich Pumpenfabrik herstellt. Seit der Covid19-Pandemie ist auch die Konkurrenz aus China größer geworden, die vor allem ihren heimischen Markt beliefert und den Vertrieb dort schwierig macht. Rainer Arenz blickt mit Tatendrang in die Zukunft:

> *„Ich richte momentan unsere Strategie neu aus. Wir suchen einen entsprechenden Vertriebsleiter, der den Außendienst passend dazu aufbaut und mehr auf Wachstum ausgerichtet ist. Die Voraussetzungen haben wir hier in Liers!"*

7.4 Erfolgsrezept: „Tradition und Innovation"

Von der Stadt aufs Land. Die Josef Emmerich Pumpenfabrik ist eines der wenigen Beispielunternehmen, die sich von der Stadt in Köln auf das Land in der Eifel im Kreis Ahrweiler getraut hat und dies nicht bereut. Neben viel Platz und Fläche für neue Anbauten, setzten die Geschäftsführer der letzten Jahre vor allem auf regionale Mitarbeitende:

> *„Bei regionalen Mitarbeitern habe ich eine wesentlich größere Unternehmenstreue. Das ist wahrscheinlich das beste Bindungsinstrument schlechthin."*

Gleichzeitig kann dies auch ein Nachteil sein, wie gerade nach der Flut, die teilweise zu größerem Wegzug geführt hat oder auch stark betroffene Mitarbeitende nun gesundheitlich in die Knie zwingt. Um neue Mitarbeitende zu rekrutieren, braucht es auch Unterstützung aus dem Kreis für einen raschen und attraktiven Wiederaufbau.

7.4 Erfolgsrezept: „Tradition und Innovation"

„Ich hatte hier einen Konstrukteur im Bewerbungsgespräch sitzen. Der schaut raus und sagt, hier ist ja nur Wald. Nachdem die Flut über unser Tal gewalzt ist, wäre das unsere Chance die Gegend mit sozialen und sportlichen Angeboten attraktiver zu machen."

Reiner Arenz ist sich sicher, dass vor allem Angebote im sozialen und Freizeitbereich in Kombination mit der attraktiven Arbeits- und Wohnsituation den Kreis Ahrweiler für potenzielle zukünftige Mitarbeitende und Familien interessant machen würde. *„Denn es ist einfach zu schön hier."*

Tradition und Innovation. Als zielstrebiger Visionär und Tüftler entwickelte Josef Emmerich seinen einstigen Handwerksbetrieb patriarchalisch, aber fürsorgend zu einem Fabrikbetrieb mit industriellen Strukturen. *„Das Unternehmen war ganz auf die Person Josef Emmerich fixiert."* (Josef Emmerich Pumpenfabrik GmbH, 2015) Dies förderte auch den Zusammenhalt mit klaren Abläufen und auf Kennzahlen basierenden Entscheidungen. Reiner Arenz hat diese Struktur durch Teamarbeit und flachere Hierarchiestrukturen verändert.

„Ich kann mich natürlich auf Kennzahlen verlassen, aber ich bin im kleinen Mittelstand unterwegs und deswegen bin ich der Meinung, dass im kleinen Mittelstand die Entscheidung sehr oft aus dem Bauch kommt, bei mir auch. Und das passt meistens."

Die Zukunft für die Josef Emmerich Pumpenfabrik GmbH sieht sehr gut aus: Der alleinige Gesellschafter Michael Gosewinkel und Geschäftsführer Reiner Arenz sind auf einer Wellenlänge und bereit, Neues zu wagen. Ebenfalls sind genügend Kapitalreserven und ausreichend Baufläche vorhanden: Es kann also losgehen.

> **Fazit und Handlungsempfehlungen für Unternehmer**
> Die Josef Emmerich Pumpenfabrik GmbH hat eine lange Historie mit Höhen und Tiefen hinter sich und versucht heute **Tradition und Innovation** zu vereinen:
> Größte Erfolgsfaktoren hierfür sind:
>
> 1. Einigkeit und Gestaltungsspielraum der Gesellschafter und Geschäftsführung
> 2. Unternehmenstreue der Mitarbeitenden durch ländliche Umgebung
> 3. Unterstützung durch lokale und regionale Verwaltungen
> 4. Mit der Zeit gehen, Tradition nicht verlieren, aber auch nicht auf Innovation verzichten

Literatur

Josef Emmerich Pumpenfabrik GmbH. (2015). *Von Hönningen nach Hongkong, Die Geschichte der Josef Emmerich Pumpenfabrik GmbH 1945–2015, zum 70-jährigen Bestehen*. Hrsg. Josef Emmerich Pumpenfabrik GmbH.

8 Klaes GmbH & Co. KG

Die Firma Klaes (s. Tab. 8.1) ist weltweit das marktführende Softwareunternehmen für die Fenster-, Türen-, Fassaden- und Wintergartenbranche (Klaes, 2023). Besonders ist, dass das Unternehmen nicht nur innovative Software, sondern auch Hardwarelösungen aus einer Hand anbietet, um Unternehmensprozesse der Fensterbaubranche zu optimieren. Unter der Marke Systemschub bietet Klaes auch IT-Services und Lösungen für alle Unternehmen deutschlandweit und teilweise auch in angrenzenden Ländern (s. Abb. 8.1).

Interview mit der Geschäftsführerin der Klaes GmbH & Co.KG in Bad Neuenahr-Ahrweiler, Miriam Berzen am 11.08.2022 von 11.00–13.00 Uhr

8.1 Entstehungsgeschichte: „Hartnäckigkeit, auch beim Generationenwechsel"

Der Hartnäckige. Als Horst Klaes, der Gründer der heute offiziell lautenden Klaes GmbH & Co. KG und Vater von Miriam Berzen und Lars Klaes, in den 80er Jahren seinem Vater, einem Schreinermeister in Ahrbrück, über die Schultern schaute, war ihm klar, dass der gesamte Planungs-, Produktions- und Abrechnungsprozess in der Schreinerei einfacher gehen musste.

> „Am Abend, nachdem er geschreinert hatte, kalkulierte mein Opa, rechnete zusammen, alles händisch. Meinem Vater, der ihn beobachtete, war das viel zu zeitaufwändig. Im Rahmen seiner Diplomarbeit schrieb er dann das Programm, auf dem Klaes heute fußt."

Horst Klaes, der vor seinem Studium des Holzbauingenieurwesens in Rosenheim ebenfalls eine Schreinerlehre absolviert hatte, zeigte damit bereits eine gewisse Hartnäckigkeit, sich

© Der/die Autor(en), exklusiv lizenziert an Springer-Verlag GmbH, DE, ein Teil von Springer Nature 2024
M. Heinzen und J. Thiele, *Unternehmertum im Kreis Ahrweiler*, https://doi.org/10.1007/978-3-662-68329-3_8

Tab. 8.1 Fakten Klaes GmbH & Co. KG

Gründung	1983	Mitarbeiteranzahl	275 (2022)
Generation	2	GeschäftsführerInnen	Miriam Berzen, Lars Klaes
Branche	IT	Globale Standorte	5
Produkte	Software- und Hardware für den Fenster-, Türen-, Fassaden- und Wintergartenbau		

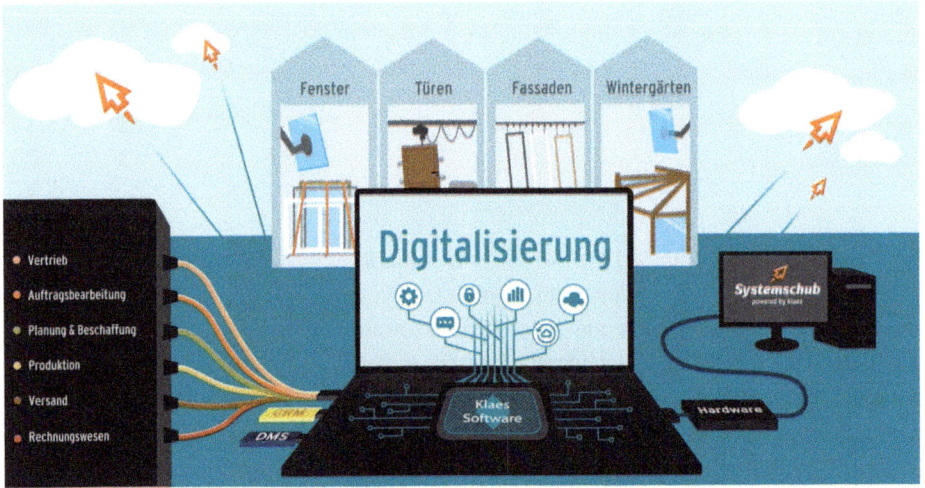

Abb. 8.1 Das Produktportfolio der Firma Klaes. (Mit freundlicher Genehmigung von © Klaes GmbH & Co. KG. All Rights Reserved)

mit der einfachsten Lösung nicht zufrieden zu geben. Obwohl es in den 80er Jahren bereits typenbasierte Programme zur Kalkulation in Schreinerei und Fensterbau gab, erschuf er ein Programm für die freie Konstruktion, die bisher auf dem Markt so nicht verfügbar war. Die Lösung machte in der Branche schnell die Runde.

> „Er ist dann als Student, da war ich dann schon unterwegs, losgezogen mit seinem Köfferchen und hat das Programm verkauft."

So gründete Horst Klaes 1983 als Ein-Mann-Unternehmen die Horst Klaes GmbH & Co. KG in Rosenheim und verkaufte von dort die Version Klaes 1.1. Nach dem Studium zog es die kleine Familie – Miriam war mittlerweile geboren – wieder zurück in die Eifel, zuerst nach Insul, dann nach Ahrbrück. Als die Maschinenbauindustrie für Holzfertigungsmaschinen die Softwarelösung kennenlernte und damit die Nachfrage nach dem Produkt stieg, war es an der Zeit einen weiteren Programmierer einzustellen, um die Software entsprechend den gestiegenen Bedarfen zu erweitern.

8.1 Entstehungsgeschichte: "Hartnäckigkeit, auch beim Generationenwechsel"

Abb. 8.2 Headquarter Klaes GmbH, Wilhelmstr. 85–87 in Bad Neuenahr-Ahrweiler. (Mit freundlicher Genehmigung von © Klaes GmbH & Co. KG. All Rights Reserved)

> *„Dieser Mitarbeiter ist heute immer noch im Unternehmen. 2020 hatte er 35-Jähriges. Das ist wirklich schön!"*

Von da an wuchs die Firma stetig. Es wurden neue Gebäude gebaut. Zunächst 1992 ein neues Bürogebäude in Ahrbrück am Bahnhof für weitere 40 Mitarbeitende. Bereits 1998 zählte das Unternehmen mit allen Tochtergesellschaften 94 Mitarbeitende, sodass mangels verfügbarer Gewerbefläche ein Umzug nach Bad Neuenahr-Ahrweiler in ein größeres Gebäude 2002 erfolgte (s. Abb. 8.2).

Mit einer Gebäudeaufstockung 2016 wurde eine betriebliche Kindertagespflege ins Leben gerufen, die zu Anfang nur die Kinder von Mitarbeitenden betreute, heute sogar für externe Eltern geöffnet ist. Nicht nur die Anzahl der Mitarbeitenden wuchs rasant – auch die Produktpalette wurde sukzessive erweitert, welche heute eine komplett durchgängige Lösung für Fensterbauer von der Auftragsabwicklung, über Verkauf, Finanzbuchhaltung bis hin zum Mahnwesen mit allen Schnittstellen in mehreren Sprachen abbildet. Eine Kapazitätsplanung, Materialwirtschaft natürlich das Herz der Software, die Konstruktion, einen eigenen Webshop, und vieles mehr sind mittlerweile im Portfolio vorhanden.

Eine lange Planung für die zweite Generation. Miriam Berzen und ihr jüngerer Bruder Lars Klaes stiegen zunächst 2011 als Abteilungsleiter und -leiterin in die Firma ihres Vaters ein. Ein solch leichter Übergang war von Beginn an geplant. Die zwei Abteilungsleiterstellen „Verwaltung" und „Produktmanagement" hielt Horst Klaes so lange unter seiner Führung, bis die Kinder übernehmen konnten.

> *„Das war eigentlich alles von Anfang an klar. Wir haben in der Familie frühzeitig kommuniziert und dementsprechend auch die Studiengänge gewählt. Wir durften wirklich ganz frei wählen wie unsere kleine Schwester."*

Miriam Berzen studierte nach ihrer Ausbildung zur Bürokauffrau Betriebswirtschaftslehre, ihr Bruder Lars Klaes nach seiner Schreinerlehre ebenfalls Holzbauingenieurwesen wie sein Vater. Die drei Kinder wurden schon immer mit dem Unternehmertum ihres Vaters konfrontiert, wie z. B. in Ferienjobs oder beim Besuch von Messen. Im Gegensatz zu ihren beiden älteren Geschwistern konnte die jüngste Schwester wenig mit dem Unternehmen und der Branche anfangen und lernte Erzieherin, gefolgt von einem Studium der Sozialen Arbeit. Da die Fensterbaubranche speziellen Regeln folgt und Berufserfahrungen in anderen Unternehmen nicht von direktem Nutzen gewesen wären, entschied sich die zweite Generation direkt nach ihrem Studium ins Unternehmen einzusteigen.

> *„Es war immer klar, wenn wir ins Unternehmen wollen, dann gucken wir nicht noch lange woanders."*

2013 kamen Miriam Berzen und Lars Klaes in die Geschäftsführung und im Jahr 2015 kauften Geschäftsanteile ihres Vaters ab, wurden geschäftsführende Gesellschafter und übernahmen vollständig die Geschäftsführung. Horst Klaes stand noch zwei Jahre den Kindern beratend zur Seite, bevor er sich 2015 gänzlich aus der operativen Tätigkeit zurückzog. Trotzdem organisierte Horst Klaes eine beratende Unterstützung für den Generationenwechsel.

> *„Weil mein Vater auch immer sagte: Ich mache das nicht ewig mit Euch hier. Jeder versucht jedem irgendetwas zu beweisen und das muss schon zügig gehen. Bis 55 dann bin ich hier raus!"*

Miriam Berzen erzählt, dass ihrem Vater ein reibungsloser Übergang in der Geschäftsführung immer wichtig war. Er hatte bei seinem eigenen Vater erlebt, dass dieser nach einem Herzinfarkt mit Ende 50 sein Unternehmen nicht weiterführen und auch kein Wissen mehr weitergeben konnte. Notdürftig versuchte damals Horst Klaes das Geschäft kurzzeitig weiterzuführen, was aber auch nicht „ewig" gehen konnte. Heute ist die Schreinerei verpachtet. Sein Ziel, mit 55 Jahren das Unternehmen zu verlassen, schaffte er 2015 fast. Für seine Kinder stand er weiterhin als Ansprechpartner zur Verfügung, hielt sich aber ab diesem Zeitpunkt aus allen Entscheidungen heraus. Den Mitarbeitenden wurde dies von Anfang an ebenfalls kommuniziert, dass es einen „harten Cut" geben würde – so konnten sie sich darauf vorbereiten.

> *„Er gibt so viele Tipps er kann. Fragt aber nicht mehr nach, was daraus geworden ist. Er hat komplett losgelassen und sich ein Segelboot gekauft. Das funktioniert wunderbar!"*

Natürlich mussten sich die damals 27- und 25-jährigen Geschwister erst in ihren Rollen beweisen – keine leichte Aufgabe bei einem Team von langjährigen gestandenen Mitarbeitenden. Aber die Krisen und Herausforderungen, welche dann auf die Geschwister zukamen, zeigten den Mitarbeitenden, dass sie diese auch ohne den Vater *„auf dem Beifahrersitz"* bewältigen konnten. Horst Klaes blieb in der neuen Rollentrennung konsequent, welches für ihn einen sehr wichtigen Faktor im reibungslosen Generationenwechsel darstellte. Er sagte immer: *„Die Zwei sitzen da unten. Ich habe nichts mehr damit zu tun."* Auch wenn das als Gründer mit Herzblut sicher nicht einfach war. Er wollte nicht als *„Zeitklauer"* dastehen und *„halbe Sachen machen"* war überhaupt nicht sein Ding. Damit hieß es irgendwann *„Ganz oder gar nicht."* Miriam Berzen sagt dazu:

> *„Dies war sicher das Erfolgsrezept für den Generationenwechsel. Ein zeitnaher und schneller Bühnenwechsel und dann musste die Firma mit uns vorliebnehmen. Das Wichtigste ohnehin war, dass der Kunde davon nichts merkte."*

8.2 Krisen oder Chancen: „Lernen aus vielfältigen Krisen"

Grundsätzlich ist die Softwarebranche konjunkturabhängig. In schlechten Zeiten investieren Kunden weniger in ihre Software. Trotzdem konnte sich Klaes immer wieder durch neue Produkte behaupten und Flauten dank der starken Entwicklungs- und Vertriebsleistungen überwinden.

Exportprobleme in der Bankenkrise 2008 und zu Corona 2020. Da Klaes immer schon sehr viel in globale Märkte exportierte (ca. 40 % ihrer Produkte), haben Negativereignisse wie die Finanzkrise 2008 oder die Corona-Krise 2020 das Exportgeschäft und damit den Gesamtumsatz signifikant beeinträchtigt. Durch das starke Standbein an Bestandskunden in Deutschland konnten bis dato die immer wieder schwächelnden ausländischen Geschäfte in Krisenzeiten kompensiert werden. Sowohl in der Finanz- als auch in der Coronakrise musste das Unternehmen leider Kurzarbeit beantragen. In den Zwischenzeiten ging es aber immer wieder stetig bergauf.

> *„Wichtig war, dass wir aus den Krisen gelernt und uns immer dementsprechend neu aufgestellt haben."*

Die Ungewissheit in der Coronazeit. Aufgrund des Corona-Lockdowns im März 2020 blieben zunächst 120 Mitarbeitende, die sonst im Headquarter in Bad Neuenahr-Ahrweiler arbeiteten, zu Hause – genauso wie die restlichen Mitarbeitenden in den globalen Tochterfirmen vor Ort. Als Softwareunternehmen war Klaes IT auf ein vernetztes, digitales Arbeiten remote oder aus dem Homeoffice vorbereitet. Die Mitarbeitenden, die bisher hauptsächlich vor Ort am Standort gearbeitet hatten, wurden zu Hause neben Notebook mit weiterer digitaler Technik wie z. B. VPN und MS Teams versorgt. Dennoch blieb die Unsicherheit.

> *"Von jetzt auf gleich ins Homeoffice und wie geht man damit um? Und wie macht man das dann? Und wie fühlt man sich da? Und alles kam irgendwie so auf einmal hereingebrochen."*

Anders als in der Finanzkrise mussten nun die Vertriebler und Techniker in Kurzarbeit und nicht die Entwickler, welche intensiv daran arbeiteten, die Arbeitsprozesse auch im Vertrieb zu digitalisieren. Im Ergebnis hatte Klaes IT seine Vertriebler und Techniker vergleichsweise zügig so gut ausgestattet, das auch in ihrem Falle ein Remote-Arbeiten möglich war. Die Kurzarbeit war nach zwei Monaten beendet. Dass sich die Vertriebswege jedoch zukünftig ändern mussten, hatten Miriam Berzen und Lars Klaes schon lange vor Corona diskutiert.

> *"Durch Corona ist alles beflügelt worden. Das, was vielleicht sonst in 10 Jahren, wenn überhaupt passiert wäre, hatten wir auf einmal. Und jetzt sind wir effizienter, weil unsere Vertriebler z. B. teilweise keine Fahrzeiten haben. Von all diesen Vorarbeiten in der Corona-Zeit profitieren wir sehr nachhaltig!"*

Der digitale Vertrieb wird nicht der einzige Vertriebsweg bleiben. Dafür sind persönliche Kontakte zu wichtig. Aber dennoch wird heute jeder Termin *„auf den Prüfstand gestellt"*. Corona hat die Digitalisierung in der Fensterbranche noch einmal stark beflügelt. So stark, dass Miriam Berzen und Lars Klaes heute sagen, dass der komplette Auftragsablauf bald digitalisiert sein wird: *„Fensterglas ist bis 2025 100 % digital."* Grundsätzlich kam Klaes IT gut durch die Corona-Krise. Der Umsatz steigerte sich zwar nicht, aber die Kosten gingen, auch aufgrund von nicht stattfindenden Messebesuchen, stark zurück.

> *"Die spannende Frage ist, wann kommt der Effekt der fehlenden Messebesuche und Präsenz im Vertrieb?"*

Die Ahrflut 2021 und eine große Zerstörung für viele Mitarbeitende und Klaes selbst. Als am Abend des 14. Juli 2021 der Regen stärker wurde, ahnte auch bei Klaes noch niemand, welche Ausmaße die in der Nacht aufkommende Flut des kleinen, beschaulichen Flusses Ahr annehmen würde. Miriam Berzen selbst und viele ihrer Familienmitglieder sowie Mitarbeitenden wohnen in der Nähe des alten Firmenstandortes in Ahrbrück, einem von der Flut stark betroffenen Ort. Als dort in der Nacht des 14. Juli die reißende Ahr eine Vielzahl der Häuser zerstörte, konnte die Familie Klaes/Berzen nur mutmaßen, wie es um ihre Firmengebäude in Bad Neuenahr-Ahrweiler 20 km ahrabwärts stehen würde.

> *"Wir haben uns in der Familie gesprochen, gemutmaßt, was mag da in Ahrweiler sein? Und mein Vater hat dann wirklich gesagt, ja gut, wir sind weit von der Ahr weg. Was der Mensch ja nicht kennt, das kann er sich nicht vorstellen."*

Als das Funknetz einen Abend später wieder stand, wurde eine WhatsApp-Gruppe zur Informationsteilung und Koordinierung gegründet. Miriam Berzens Onkel, Markus Klaes, der ebenfalls Prokurist im Unternehmen Klaes ist, war zu dieser Zeit in Schweden im Urlaub und hatte so die Möglichkeit, erste Maßnahmen einzusteuern und bereits die ersten Neubestellungen zu beauftragen.

> *„Mein Onkel blieb extra einige Tage länger in Schweden. Dort hatte er Strom und Wasser und konnte viel besser koordinieren als vor Ort."*

Über den Chat erfuhr Familie Klaes vom gesamten Ausmaß der Katastrophe: Das gesamte Untergeschoss des Unternehmens, in welchem die Server untergebracht waren, war geflutet. Besonders ärgerlich deshalb, da dieser 2018 aufgrund eines Schwelbrands zerstört und ersetzt worden war. Dennoch hatte das Firmenhauptgebäude Glück im Unglück, da in diesem Altbau das Erdgeschoss erhöht ist und somit weitere Etagen verschont blieben. Außerdem konnte zumindest ein Daten-Backup von insgesamt vieren gesichert werden. Das Erdgeschoss des daneben liegenden Neubaus sowie das Gästehaus, welches schon hunderte Kunden von Klaes beherbergt hatte, wurden ebenfalls zerstört. Aber all dies war nichts gegen die Verwüstungen an der Oberahr, wo die Flut die Häuser und Wohnungen von über 25 Mitarbeitenden und auch die der Familie Klaes größtenteils komplett vernichtete. Miriam Berzen erzählt von der surrealen Situation:

> *„Mein drittes Kind war gerade drei Wochen alt, wir hatten keinen Strom, kein Wasser und überall Zerstörung. Man wusste nicht, wo anfangen."*

Am Samstag, drei Tage nach der Flut, schaffte es Lars Klaes nach vier Stunden Fahrt aufgrund zerstörter Straßen und Brücken durch die Wälder mit einem Pick-Up das erste Mal zum Firmengebäude in Bad Neuenahr-Ahrweiler vorzudringen. Nach und nach konnte die gesamte Firmenmannschaft mobilisiert werden. Neben dem Entschlammen und Entrümpeln des gesamten Kellers wurden auch kurzfristig Krisen-Hotlines für die Kunden über die Privathandys der Mitarbeitenden erstellt.

> *„Die Loyalität, die wir über Jahre als Familienunternehmen hatten aufbauen können, kam dort alles zurück. Unsere Kunden wussten bereits am nächsten Morgen, wen sie anrufen konnten. Außerdem haben wir tolle Kunden. Sie kamen auch teilweise, um zu helfen."*

Anderthalb Wochen nach der Flutkatastrophe konnte Klaes wieder ohne Ausfälle arbeiten. Glücklicherweise – im Nachhinein auch unglücklicherweise – bot zu diesem Zeitpunkt das in Andernach ansässige Softwareunternehmen SHD AG dem Unternehmen Klaes einen Serverraum an, wo das gesamte Rechenzentrum mit Serverplätzen kurzfristig aufgebaut werden konnte.

> *„Tja, und dann kam der Oberhammer, als die ersten Löschzüge nach Andernach unterwegs waren, haben wir noch gescherzt. Der Serverraum brannte wie 2018 bei einem Schwelbrand ab."*

Nach diesem erneuten Zwischenfall brauchte es einen Monat, bis Klaes IT wieder vollumfänglich arbeitsfähig wurde. In der Zwischenzeit wurden beispielsweise die Gehaltsüberweisungen händisch von der Bank ausgefüllt: *„Echt peinlich für ein IT-Unternehmen, aber so war es auf einmal hier im Ahrtal."*

> *„Und dennoch wir dürfen nicht meckern. Wir sind komplett versichert. Wir hatten trotzdem ein Spitzenjahr! Wir konnten die Gehälter weiterzahlen. Aber wir haben auch viel dafür gearbeitet!"*

Der Angriffskrieg Russlands auf die Ukraine 2022. Der Krieg in der Ukraine und die damit einhergehenden Einschränkungen waren für die Klaes IT GmbH nicht so einschneidend wie die Krisen davor. Teilweise auch dadurch, dass die Abhängigkeit vom Auslandsgeschäft nach der Banken- und Coronakrise heruntergefahren wurde. Es gibt noch wenige Bestandskunden in der Ukraine und Russland, die aber lediglich einen kleinen Teil des Umsatzes ausmachen.

> *„Unternehmerisch gedacht, haben uns die Krisen natürlich auch Chancen gegeben: Wir sind digitaler geworden, haben uns anders aufgestellt und uns kann so schnell nichts mehr umhauen."*

8.3 Zukunft im Kreis Ahrweiler: „Ein Traumstandort, der Neuaufbau braucht"

Das Gebäude und der Service seiner Stadt bestimmen den Standort und dessen Weiterentwicklung. Seit dem Umzug nach Bad Neuenahr-Ahrweiler 2002 und der Erweiterung des Bürogebäudes 2016 konnte auch das regionale Kundennetz im Kreis Ahrweiler stetig ausgebaut und erweitert werden, wie z. B. Ärzte, Kurkliniken oder Thermen. Ursprünglich hatte die Familie Klaes, die sich eher um Ahrbrück zu Hause fühlt, überlegt vor Ort zu bauen und bereits *„ein kleines Dorf im Dorf"* geplant. Dieser Plan sollte vor allem die Mitarbeitenden integrieren, welche mehrheitlich aus dieser Gegend kommen. Als sich während Planungsphase jedoch zu viele Hindernisse mit der Gemeinde ergaben und das Angebot aus Bad Neuenahr-Ahrweiler kam, entschied sich die Familie gemeinsam mit den Mitarbeitenden für den alternativen Standort.

> *„Das war das Beste, was uns passieren konnte. Die Stadt hat uns wirklich mit Kusshand empfangen."*

Außerdem wäre am jetzigen Standort auch noch Bauland vorhanden – sofern die Planungen dies erforderten –, aber mit der momentanen Homeoffice-Situation, die Klaes sehr großzügig auslegt, ist aktuell kein zusätzliches Gebäude notwendig. Außerdem bemüht sich die Stadt und der Bürgermeister wirklich sehr und bietet bei Problemen jederzeit seine Unterstützung an.

> „Wir wurden auch schon angesprochen unsere Räumlichkeiten zu vermieten – auch an Start-ups, Co-Working Spaces und Platz-Sharing. Ein spannendes Projekt, welches wir hoffentlich angehen, wenn die größten Schäden der letzten Krisen vorüber sind. Zumal unser Vater immer schon den Traum einer eigenen Produktionsstätte hatte, um dem Kunden live zu zeigen, was wir bieten."

Mit der Kindertagespflege der Stadt etwas zurückgeben. Klaes hat sich außerdem auch in sozialen Belangen im Kreis Ahrweiler unersetzlich gemacht. Beispielsweise bieten sie eine Kindertagesstätte mit Großtagespflege in dem 2016 errichteten Neubau auch schon für Kinder unter einem Jahr an. Diese ist zwar kostenpflichtig, hat aber im Gegensatz zu öffentlichen Einrichtungen keine Schließzeiten und ein sehr gutes Betreuungsverhältnis. Miriam Berzen erzählt als dreifache Mutter:

> „Das war natürlich auch Eigennutz, dass unsere Kinder dort betreut werden. Aber viele Kollegen und Kolleginnen nutzen die Kindertagesstätte und auch externe Bürger können ihre Kinder dort anmelden. So haben wir es geschafft unsere Mitarbeitenden auch früher wieder einzugliedern."

Klaes IT ist nicht nur sozial engagiert, sondern versucht auch ihren ökologischen Fußabdruck zu verringern: Durch die hauseigene Photovoltaik-Anlage möchte man energetisch autarker werden und zusätzlich den Beschäftigten freies Laden an E-Ladesäulen anbieten.

Fachkräftemangel und Attraktivität und Mobilitätskonzept einer Stadt. Obwohl die verkehrstechnische Anbindung zum Headquarter in Bad Neuenahr-Ahrweiler sehr vorteilhaft ist, leidet auch Klaes IT unter dem Fachkräftemangel. Glücklicherweise hatte das Familienunternehmen bislang nie mit Fluktuation zu kämpfen. Im Vergleich zu anderen Unternehmen kann Klaes IT auch durch die zahlreichen eigenen Auszubildenden aufkommende Lücken füllen. Dennoch bleibt die Konkurrenz der großen Konzerne aus Bonn und Köln, welche junge Auszubildende mit höheren Gehältern und Städtefeeling locken.

> „Wir bieten natürlich weniger Gehalt als Großkonzerne. Wir sind ein Familienunternehmen. Aber dafür grillen und feiern wir zusammen. Und unsere Mundpropaganda gibt uns recht: „Bei Klaes ist es ganz cool. Man ist keine Nummer und kommuniziert auf Augenhöhe.""

Trotzdem kann Klaes IT mit ihrer Unternehmenskultur nicht das eingeschränkte Infrastrukturangebot einer gerade überfluteten Stadt ausgleichen. Da die Mitarbeiter seit der Corona-Krise die Möglichkeiten des Homeoffice zahlreich nutzen, ist die interne Nachfrage nach öffentlichen Verkehrsangeboten aktuell nicht mehr so hoch. Allerdings macht sich das flutbedingte geringe Gastronomie- und Kulturangebot bemerkbar, nicht nur für potenzielle Mitarbeitende, sondern auch für Kunden.

„Da wir viele Schulungen in unserem Gästehaus anbieten, wäre es schön, wenn wir auch wieder die gewohnte, wenn nicht verbesserte Gastronomie und Freizeitmöglichkeiten anbieten könnten, wie vor der Flut."

8.4 Erfolgsrezept: „Den Zielen treu bleiben, Voraussicht und Vertrauen"

Standardisierung und „alles aus einer Hand". Miriam Berzen sagt, dass ein ganz wichtiges Erfolgsrezept der Firma Klaes IT war *„ihren Zielen und ihrer Linie treu zu bleiben."* Als Firma muss man sich immer bewusst sein, wo man herkommt und mit welchen Unternehmen man sich vergleicht.

„Wir sind führend in der Fensterbranche. Dort gehören wir zu den stärksten vom Umsatz her. Wir sind keine SAP-Lösung, die für alles einsetzbar ist. Aber wir haben einen Standard, der sich über Jahre entwickelt hat und diesem sind wir treu geblieben."

Obwohl viele Partner und Kunden in den letzten Jahrzehnten um individuelle Softwarelösungen baten, blieb sich die Entwicklung ihrer Strategie treu und konzentrierte sich auf Standardlösungen, die heute viel flexibler einsetzbar sind.

„Viele Unternehmen haben heute damit Probleme, dass sie in ihren Produkten zu kleinteilig geworden sind und die Mannschaft die Spezialisierungen nicht mehr stemmen kann."

Außerdem hat die Unternehmensphilosophie *„Alles aus einer Hand"*, die Klaes IT seit den 92-er Jahren betreibt, als neben der Software- auch die Hardwarelösungen hinzu kamen rückblickend zu einer großen Bestandskundendatenbank geführt. *„Diesem Grundsatz bleiben wir bis heute treu."* Aus diesem Grund lassen sich zum Beispiel etwaige Probleme beim Kunden schneller beheben, da eine Lösung ohne Einbezug Dritter möglich wird. Trotzdem muss ein Software-Unternehmen immer innovativ und voraussichtig agieren, denn die Vorentwicklungen beginnen ca. 10–15 Jahre, bevor die Software tatsächlich ausgeliefert wird.

„Das Produktmanagement muss immer das Ohr am Markt haben, um zu wissen, was wirklich gebraucht wird. Die Entscheidungen in der Entwicklung sind sehr richtungsweisend."

Um Innovationsfähigkeit und Proaktivität zu zeigen, war es aber auch wichtig, dass vor zwei Jahren Klaes IT solutions, die IT-Services und -Infrastruktur auch außerhalb der

Fensterbranche deutschlandweit anbieten, mit „Systemschub" einen neuen Namen erhalten hat.

Als Softwareunternehmen Digitalisierung vorleben. Neben einer digitalen Ausstattung für die Homeoffice-Tätigkeit, ist das Büro bei Klaes mittlerweile völlig papierlos, wie z. B. Personal-, Kundenmappen oder jedwede Post. Alles findet sich auf der Cloud. Die Regel lautet: *„Alles, was über Nacht liegen geblieben ist, soll ins System eingescannt werden, dann findet es auch jeder."* Es gibt eine Übersicht über den Anwesenheitsstatus aller Mitarbeitenden, welche auch am Eingang des Headquarters einsehbar ist: So ist schnell ersichtlich, wer im Homeoffice, im Büro vor Ort oder unterwegs bzw. im Urlaub ist. Durch die digitalen Treffen über MS Teams sind die Arbeitsprozesse effizienter geworden.

Vertrauen in die Mitarbeitenden. Neben dem großen Vertrauen in puncto Arbeitszeit und Homeoffice, bietet Klaes nun ihr sogenanntes „Klaes Flex Holiday"-Konzept an und wirbt damit aktiv in Stellenanzeigen. Die Mitarbeitenden von Klaes haben die Möglichkeit zwischen 20–36 Tagen Urlaub zu nehmen, angepasst an ihre jeweilige Situation: *„ob sie nun mehr Geld oder mehr Freizeit brauchen. Das ist ihre Entscheidung."* Grundsätzlich fußt sehr viel Zusammenarbeit auf Vertrauen, auch in Arbeitsinhalten mit sehr flachen Hierarchien.

> *„Wir wollen mit Zielen führen, nicht mit Vorgaben. Bis jetzt ist das sehr gut aufgegangen. Das wird uns auch zurückgegeben, wie in der Flut, als alle geholfen haben."*

Kürzlich wurde das 40-jährige Bestehen der Firma Klaes gefeiert, in denen die Mitarbeitenden als Dank für ihre Loyalität und Anerkennung für ihren Beitrag zum Erfolg des Unternehmens zwei zusätzliche Urlaubstage und eine Reduktion der wöchentlichen Arbeitszeit geschenkt bekamen (Klaes GmbH, 2023).

Fazit und Handlungsempfehlungen für UnternehmerInnen
Die Flut im Ahrtal hat Klaes hart getroffen. Aber sie haben jeden Rückschlag, auch **dank ihrer Mitarbeitenden und früher Digitalisierung,** immer gemeistert:
Größte Erfolgsfaktoren hierfür sind:

1. An Zielen gemeinsam festhalten und diesen treu bleiben
2. Aus Krisen lernen und Voraussicht in der Entwicklung
3. Vertrauen in die Mitarbeitenden bzgl. Arbeitszeiten, Homeoffice und Arbeitsinhalten mit Zielvorgabe
4. Hohe Digitalisierung schafft Flexibilisierung

Literatur

Klaes. (2023). https://www.klaes.de/worldwide-no-1. Zugegriffen: 22. Nov. 2023.

Klaes GmbH. (18. Juli 2023). *IT-Firma Klaes in Bad Neuenahr-Ahrweiler wurde 40 Jahre alt Jubiläumsfest bot Attraktionen für Groß und Klein.* Blick aktuell.

LIGHTWAY GmbH 9

Die LIGHTWAY GmbH (s. Tab. 9.1) in Niederzissen ist ein Spezialist für additive Fertigung. Das Unternehmen produziert hochwertige Metallkomponenten und -bauteile (s. Abb. 9.1) für unterschiedlichste Industriekunden. Eine Besonderheit ist die Verbindung aus modernsten technologischen Maschinen sowie neuesten Fertigungsverfahren, kombiniert mit der Schnelligkeit eines noch kleinen Unternehmens.

Interview mit dem Geschäftsführer der LIGHTWAY GmbH in Niederzissen, Thomas Hilger am 12.07.2022 von 9.00–11.00 Uhr.

9.1 Entstehungsgeschichte: „Gesund wachsen"

Der Glaube an und Fokus auf die Technologie. Bevor die LIGHTWAY GmbH 2016 gegründet wurde, beschäftigten sich die Geschäftsführer Thomas Hilger und Pascal Schäfer bereits 2012 mit additiven Fertigungstechnologien. Als ausgebildete Maschinenbautechniker- bzw. Modellbauer-Techniker teilten beide die Leidenschaft des Maschinenbaus. In der Firma, in der sie sich kennenlernten, arbeiteten Thomas Hilger als Produktionsleiter und Pascal Schäfer in der Zerspanung. Beide sahen schon damals das große Potenzial für additive Fertigungstechnologien im Metall, begannen 2015 gemeinsam ihre ersten Business-Pläne zu schreiben und gründeten im Dezember 2016 die LIGHTWAY GmbH. Beide beschreiben diesen mutigen Schritt aus der Festanstellung heraus in die Unternehmensgründung folgendermaßen:

> *„Der Glaube an die neue Technologie und ihr Potenzial mit all ihren Möglichkeiten war einfach zu groß!"*

Tab. 9.1 Fakten LIGHTWAY GmbH

Gründung	2016	**Mitarbeiteranzahl**	14 (2022)
Generation	1	**Geschäftsführer**	Thomas Hilger & Pascal Schäfer
Branche	Additive Fertigung	**(Globale) Standorte**	Niederzissen
Produkte	Ventilgehäuse, Brennerdüsen, Kühlelemente, Gasdüsen, uvm		

Abb. 9.1 Ausgewählte Beispiele mittels additiver Fertigung von LIGHTWAY. (Mit freundlicher Genehmigung von © LIGHTWAY GmbH. All Rights Reserved)

Um die Anfangsphase ihrer Unternehmensgründung zu beschleunigen, arbeiteten Thomas Hilger und Pascal Schäfer die ersten sieben Monate zunächst ohne Mitarbeitende. Die erste Einstellung erfolgte 2017. Heute zählt LIGHTWAY 14 Mitarbeitende. Aus Thomas Hilgers Sicht hätte die Mitarbeiterzahl mit Fremdkapital mittlerweile auch verdreifacht werden können. Dennoch bremst er hierzu und sagt:

„In der Größe, in der wir unterwegs sind, macht es nicht wirklich Sinn, sich nach Umsätzen zu orientieren. Sondern so, dass am Ende Gewinn übrigbleibt, der irgendwo refinanziert werden kann, das Unternehmen weiter aufzubauen."

Komplette Digitalisierung und Automatisierung. 2017 wurde der komplette Firmenaufbau mit Digitalisierung und Automatisierung aus Eigenmitteln und mit Unterstützung der Hausbank gestemmt. Laut Hausbanken war LIGHTWAY die Firma, die bis dato den jemals höchsten vergebenen Gründerkredit erhalten hat. Thomas Hilger erzählt, dass es viele Gründer, vor allem im Maschinenbau gibt, die mit diesem hohen Kapitaleinsatz Probleme haben:

„Weil das einfach extreme Investitionen sind. Die Maschinen kosten sehr viel Geld. Und das sind einfach auch Hürden, glaube ich, wovor die meisten stehen."

9.1 Entstehungsgeschichte: „Gesund wachsen"

Bis zur neuen Gebäudeplanung 2019 in Niederzissen wurden keine weiteren Kredite mehr aufgenommen. Die neue Halle konnte Ende 2022 bezogen werden.

Auch in der Mitarbeiterführung orientieren sich die beiden Geschäftsführer an dieser Unternehmensphilosophie:

„Es ist nicht unsere Philosophie, nur hinter Zahlen herzulaufen. Es muss Spaß machen, die Leute müssen sich identifizieren können. Die Technologie ist so neu, da brauchen wir kreative Köpfe, die ohne Vorgaben arbeiten."

Mitarbeitende als MitunternehmerInnen. Daher heißen alle Mitarbeitenden vom Reinigungsdienst bis zum Programmierer bei LIGHTWAY *„MitunternehmerInnen"*. Zwar müssen sich die MitunternehmerInnen an Zeitpläne und Kriterien der Kunden halten, aber weitere Vorgaben gibt es nicht, um die Kreativität und Wissenschaftlichkeit der Produktentwicklungen nicht zu stören. Zudem haben die MitunternehmerInnen die große Freiheit, in andere Bereiche des Unternehmens zu schnuppern, z. B. aus dem Marketing in die CAD-Konstruktion. Dadurch hat sich LIGHTWAY bereits einen großen Wissenspool aufgebaut und ermöglicht eine hohe Abwechslung für die Mitarbeitenden sowie eine effiziente Auslastung der Ressourcen.

Momentan sehen die beiden Geschäftsführer ihre Kunden der Zukunft vor allem im Maschinenbau. Der Exportmarkt von Maschinen „Made in Germany" ist groß und der Bedarf an qualitativ hochwertigen, leichten Metallkomponenten wächst. Außerdem stehen viele deutsche Maschinenbauer gerade vor einem Generationenwechsel, in dem sich die neue Generation offener für neue Technologien wie additive Fertigungsverfahren zeigt. Neben der Fertigungsoptimierung und -flexibilisierung erfassen die Kunden von LIGHTWAY mittlerweile auch die Möglichkeit ihre neuen Produkte und Funktionen patentieren oder durch Schutzrechte schützen zu lassen.

LIGHTWAY ist mittlerweile nicht mehr nur eine verlängerte Werkbank wie in den frühen Jahren nach der Gründung, sondern das Aufgabenportfolio hat sich stark vergrößert. Kunden kommen nun mit komplexeren Problemstellungen auf die Firma zu, die sie gemeinsam mit LIGHTWAYs additiven Fertigungsverfahren zu lösen versuchen. Das macht die individuellen Lösungen von LIGHTWAY schwer imitierbar und rückt den Kunden in das Zentrum der definierten Unternehmensphilosophie von LIGHTWAY:

„Unser Unternehmen hat nur eine Aufgabe: Dem Kunden durch innovative Fertigungsansätze den größtmöglichen Nutzen zu bieten, um sein Produkt erfolgreicher zu machen."

Die starke Kundenfokussierung rührt vom Verständnis der LIGHTWAY-Mitarbeitenden, dass der Kunde alle Ausgaben des Unternehmens bezahlt, vom Gehalt bis hin zu jeder Entwicklungsinvestition. Alle Mitarbeitenden haben verinnerlicht, dass bei jeder Entscheidung die Sicht des Kunden eingenommen und die Frage nach dem Nutzen für den Kunden gestellt wird. Beispielsweise wurde sich so gemeinschaftlich gegen Firmenwagen ausgesprochen, da sie dem Kunden keinen Mehrwert bringen. Feedback vom Kunden wird an alle veröffentlicht und diese Kundenbewertungen sind die einzigen Indikatoren für Gehaltsprämien am Ende des Jahres. So ergibt sich ein großer Anreiz den Kundenfokus kontinuierlich beizubehalten.

9.2 Krisen oder Chancen: „Nie erst in die Krise kommen"

Große Flexibilität durch Eigenprogrammierung in der Covid19-Pandemie. Die Covid19-Pandemie hat LIGHTWAY im März 2020 weder in internen Prozessen noch am Absatzmarkt wesentlich getroffen – eher im Gegenteil: Aufgrund der geringen Größe und des hohen Digitalisierungsgrades war ein 100 %-Remote-Arbeiten von zu Hause kein Problem. Die LIGHTWAY Maschinen und Mitarbeitenden sind durch eine intelligente Software-Lösung verbunden, sodass der digitale Maschinenbelegungsplan genaue Anweisungen geben konnte, an welchen ein bis zwei Tagen pro Woche ein Mitarbeitender zur Bedienung physisch vor Ort sein musste. Auch absatzseitig verlief die Corona-Krise für LIGHTWAY eher positiv. Kunden kümmerten sich wieder vermehrt um Innovationen an ihren Anlagen und Maschinen und bezogen LIGHTWAY als Innovator aktiv mit ein, um ihre laufenden Systeme mit 3D-Druck Komponenten zu optimieren. Ein weiterer Vorteil war der Umstand, kein Lager aufbauen zu müssen, da die benötigten Materialien für den 3D-Druck durchgängig vorrätig waren und nicht von komplexen Lieferketten abhängen. Aufgrund der frühen, vorausschauenden Digitalisierung der Arbeitsabläufe bereits vor der Covid19-Pandemie hatte LIGHTWAY daher keine Produktionsausfälle zu verzeichnen oder musste Lockdowns einhalten. Beispielsweise erlaubte der Einsatz von Co-Bots (Produktionsrobotern) den Mitarbeitenden die Produktionsabläufe Remote vom Homeoffice aus zu steuern. Zusätzlich wurde aufgrund der durchgehenden Digitalisierung aller Prozesse eine hohe Flexibilisierung ermöglicht, was gerade im Hinblick auf die durch die Pandemie verursachten gesundheitlichen Ausfälle von Mitarbeitenden zum Vorteil gereichte.

Der hohe Automatisierungs- und Digitalisierungsgrad ist zudem ein großer Garant dafür, dass LIGHTWAY dem momentan vorherrschenden Fachkräftemangel vergleichsweise entspannt entgegensehen kann. Konsequent versucht das Unternehmen daher manuelle Prozesse konsequent zu automatisieren. Darum kümmert sich ein eigener Softwareentwickler, der alle ERP-Systeme für LIGHTWAY individuell programmiert. Darüber bewahrt sich das Unternehmen die Flexibilität und Agilität, bei Systemanpassungen nicht von einem Softwareanbieter abhängig zu sein. Thomas Hilger findet, dass viele deutsche Betriebe hier nicht mit der Zeit gehen. Sein Fazit:

„Nur durch unsere Eigenprogrammierungen sind wir so flexibel. Und das müssen Unternehmen heute sein. Die Dynamik ist groß und sie müssen schnell agieren. Heute Corona, morgen Ukraine, dann tralala. Wir sind vorbereitet."

Die Sinnfrage während der Ahrflut: Was ist uns wirklich wichtig? Die Ahrflut hat das Industriegebiet in Niederzissen nicht direkt getroffen, aber viele Unternehmen in der Region beschäftigt. Auch LIGHTWAY hatte einen Mitarbeitenden, der Hab und Gut in den Fluten verloren hat. Mit Spenden, Hilfsgütern sowie einer Übergangswohnung konnte zumindest die größte Not gemildert werden. Neben den ehrenamtlichen Hilfeleistungen der Mitarbeitenden an Wochenenden stellte LIGHTWAY zwei Mitarbeitende für den Zeitraum von einer Woche bei fortlaufender Bezahlung frei, um im Krisengebiet zu unterstützen. Eine größere personelle Unterstützung war für die kleine Firma nicht möglich. LIGHTWAY unterstützt heute weiterhin Spendenprojekte im Ahrtal finanziell.

Sowohl die Covid19-Krise als auch die Flutkatastrophe im Kreis Ahrweiler hat viele alltägliche Dinge wieder in Relation gesetzt. Auch unter der Belegschaft von LIGHTWAY hat man diesen, so wie Thomas Hilger es ausdrückt, *„Bezug zum Menschlichen"* wiedererlangt:

> *„Die Corona-Krise und die Flut haben wir als Reflektionspunkte genutzt, einmal zurückzutreten, ein bisschen runterfahren zu können und zu fragen, womit wir uns noch identifizieren und was alles sein muss oder auch priorisiert werden kann."*

Auch auf Krisen wie die Ukraine- und Energiekrise frühzeitig vorbereiten. Am Tag des Interviews tobte der Ukraine-Krieg seit fünf Monaten. Von Lieferengpässen oder Kundenbeziehungen in die Ukraine bzw. nach Russland ist LIGHTWAY nicht betroffen. Thomas Hilger beschreibt, dass es vor allem den Blickwinkel auf die Eigenständigkeit der Energieversorgung verändert hat. Aufgrund ihrer neuen Photovoltaik-Anlage auf der neuen Immobilie wird sich LIGHTWAY zu 60 % tagsüber selbst mit Strom versorgen können. Für die Versorgungslücken gibt es Ideen Richtung „kleiner Wind", aber auch das ist aufgrund bürokratischer Hürden nicht so leicht. Ziel ist es, sich energetisch autark aufzustellen. Thomas Hilger schlussfolgert:

> *„Das ist eine Weltkrise und es wird spannend werden mit der Verschiebung der Allianzen und Partnerschaften. Wir hatten eine schöne heile Welt, die ist jetzt vorbei."*

Dennoch gab es mit all den beschriebenen Krisen für LIGHTWAY auch Chancen. So konnte der 3D-Druck bei ausgefallenen Lieferketten dort einspringen, wo der Kunde keine Teile mehr bekam. Nicht nur für LIGHTWAY, sondern auch für Deutschland sieht Thomas Hilger hier Chancen.

> *„Diese große Abhängigkeit von den globalen Lieferketten, der Produktion in Asien und Just-In-Time, die man aufgebaut hat, dass man die ein Stück weit wieder versucht zu revidieren und heimisch herzustellen. Natürlich zu höheren Kosten vielleicht, aber dann eben zu Bedingungen, wo man weiß, dass die zumindest mal vor politischen Ereignissen krisensicherer sind."*

9.3 Zukunft im Kreis Ahrweiler: „Hohe Lebensqualität, aber mit Unterstützung"

Die Lebensqualität in Niederzissen schlägt die USA. Während in den USA die additive Fertigung viel dynamischer und direkter subventioniert wird, gibt es in Deutschland bis dato wenig Unterstützung in diesem Bereich. Dennoch wollen die beiden Geschäftsführer Deutschland nicht verlassen bzw. gerade deswegen auf dem Land ihre Technologie vorantreiben. Sie haben kürzlich in eine neue Produktionshalle in Niederzissen investiert (s. Abb. 9.2).

Thomas Hilger sieht ein großes Potential im 3D-Metalldruck in Deutschland – vor allem im Maschinenbau – und gibt sich trotz der im Vergleich zu den USA geringeren Subventionen kämpferisch:

> „Also wenn man immer dahin gehen würde, wo es vielleicht im ersten Moment einfacher aussieht..."

Lokale Unterstützung, denn jeder kennt jeden. Außerdem, so berichtet Thomas Hilger, unterstützt der Kreis Ahrweiler in vielerlei Hinsicht, z. B. in Digitalisierungsthemen oder bei der Vernetzung. Vor allem war zu Beginn der Gründung die Wirtschaftsförderung des Kreises eine gute Unterstützung, die mit ihren Senior-Experten gute Ratschläge gegeben haben. Viele Mitarbeitende wollen in einer schönen Gegend wohnen, die Niederzissen mit seiner Natur bietet. Neben dem ästhetischen Aspekt schöner Wohnlagen kommt der wirtschaftliche hinzu: Für eine Großstadtwohnung erhält man in Niederzissen etwas übertrieben *„zwei Villen mit Schwimmbad"*. Für Mitarbeitende mit Familien ist auch die Peripherie mit seinen

Abb. 9.2 Die seit 2023 bezugsfertige neue Produktionshalle von LIGHTWAY. (Mit freundlicher Genehmigung von © LIGHTWAY GmbH. All Rights Reserved)

Kindergärten und Freizeitangeboten sowie der „*heilen Welt*" ein Anreiz, nach Niederzissen zu ziehen. Thomas Hilger räumt ein, dass das Gehalt in kleinen und mittelständischen Unternehmen auf dem Land im Vergleich zum Großkonzern in den Metropolen natürlich geringer ausfällt. Aber die Sinnhaftigkeit eines hohen Lohnes sinkt mit der Zeit, wenn Mitarbeitende dafür eigenverantwortliche Projekte mit hoher zeitlicher und örtlicher Flexibilität an schönen Orten mit direktem Kundenkontakt durchführen dürfen. Mit der guten Anbindung an die A61 ist Niederzissen nicht nur ein guter Standort für Mitarbeitende, sondern auch für Besucher und Kunden. Mit dem PKW dauert es ca. 20–30 Minuten nach Koblenz oder Köln. Im Vergleich zu eher anonymen Großstädten erzählt Thomas Hilger von einer „Niederzissen-Community", in der man sich abseits des Arbeitsalltages am Nachmittag im Supermarkt beim Einkaufen oder auf Ortsveranstaltungen trifft. Somit sind die KollegInnen häufig enger und freundschaftlicher auch privat verbunden. Die Niederzissener Unternehmen helfen sich auch gegenseitig beim Teilen von Firmenfahrzeugen oder bei Umzügen. Thomas Hilger begründet sein Unternehmertum im Kreis Ahrweiler so:

> „*Die Lebensqualität ist hier einfach gut!*"

Als sehr agiles und kleines Unternehmen ist LIGHTWAY aber in vielen Bereichen der Digitalisierung seiner Zeit voraus. Hier wünschten sie sich vom Kreis Ahrweiler auch in energetischen Baumaßnahmen mehr Autarkie sowie eine Strukturierung der Digitalisierungsmaßnahmen im Kreis:

> „*Die Industrieunternehmen brauchen eine andere Digitalisierung, wie jetzt die Gastronomie oder ein Hotel.*"

9.4 Erfolgsrezept: „In Herausforderungen denken"

Gründernetzwerke ohne große Bürokratie fördern. Thomas Hilger beschreibt gute UnternehmerInnen als diejenigen, die den Fokus bewahren, aber auch eine sehr hohe Selbstreflektion an den Tag legen. Dies schaffen die Geschäftsführer Pascal Schäfer und Thomas Hilger einerseits dadurch, dass sie 12 Bücher pro Jahr, also ein Buch pro Monat, über Managementthemen lesen und sich diese gegenseitig vorstellen. Auf der anderen Seite braucht es einen starken Partner, der einen bei zu unrealistischen Vorstellungen wieder auf den Boden der Tatsachen zurückholt. Thomas Hilger erzählt beispielsweise von einem Gründernetzwerk, in dem es immer um Mitarbeitende, Firmenausstattung oder Kapital ging und er sagt:

> „*Man muss aufpassen, dass man da nicht mitgezogen wird und sich verheddert. Da braucht man jemanden, der einen reflektiert und man sich gemeinsam fragt: Warum machen wir das hier eigentlich? Wegen dem Produkt, der Technologie, den Themen. Man darf sich nicht in den Strudel hineinziehen lassen.*"

Das gilt aber nicht für das Voranbringen ihrer Themen, der additiven Fertigung, der Digitalisierung und Automatisierung von Verfahren und Prozessen. Hier denken alle MitunternehmerInnen in Herausforderungen, die gerade dann anzugehen sind, wenn sich die Firma in der Komfortzone und noch in keiner Krise befindet. LIGHTWAY kümmert sich um potenzielle schwierige Themen lieber in guten Zeiten, um erst gar nicht in die Panikzone zu gelangen (LIGHTWAY, 2022). Unternehmerisches Denken, welches vor allem aus Proaktivität, Innovativität und Risikofreude besteht, kann aus Thomas Hilgers Sicht nicht früh genug gelehrt werden, sowohl in Schulen als auch in Hochschulen und Universitäten. Auch der Kreis Ahrweiler oder die Politik kann hier unterstützen:

„Dass man da einfach kleinere Mittel für Gründer zur Verfügung stellt, um vielleicht mal bis zum Businessplan zu kommen, aber ohne tausende Anmeldverfahren. Das ist momentan einfach zu zäh."

Laut Thomas Hilger gibt es viele Menschen mit genialen Ideen, es scheitert häufig an der Umsetzung. Die Seniorexperten des Kreises helfen hier schon sehr, aber *„gerne dürfen sie auch beim Bankengespräch dabei sein, wenn es kritisch wird."*

> **Fazit und Handlungsempfehlungen für UnternehmerInnen**
> Die LIGHTWAY GmbH schaut aufgrund der vielfältigen Krisen frühzeitig voraus und **denkt in Herausforderungen:**
>   Größte Erfolgsfaktoren hierfür sind:
>
> 1. Hohe Selbstreflektion der Geschäftsführenden durch gegenseitige Reflektion, immer wieder Rückbesinnung auf eigentliche Ziele und viel Lektüre
> 2. Förderung von Eigenverantwortlichkeit und unternehmerischem Denken der MitunternehmerInnen (Mitarbeitenden)
> 3. Frühe Digitalisierung und Automatisierung
> 4. Kundenbewertungen als wichtigster Indikator für Gehaltsprämien

Literatur

LIGHTWAY. (2022). *Unternehmensphilosophie bei dynamischem Wachstum.* Business Talk, Veranstaltung Unternehmensführung am RheinAhrCampus Remagen am 24.10.2022.

MK Technology GmbH 10

Das Unternehmen MK Technology GmbH (s. Tab. 10.1) in der Grafschaft gehört zu den 6 Hidden Champions des Kreises (Block et al., 2021) und beschäftigt sich mit der Entwicklung, Produktion und dem Vertrieb von Spezialanlagen für den Kunststoff- und Metallfeinguss im Bereich Rapid Prototyping und Rapid Production. Aufgrund des spezifischen Know-hows sowie der Möglichkeit der individuellen Anfertigung sind die Produkte weltweit gefragt.

Interview mit dem Inhaber und Geschäftsführer der MK Technology GmbH Michael Kügelgen am 18.03.2022 von 15.00–17.00 Uhr

10.1 Entstehungsgeschichte: „Begeisterung und Zufall"

Der Entwickler und Gründer. Seine Karriere begann Michael Kügelgen 1985 mit der Entwicklung von unbemannten militärischen Drohnen, so genannter UAV's für die Firma International Aerospace Technologies (IAT). Mit dem Fall der Mauer 1989 und der damit einhergehenden militärischen Abrüstung sank die Nachfrage nach Aufklärungsdrohnen und damit auch der Umsatz des Unternehmens.

> „Und dann wurde natürlich auch die Stimmung schlecht und im Nachhinein kann ich nur sagen, das war gut so und für mich die Initialzündung zu sagen, ich mache mich selbstständig: ich mache mein eigenes Beratungsunternehmen."

So erfolgte 1993 die Gründung des Ingenieurbüros „Kügelgen & Partner" am Münsterplatz in Bonn mit den Schwerpunkten Aerospace und Automotive. Durch eine Kooperation mit der Gesellschaft für Technische Zusammenarbeit GTZ und der Entwicklungsbank DEG war

Tab. 10.1 Fakten MK Technology GmbH

Gründung	1997	Mitarbeiteranzahl	24 (2023)
Generation	1	GeschäftsführerInnen	Michael Kügelgen
Branche	Maschinen-/Anlagenbau	(Globale) Standorte	Gelsdorf, RLP
Produkte	Anlagen für den Metall-Feinguss, vollautomatischen Dampf-Autoklaven, Anlagen zum Kunststoff-Vakuumgießen		

Michael Kügelgen vor allem viel in Asien unterwegs, wo er mit seiner Entwicklungsexpertise für dortige Unternehmen Optimierungskonzepte erarbeitete und die Basis für sein heutiges internationales Geschäft legte. Nach einigen Jahren der Beratungstätigkeit wurde Kügelgen jedoch zunehmend unzufriedener – vermisste er doch die Konstruktionstätigkeiten und das „Probleme lösen" an der eigenen Werkbank.

Grundsteinlegung im Keller des Elternhauses. Seinem inneren Tatendrang folgend gründete Michael Kügelgen 1997 eine Firma für Spezialfertigungsanlagen und begann im Keller des Elternhauses mit der Konstruktion von Vakuumgießanlagen, welche nach Singapur und Malaysia exportiert wurden. Doch bereits nach kurzer Zeit wurde aufgrund der steigenden Nachfrage die „Produktionsfläche" zu klein und Kügelgen mietete eine 300 m^2 große Produktionshalle in St. Augustin an – für 10 DM den Quadratmeter.

> *„Dort habe ich dann einen Zwei-Jahres-Vertrag unterschrieben – wohlwissend, dass ich am Ende entweder pleite bin oder es wieder zu klein sein wird. Dann ist das zweite eingetreten."*

Erneute Reise in die Grafschaft. Auf der Suche nach weiteren Expansionsflächen war es einem Zufall zu verdanken, dass Michael Kügelgen mit seinem Unternehmen den Weg in die Grafschaft fand. Während seiner Beschäftigungszeit bei der IAT wurde sein damaliger Chef auf seiner *„üblichen Runde"* ins Verteidigungsministerium auf ein Werbeplakat an der Autobahn A565 aufmerksam.

> *„Da war irgendwann mal ein Schild ‚Leben und Arbeiten in der Grafschaft'. Und nur wegen des Namens ‚Grafschaft' hat er – als er da zum dritten Mal daran vorbeigefahren ist – nicht wie üblich den Blinker zur Hardthöhe gesetzt, sondern ist hier bis zum Meckenheimer Kreuz gefahren."*

Im Gespräch mit dem damaligen Bürgermeister der Gemeinde wurde schnell klar, dass in Rheinland-Pfalz die Grundstückspreise einen Bruchteil von dem betrugen, was er in Wesseling, Nordrhein-Westfalen (NRW) für die Fläche seiner geplanten neuen Produktionshalle bezahlen sollte – zudem war der Hebesatz deutlich geringer. Und so entschied er sich *„fünf*

10.1 Entstehungsgeschichte: „Begeisterung und Zufall"

Minuten nach zwölf" für den Kauf eines Grundstücks im Gewerbegebiet der Grafschaft statt in NRW.

Als Michael Kügelgen nun selbst nach Erweiterungsmöglichkeiten suchte, erinnerte er sich wieder an die Grafschaft und den damaligen Kontakt seines ehemaligen Chefs. Und so kontaktierte er kurzerhand den Bürgermeister, welcher „*...seinerzeit immer sehr, sehr kooperativ gewesen war.*", ihn auch direkt in die Grafschaft einlud und ihm potenzielle Gewerbeflächen vorstellte.

> *„Dann bin ich hier ausgestiegen, habe das Grundstück gesehen und gesagt: ‚Hier steht deine Firma, das ist es.'"*

Michael Kügelgen machte Nägel mit Köpfen und erwarb ein erstes 4.500 m² großes Grundstück im Gewerbepark Gelsdorf, worauf er seine erste Produktionshalle errichten ließ. 2001 erfolgte der Umzug aus St. Augustin, 2006 wurde das Firmengelände um weitere 10.000 m² vergrößert, um die gestiegene Nachfrage durch eine Erweiterung der Produktionsflächen bedienen zu können. 2008 errichtete Michael Kügelgen angrenzend an die Produktionsgebäude ein neues Forschungs- und Entwicklungszentrum (s. Abb. 10.1). Auf über 1.000 m² werden in dieser „gläsernen Fabrik" nicht nur Schulungen durchgeführt, sondern auch zukunftsweisende Technologien zu den Schwerpunktthemen Metallfeinguss und Rapid Tooling entwickelt. 2013 wurde die Produktion erneut erweitert und entsprechend des gestiegenen Platz- und Lagerbedarfs ein weiteres Gebäude errichtet.

Mehrfacher Innovationspreisträger und Hidden Champion. 1999 wurde die MK Technology das erste Mal mit einem Innovationspreis ausgezeichnet, damalig noch in St. Augustin beheimatet. Seitdem folgten in fast regelmäßiger Beständigkeit weitere Auszeichnungen durch die Wirtschaftsförderung Rheinland-Pfalz. 2015 wird das Unternehmen zu den 500 am schnellsten wachsenden Unternehmen gewählt und darüber hinaus mit dem

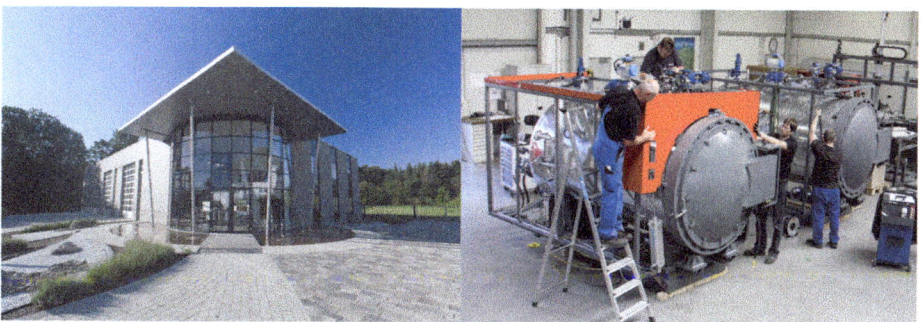

Abb. 10.1 Das Forschungs- und Entwicklungszentrum des Unternehmens (links) und Endmontage eines vollautomatischen Dampf-Autoklaven (rechts). (Mit freundlicher Genehmigung von © MK Technology GmbH. All Rights Reserved)

Innovationspreis „Success" der Investitions- und Strukturbank Rheinland-Pfalz (ISB) für hervorragende technische Innovationen geehrt. Auch 2023 erhält das Unternehmen erneut eine Auszeichnung vom Land Rheinland-Pfalz für die Entwicklung eines Hochtemperatur Prüfstandes zur Optimierung von Flugzeugturbinen.

Eine besondere Auszeichnung war 2021 sicherlich die Aufnahme von MK Technology in die Reihen der „Hidden Champions". Dieser Begriff wurde durch Professor Herman Simon geprägt und bezeichnet innovative Unternehmen, welche als Weltmarkführer in ihrer Branche gelten, jedoch von der breiten Öffentlichkeit kaum wahrgenommen werden. Schon 2019 hatte Prof. Hermann Simon MK Technology besucht und das Unternehmen als wahren Hidden Champion bezeichnet.

Von der Grafschaft zum Mars. Als ein Höhepunkt der bisherigen Unternehmensgeschichte darf die Entwicklung einer kompletten Produktionsstraße für Raketentriebwerke für das US-Weltraumunternehmen SpaceX von Visionär Elon Musk bezeichnet werden. 2018 wurde eine Abordnung im Rahmen einer Europareise bei einem Kunden von MK Technology auf dessen Produkte aufmerksam.

> *„… die haben dort die Anlagen gesehen und gefragt, was das ist… wo die Vorteile liegen. Und dann hat anschließend bei uns das Telefon geklingelt. Das ist, was die Akquise angeht ein Traum!"* (SWR Fernsehen BW, 2019).

So kam es zu einer Anfrage bei Michael Kügelgen, gefolgt von einem Auftrag zur Entwicklung des bis dahin weltweit größten Autoklaven. Die konstruktiven Anforderungen der Produktionsanlage zur Herstellung von Teilen eines Raketenantriebes waren ebenso alles andere als alltäglich wie die Dimensionen der Anlage selbst. Mittels Tieflader wurde die besondere Fracht zum Rheinhafen nach Bonn gefahren, wo die Reise per Schiff nach Rotterdam und von dort aus weiter in die USA ging.

2020 absolvierte ein Prototyp des „Starship" einen erfolgreichen Startversuch. Mit dieser Rakete will SpaceX künftig Flüge zum Mars ermöglichen – dann mit Triebwerken, die mit Anlagen aus der Grafschaft hergestellt wurden.

Ab in die Lüfte. Michael Kügelgen ist abseits seiner unternehmerischen Tätigkeit ein ebenso begeisterter Flugzeug- und Hubschrauberpilot mit eigenem Heliport samt Fluggerät am Firmengelände. Schon in seiner Jugend baute er aus Balsaholz Flugmodelle im elterlichen Keller. Was lag dann näher, als selbst ein eigenes Flugzeug zu entwickeln? Zusammen mit Projektpartnern hatte sich schnell die Idee von einem senkrechtstartenden Flächenflugzeug herauskristallisiert – unter Verwendung eines elektrischen Antriebkonzeptes. Nach intensiver Entwicklungszeit und zahlreichen Flugversuchen konnte 2021 ein flugfähiger eVTOL-Prototyp (eVTOL: electrical Vertical Take off and Landing) präsentiert werden: die eMagic One (s. Abb. 10.2).

Abb. 10.2 Michael Kügelgen am Steuer seines selbstbauten Senkrechtstart-fähigen Luftfahrzeugs eMagic One. (Mit freundlicher Genehmigung von © MK Technology GmbH. All Rights Reserved.)

Im Rahmen diverser Ausstellungen (u. a. der AERO 2022 in Friedrichshafen) fand das Projekt weltweite Beachtung. Ob es bei einem Einzelstück (und Hobbyprojekt) bleibt oder eine Serienentwicklung vorangetrieben wird, lässt Michael Kügelgen offen.

10.2 Krisen und Chancen: „Der Unternehmer trägt letztlich das Risiko"

Ein erster Schreckmoment. Michael Kügelgen erlebte in seinem bisherigen Berufsleben einige Berg- und Talfahrten. Ein „*Erlebnis der ganz besonderen Art*" wird er jedoch so schnell nicht vergessen.

Bis zu seinem Umzug in die Grafschaft gingen die Umsätze von Jahr zu Jahr stetig nach oben – doch mit einem Mal stockten die Auftragseingänge. Dabei hatte der Unternehmer die neuen Räumlichkeiten gerade frisch bezogen und zur Finanzierung zum ersten Mal in seinem Leben einen großen Kredit bei seiner Hausbank aufgenommen.

> „Ich war noch nicht richtig hier eingezogen, da wollte plötzlich keiner mehr unsere Maschine. Das Telefon war tot."

Zu dieser Zeit wusste der Unternehmer noch nicht, dass die Maschinenbaubranche hohen zyklischen Bewegungen unterlag. Michael Kügelgen hatte schlaflose Nächte, weil er durch den Kredit persönlich in der Pflicht war. Doch glücklicherweise war die Durststrecke nur von kurzer Dauer und die Nachfrage zog – stärker als zuvor – wieder an.

Keine Chance ohne Risiko. In den Jahren 2010 bis 2014 machte das Unternehmen einen Großteil des Umsatzes mit Unternehmen aus Russland. Durch die Sanktionen im Zusammenhang mit der Krimannexion brach dieses Geschäft schlagartig weg, *„…als ob jemand den Schalter umgedreht hat."*

Es folgten mit 2015 und 2016 zwei wirtschaftlich harte Jahre. Nicht existenzbedrohend, wie Michael Kügelgen betont, *„…aber das war nicht witzig, wenn Dir auf einen Schlag 60 % deines Umsatzes abhandenkommt."*

Michael Kügelgen betrachtet diese Zeit im Nachhinein als *„Kick für was Neues"*. Um einen Ersatz für das Russlandgeschäft zu finden, welches wohl auf längere Zeit wegfallen wird, beschloss er den weiteren Ausbau des bestehenden Chinageschäfts und wirft heute ebenso einen Blick nach Amerika.

Mittlerweile sieht sich der Unternehmer aber eher mit einem Luxusproblem konfrontiert: er sucht händeringend nach qualifizierten Fachkräften. Unter anderem auch wegen des Brexits *„gehen die Aufträge wirklich durch die Decke, wie es noch nie durch die Decke ging."*

10.3 Zukunft im Kreis Ahrweiler: „Mehr Pragmatismus seitens der Verantwortlichen"

Den Umzug mit seinem Unternehmen 2001 in die Grafschaft hat Michael Kügelgen nie bereut. Allerdings stellte sich seinerzeit auch die Frage, ob das Angebot an qualifizierten Arbeitskräften im ländlichen Raum für eine Weiterentwicklung überhaupt ausreiche. Der Gewerbepark ist jedoch dank einer kurzen Verkehrsanbindung an die A61 nicht nur ein guter Industriestandort, sondern bietet in der näheren Umgebung auch ein lebenswertes Wohnumfeld, sodass viele Mitarbeitende auch in die umliegenden Ortsteile ziehen würden. Zudem sind im Vergleich zu den großen Metropolen die Grundstückspreise überschaubar. Der Unternehmer ging seinerzeit mit gutem Beispiel voran und errichtete sein privates Wohnhaus direkt angrenzend an seine Firma.

Lob an die Kommune. Voll des Lobes ist Kügelgen hinsichtlich des Bürgermeisters der Grafschaft Achim Juchem, welcher seiner Meinung nach einen großartigen Job macht.

> *„…auf den halte ich ganz, ganz große Stücke und der bewegt ja auch was."*

Gerade mit Blick auf die Entwicklung des Innovationsparks kann Kügelgen nur staunen, was Juchem in der Gemeinde bislang alles umgesetzt hat. Besonders nach der Flutkatastrophe im

Juli 2021 wurde mit der Bereitstellung von Flächen für den Aufbau von Tiny Houses sowie des Versorgungszentrums schnell und unbürokratisch Hilfe geleistet. Diesen Pragmatismus wünscht sich Michael Kügelgen auch von anderen Stellen in der Politik.

> *„Also wir bräuchten mehr Juchems."*

Auch wenn die Entwicklung des Gewerbeparks Gelsdorf in den vergangenen Jahren *„etwas gelitten"* hat, ist Kügelgen mit der aktuellen Situation insgesamt trotzdem zufrieden. Für ihn und sein Unternehmen *„…könnte erst mal alles so bleiben, wie es ist. Unsere Firma ist ja Gott sei Dank als Hidden Champion relativ attraktiv."*

10.4 Erfolgsrezept: „Ein Nerd mit Ehrgeiz und Ausdauer"

Den Grundstock für seine heutige erfolgreiche Unternehmer- und Entwicklungstätigkeit legte Michael Kügelgen bereits früh als Kind.

> *„Damals in den 60ern und 70ern war ich auch ein Nerd: Ich war ein Modellbauer. Man konnte sich mit mir über nichts anderes unterhalten als über Flugzeuge, Modellflugzeuge, Fliegen."*

Wochenlang saß Kügelgen im Winter im Keller seines Elternhauses und setzte Flugzeugmodelle aus Balsaholz zusammen. Im Frühjahr kam dann der große Augenblick der Wahrheit.

> *„Und wenn man irgendwas falsch gemacht hat, dann hat es Puff gemacht und es gab eine große Balsaholz-Wolke. Und dann saß man wieder drei Monate im Keller."*

Genau dies, so resümiert der Unternehmer, hat ihn seinerzeit geprägt und war ein ganz *„großartiges Studium für das Leben"*. Vor allem aber hat er dabei gelernt, mit Niederlagen und Misserfolgen umzugehen. Das sei der heutigen Generation verloren gegangen. Die Zeit des Tüftelns und Bastelns wird übersprungen – jegliche Auseinandersetzung mit etwaigen Problemstellungen wird vermieden.

> *„Das gibt es heute nicht mehr. Heute heißen die Dinge ARF: Almost ready to fly. Oder RTF: Ready to fly. Das heißt, ich kaufe ein Modell, packe es aus. Vier Mignonzellen in den Sender rein, vielleicht noch laden und… fliegen."*

Fazit und Handlungsempfehlungen für UnternehmerInnen

Mit MK Technology hat Michael Kügelgen innerhalb von zwei Jahrzehnten ein innovatives Unternehmen aufgebaut, welches als „**Hidden Champion**" weltweit Beachtung findet.

Größte Erfolgsfaktoren hierfür sind:

1. Sich an Probleme heranwagen, auch wenn diese vermeintlich zu groß sind
2. Selbstvertrauen durch persönliche Erfahrungen im Umgang mit Niederlagen und Misserfolgen
3. Neugier am Tüfteln und an neuen Technologien
4. Ehrgeiz, Ausdauer, Fleiß und Glück

Literatur

Block, J., Moritz, A., Benz, L., & Johann, M. (2021). *Hidden Champions in Rheinland-Pfalz – Identifikation, Erfolgsfaktoren, Herausforderungen*. Studie der Uni Trier.

SWR Fernsehen BW. (04. Dezember 2019). *Die Grafschafter Marsmission – MK Technology baut fürs Weltall*. SWR Fernsehen Baden-Württemberg.

Neue Werft GmbH

11

Die Marketingflotte GmbH aus Bad Neuenahr-Ahrweiler (s. Abb. 11.1) bietet eine breite Palette an Marketingdienstleistungen für Unternehmen an. Die erfahrene „Crew" entwickelt maßgeschneiderte Marketingstrategien und setzt diese effektiv und – wenn gewünscht – mit viel Kreativität um. Eine Besonderheit ist die breite Produktpalette, die von der Kundenansprache über die Mitarbeiterrekrutierung und -bindung bis hin zur Außendarstellung des Unternehmens reicht. Die Gebensfreude GmbH ist zusammen mit der Marketingflotte GmbH unter dem Dach der „Neuen Werft" (s. Tab. 11.1) zusammengefasst und bietet neben der Planung von vielfältigen Events auch Mitarbeitergeschenke an.

Interview mit dem Geschäftsführer der Neuen Werft GmbH in Bad Neuenahr-Ahrweiler, Marc Ulrich am 15.09.2022 von 9.00–10.30 Uhr

11.1 Entstehungsgeschichte: „Vom Unternehmer-Gen und vom Loslassen"

Der Unternehmer im Kind. Bereits mit 14 Jahren meldete der Gründer der heutigen Marketingflotte, Marc Ulrich, seinen ersten Gewerbeschein auf seine Mutter an. Er tingelte mit einer mobilen Discothek durch die Partykeller seiner Bekannten und Verwandten und entdeckte so früh seine Begeisterung für das Event- und Marketinggeschäft.

> *„Marketing deswegen, weil natürlich auch die Frage aufkam, wie man an Kunden und neue Aufträge kommt. Danach entwickelte sich alles dynamisch weiter."*

Abb. 11.1 Der neue Standort der Neuen Werft in Bad Neuenahr. (Mit freundlicher Genehmigung von © Neue Werft GmbH [2023]. All Rights Reserved)

Tab. 11.1 Fakten Neue Werft GmbH

Gründung	01.01.2000	Mitarbeiteranzahl	82 (2023)
Generation	1	GeschäftsführerInnen	Marc Ulrich, Nane Hartmann, Verena Pinsdorf, Fabian Wünn
Branche	Marketing/Human Resources	(Globale) Standorte	Bad Neuenahr-Ahrweiler, Sinzig
Produkte	Marketing, Strategie, Design, Werbung, Internet, Logistik		

Bis zum Abitur 1999 verkaufte und verlieh er zusätzlich Showtechnik an Musiker, Gaststätten und Discotheken. Außerdem weitete er seine eigenen Events aus und bot diese nun auch für Unternehmen an. Zu dieser Zeit war Marc Ulrich der „Konzertveranstalter" im Kreis Ahrweiler mit Konzerten, Musicals, Hüttenpartys, Party-Touren und Pyjama-Partys. Nach dem Zivildienst in zwei Kindergärten wollte er gerne weiter in der Eventbranche bleiben, was sich aber auf normalem Ausbildungswege als schwierig erwies.

„Das Berufsbild des Eventmanagers und eine Ausbildung dazu gab es damals noch gar nicht."

Er fand einen Diplomlehrgang an einem Privatinstitut und arbeitete tagsüber als Volontär in einer Bonner Event Agentur, die große Events organisierte, wie z. B. die EXPO 2000,

11.1 Entstehungsgeschichte: „Vom Unternehmer-Gen und vom Loslassen"

die NRW Länderwoche oder die Europameisterschafts-Tour mit vielen Übertragungen und Live-Konzerten.

> *„Da habe ich also ein Jahr lang in die große Welt der Events hinein geschnuppert und festgestellt, dass die auch alle nur mit Wasser kochen."*

Nachts arbeitete er weiter an seinem Firmentraum, den er nach dem einjährigen Volontariat in die Wirklichkeit umsetzte.

> *„Am 1.1.2000 habe ich die Firma marc ulrich marketing – immer noch im Kinderzimmer – gegründet und bin im Laufe des Jahres dann schon in eine eigene Wohnung der Walporzheimer Str. 30 gezogen, wo ich für 10 Jahre dann mein Büro hatte."*

Seinen ersten Mitarbeitenden, einen freiberuflichen Grafiker, stellte Marc Ulrich ein, als er noch im Kinderzimmer wohnte.

> *„Wir haben wirklich einen Gartentisch von draußen in das Kinderzimmer gestellt und haben an manchen Tagen darin zu zweit gearbeitet."*

Bereits damals bot er neben Veranstaltungsplanungen schon Marketingberatung an.

> *„Diese Kombi aus auf der einen Seite Planung, Organisation, auf der anderen Seite auch Vermarktung ist sehr früh entstanden und letztendlich und auch bis heute die Grundlage für viele unserer Geschäftsfelder."*

Bis 2005 wuchs marc ulrich marketing organisch mit ein bis zwei Mitarbeitenden pro Jahr. Mit der Gründung von weihnachtsplaner.de und dem Angebot, große Firmenweihnachtsfeiern aus einer Hand zu organisieren, stieg die Zahl der Mitarbeitenden überproportional, sodass eine neue Büroetage ausgebaut werden konnte. 2010 arbeiteten auf diesen zwei Etagen und 440 m^2 Fläche bereits 26 Mitarbeitende. Da die Mitarbeitenden um Marc Ulrich nun mehr eine große Mannschaft als ein kleines Team waren, wurde aus „marc ulrich marketing" schließlich „marc ulrich – Die Marketingflotte". Zudem stellte Marc Ulrich mit Giacomo Iacovelli, dessen Spitzname Mino ist, zur gleichen Zeit einen weiteren „Kapitän" und damit Geschäftsführer an seine Seite.

> *„Mino war mein Nachfolger im Kindergarten beim Zivildienst. Ich habe ihn zunächst in die Hausmeistertätigkeiten der beiden Kindergärten eingeführt, aber dann hat er auch mal Plakate für die Agentur aufgehangen und in der Buchhaltung geholfen."*

Nach dem Zivildienst studierte Giacomo Iacovelli noch Volkswirtschaftslehre und war für ein Jahr in einem Dortmunder Unternehmen tätig. Trotzdem unterstützte er Marc Ulrich die gesamten Jahre nebenher.

"Ich denke wir haben das einzigartige Glück, dass wir uns als Mensch, als Freund, als Kumpels, aber auch gleichzeitig als Geschäftspartner gefunden haben und dann noch so perfekt ergänzen. Mino als Innen- und ich als Außenminister, ohne dass wir das je verschriftlicht hätten. Das gibt es in dieser Art selten. So konnten wir sehr gut das Unternehmen entwickeln und wachsen lassen."

Die Kinder im Unternehmen. Mit der Doppelspitze, dem „Flottengedanken" und weiterem Wachstum erhielt die Marketingagentur in den Folgejahren ab 2014 auch zahlreiche Auszeichnungen, wie die Finalteilnahme im „Großen Preis des Mittelstandes", aber auch die Kür von Marc Ulrich zum „Kultur- und Kreativpiloten Deutschlands". Mit dem „Top Job-Award", der die Agentur zu den besten Arbeitgebern Deutschlands zuordnet oder dem kürzlich verliehenen German Brand Award für die Kampagne „We ahr open" kann das Unternehmen weitere renommierte Auszeichnungen vorweisen (s. Abb. 11.2) (Rhein-Ahr Anzeiger, 2023).

Um seinem Namen als kreativer Kopf gerecht zu werden, schaffte es Marc Ulrich immer wieder, sich mit seinem Co-Kapitän Auszeiten für die Entwicklung neuer Geschäftsfelder und Strategien zu nehmen.

Abb. 11.2 Marc Ulrich und Celina Tesche vom Ahrtal-Tourismus bei der Verleihung des German Brand Awards 2023 für die Kampagne „we ahr open". (Mit freundlicher Genehmigung von © Neue Werft GmbH [2023]. All Rights Reserved)

> *„Mit Mino habe ich immer wieder tageweise zusammengesessen und überlegt, wie wir uns weiterentwickeln können. So entstanden alle Ableger, die immer wieder auf andere Kundenbedürfnisse zugeschnitten waren, wie z. B. talentfischer."*

Da sich 2015 mit der marketingflotte, eventflotte, weihnachtsplaner und talentfischer verschiedene Geschäftsbereiche gebildet hatten, war es an der Zeit, diese unter einem Dach, der „Neuen Werft", zusammenzuführen. Zu dieser Zeit arbeiteten ca. 45 Mitarbeitende in der Neuen Werft, die vor allem ganzheitliche Lösungen für Kunden-, Mitarbeitendengewinnung und -bindung anboten. In den nächsten Jahren wuchs die Kunden- und Mitarbeitendenzahl der Neuen Werft kontinuierlich an, sodass nicht nur strukturell, sondern auch räumlich Veränderungen notwendig waren.

> *„Heute sind wir über alle Geschäftsbereiche ca. 80 Mitarbeitende. Wir mussten uns demnach vergrößern. 2020 ist somit die Marketingflotte, die mittlerweile eine GmbH ist, mit dem klassischen Agenturbereich in den Dorotheenweg 3 in Bad Neuenahr gezogen. Der Eventbereich mit eventflotte, weihnachtsplaner und der vor zwei Jahren dazugekommenen Marke Mitarbeitergeschenk sitzt heute in Sinzig unter der Gesellschaft Gebensfreude mit einem Logistikcampus, der noch weiter ausgebaut wird."*

Loslassen. Marc Ulrich war bereits im dritten oder vierten Unternehmerjahr klar, dass seine Berufung das strategische Unternehmertum sein würde. Sein Interesse galt in den Anfangsjahren unzähligen Lektüren und Ideen von Unternehmern, er besuchte Führungs- und Unternehmerseminare, besuchte das Silicon Valley.

> *„Mein Ziel war schon damals, mit 40 aus dem Operativen raus zu sein, was ja mehr oder weniger funktioniert hat. Ich erhalte viel Anerkennung für das Loslassen. Aber das ist ja kein spontanes Ergebnis. Dafür habe ich 20 Jahre gebraucht und habe jetzt vor allem die richtigen Leute, denen ich so vertraue, dass ich zu 98 % aus dem Operativen raus bin."*

Dieses Loslassen wurde bereits früh im Unternehmen demonstriert, indem die beiden Geschäftsführer seit mehreren Jahren keine eigenen Arbeitsplätze mehr im eigenen Unternehmen vor Ort hatten.

> *„Das hat den Mitarbeitern gezeigt, wir sind mehr Gast, ihr seid die Experten. Während der Corona-Krise sind wir dann zwar nochmal richtig ins Operative eingestiegen und haben Pakete mitgepackt. Aber das war eine Sondersituation. Ich bin jetzt seit zwei Jahren, Mino seit einem Jahr aus der operativen Tätigkeit raus."*

Damit übernahm dann zunächst Anfang 2021 Nane Hartmann die Geschäftsführung der Gebensfreude GmbH und Mitte 2022 Verena Pinsdorf und Fabian Wünn die Geschäftsführung der Marketingflotte GmbH.

11.2 Krisen oder Chancen: „Corona als Digital Change at Speed"

Zu viel Macher. Die Finanzkrise 2008 hat dem damals noch jungen und regional orientierten Unternehmen nicht viel anhaben können.

> *„Die Finanzkrise haben wir fast gar nicht mitbekommen. Persönlich hatten wir eher 2013 eine Krise, nachdem wir stark gewachsen waren. Denn bis dahin gab es immer nur ein Gas, nämlich Vollgas. Immer weiter investiert und da haben wir das Kostenmanagement etwas aus den Augen verloren."*

Nach einer starken Weihnachtssaison 2013 mit vielen Investitionen kam das Unternehmen in eine finanzielle Schieflage, die glücklicherweise rechtzeitig behoben werden konnte.

> *„Das war für uns eine ganz wichtige Situation, in der wir wahrgenommen haben, okay, wir haben jetzt eine Größenordnung erreicht, in der auch Budgetierung, Kostenmanagement und Liquiditätsplanung stimmen muss. Das war ein sehr wichtiger Schlag vor den Bug sozusagen!"*

Auch für die Folgeentwicklungen des Unternehmens mit dem selbstgesteckten Ziel von Marc Ulrich, sich absehbar aus der operativen Geschäftsführung heraus zu ziehen, war der Aufbau einer gesunden Budgetierung mit soliden Strukturen und Prozessen eine notwendige Grundlage.

> *„Das ist der Grund, warum viele Unternehmen Unternehmensführung nicht so praktizieren können wie wir, weil sie keine automatisierten Prozesse haben, sondern das Wissen meist noch im Unternehmer selbst steckt."*

Die Corona-Pandemie als Digital Change at Speed. Als die Meldung von Schulschließungen im März 2020 die Marketingflotte erreichte, saßen Marc Ulrich und Giacomo Iacovelli gerade mit der Geschäftsführung der Gebensfreude Nane Hartmann in einem Strategiemeeting in Köln. Sofort schalteten die drei GeschäftsführerInnen um. Die Zusammenkunft wurde ad hoc genutzt, um auf die drohenden Schließungen aller öffentlichen Bereiche mit einem Maßnahmenplan reagieren zu können.

> *„Nach dem Meeting sind wir montags gleich in die Firma, Leute nach Hause, Kurzarbeit angemeldet und sofort den Krisenmodus auf Chancenmodus umgestellt."*

Die GeschäftsführerInnen beginnen sogenannte „Mindset-Pakete" zu schnüren, um die Mitarbeitenden weiterhin von zu Hause aus zu motivieren. Danach stieg die Gebensfreude ins Maskengeschäft ein und im Eventbereich *„disruptierte"* das Unternehmen sich selbst.

> *„In den zwei Jahren Corona-Pandemie haben wir uns wirklich komplett neu erfunden, vor allem im Eventbereich. Da standen vor Corona noch 1000 Veranstaltungen im Jahr im Kalender, von*

11.2 Krisen oder Chancen: „Corona als Digital Change at Speed"

denen klar war, davon machen wir keine mehr. Wir waren dann einer der ersten auf dem Markt mit Online-Events und sind da heute mit Marktführer. Da sind Sachen möglich geworden, die wir vorher nie in Betracht gezogen hätten."

Durch die Online-Events wurden im ersten Jahr der Corona-Pandemie erheblich Mitarbeitende reduziert („*Wir haben mit sieben Leuten denselben Profit gemacht wie vorher mit 30"*), die dann zum Beispiel im E-Commerce und der Logistik der Gebensfreude unterkamen. Nach der Pandemie bleiben, obwohl die Live-Events umso mehr gefragt sind, Online-Events teilweise erhalten, wenn beispielsweise die Kunden global verteilt sind oder Energiekrisen zu Online-Veranstaltungen zwingen.

„Wir haben ein sehr erfolgreiches Online-Event-Produkt entwickelt: Unsere Radio-Show, die auch jetzt noch – teilweise aus Gründen der Energiekrise und daraus resultierendem Homeoffice – von großen Firmen gebucht wird."

Marc Ulrich prognostiziert allerdings für die nächsten Jahre noch einen Nachholeffekt an Präsenzfeiern und -events in Unternehmen.

„Danach wird sich aber der Wunsch nach gegenseitigem Aufeinandertreffen wieder so stabilisiert haben, dass wir von 100 Veranstaltungen vielleicht 60 in Präsenz und 40 digital machen. Unternehmen sparen mit Online-Events genauso wie wir und damit haben wir im Endeffekt einen ganz neuen Markt erschlossen."

Auch die Mitarbeitenden haben sich durch die neuen Anforderungen weiterentwickelt und mit jedem Online-Event dazu gelernt.

„Zum Teil hatten wir externe Dienstleister für die neuen Formate, aber das meiste haben wir in Eigenregie gemacht. Da haben wir digitale Events auf die Beine gestellt, die noch niemand gemacht hat. Damit war der Lerneffekt von Event zu Event riesig."

Da die Marketingflotte und Gebensfreude neben Marketing, Events und Mitarbeitergeschenken alle wichtigen Produkte und Prozesse unter einem Dach anbietet, war die Agentur zu dieser Zeit schneller als ihre Wettbewerber und konnte sich von Event zu Event in einem kontinuierlichen Verbesserungsprozess (KVP) das Vertrauen der Kunden gewinnen.

„In der Coronazeit dauerte es manchmal nur 24 h von der Idee bis zu einem buchbaren Produkt. Mit dieser Geschwindigkeit konnten wir schnell Erfahrung sammeln und den Kunden auch damit Vertrauen schenken, dass wir eben schon mehrere 100 Online-Events als Referenz vorzeigen konnten. Ein optimaler KVP-Prozess."

Die Corona-Krise verhalf dem Unternehmen noch einmal seinen eigenen Markenkern zu schärfen. Beispielsweise organisierte die Eventflotte ein digitales Unternehmensgrillen, bei dem die teilnehmenden Mitarbeitenden das Essenspaket nach Hause geschickt bekamen.

"Das kam so gut an, dass wir uns gefragt haben, was eigentlich unsere Kernmarke ist. Am Ende des Tages geht es immer um das Produkt hinter dem Produkt. Wir verkaufen ja keine Events, sondern Mitarbeiterbindung an das Unternehmen, ein Wir-Gefühl. Und das hätte ich mir nie vorstellen können, dass bei Online-Partys die Menschen so abgehen können. Das hat uns gezeigt, was digital alles möglich ist."

Die Flut im Ahrtal 2021 und die Gründung des Helfershuttles. Die Geschichte über die Gründung des Helfershuttles in der Grafschaft im Kreis Ahrweiler durch Marc Ulrich und Thomas Pütz von Pedics (s. Kap. 12) wäre ein eigenes Unternehmerkapitel wert. Obwohl Marc Ulrich in Walporzheim selbst von der Flut betroffen war und eigentlich am Abend vor der Flut seinen neu errichteten Co-Working Space einweihen wollte, war er von Tag 1 bis gut ein Jahr später in der Organisation des Helfershuttles involviert und organisierte und „vermarktete" die koordinierte Hilfe von freiwilligen Helfern aus ganz Deutschland und der Welt für das Ahrtal. In diesem Jahr schafften es Thomas Pütz und er über 125.000 Helfer ins Ahrtal zu shutteln. Das Helfershuttle ging schließlich im Förderverein Spendenshuttle auf, zu dessen Vorsitzenden Marc Ulrich gehört und welches bis heute über 5 Mio. Euro an Spenden eingesammelt hat (Spendenshuttle, 2023).

11.3 Zukunft im Kreis Ahrweiler: „Investitionen in eine Region mit Lebensqualität"

Große Investitionen in die Logistik im Kreis Ahrweiler. Die Frage über die Zukunft im Kreis Ahrweiler ist mit den Investitionen in die neuen Bürogebäude in Bad Neuenahr sowie dem Logistikcampus in Sinzig schon größtenteils beantwortet. Die Unsicherheit, ob die Logistikhalle, in die die Gebensfreude investierte, jemals voll werden würde, war groß.

„Das war im August 2020 und am 1. November haben wir die erste Zelthalle angebaut und am 2. Novemberwochenende die zweite Zelthalle, weil wir aus allen Nähten geplatzt sind und sich das niemand während der Corona-Pandemie hätte vorstellen können."

Als der Bedarf an Logistikfläche für die Gebensfreude zu groß wurde und der Kreis Ahrweiler kurzfristig keine Fläche anbieten konnte, wurde Marc Ulrich Anfang 2021 in Rheinbach fündig. Mit der Flut im Juli 2021 änderte sich diese Perspektive. Marc Ulrich konnte Rheinbach wieder frei geben und in Sinzig 2 Mio. Euro in eine weitere Logistikhalle investieren.

„Vom Quadratmeterpreis wären andere Flächen, wie beispielsweise im Brohltal günstiger gewesen, aber wir mussten an das Einzugsgebiet für Recruiting der Mitarbeiter denken. Das

war auch damals die Überlegung mit Rheinbach. Einfach attraktiver von der Verkehrsinfrastruktur. Aber wir haben sowohl in Sinzig als auch in Neuenahr immerhin eine Buslinie vor der Tür."

Lebensqualität im Kreis Ahrweiler. Als in Ahrweiler geborener und aufgewachsener Unternehmer ist Marc Ulrich heimatverbunden und schätzt die Lebensqualität an der Ahr, aber auch am Rhein in Sinzig.

„Die Arbeitsplatzqualität ist genial und einzigartig. In fünf Minuten an Ahr oder Rhein, zum Mittagessen zu den Restaurants im Weinberg."

Aber auch die Infrastruktur mit den kurzen Wegen einer Kleinstadt bzw. eines kleinen Kreises beschreibt Marc Ulrich als optimal, um Leben und Arbeiten miteinander zu vernetzen. Aber auch die Vernetzung mit den Behörden und der Landesregierung funktioniert aufgrund der geringen Größe sehr gut.

„Für die Region wünschen wir uns vor allem einen ständigen nachwachsenden Zufluss an tollen Nachwuchskräften durch die Hochschulen, aber auch die Attraktivität der Region für junge Leute und damit bezahlbaren Wohnraum und weiterhin eine lebenswerte Region."

11.4 Erfolgsrezept: „Unternehmertum, Visionen und große Wachheit"

Trennung von Unternehmertum und Selbstständigkeit. Ein Erfolgsrezept seines Unternehmens ist für Marc Ulrich, dass er sich immer als Unternehmer und nicht als Selbstständiger gesehen hat und sich so auch frühzeitig operativ aus den Unternehmen herausziehen konnte.

„Für mich ist Unternehmer ein ganz anderer Beruf: Dabei verlässt Du komplett die Fachaufgabe, die beim Selbstständigen immer noch eine große Rolle spielt. Für mich ist ein Unternehmer tatsächlich jemand, der mehrere Unternehmen gründet bzw. diese produziert."

Marc Ulrich hat viele Bücher zum Unternehmertum gelesen und fragt sich dabei immer nach den wirklichen Kunden seiner Unternehmen.

„Im Endeffekt ist der Kunde eines Unternehmers immer der Nachfolger, egal ob es familiär an die Nachfolgegeneration weitergegeben wird oder es jemand kauft. Alles, was Du als Unternehmer tust, tust Du für Deine Nachfolger."

Diesem Grundsatz ist Marc Ulrich bis zur Übergabe an die neuen GeschäftsführerInnen treu geblieben und konnte erfolgreich zwei stabile Unternehmen mit mehreren starken Marken übergeben.

Visionskraft und Selbstvermarktung. Weitere Erfolgsfaktoren der letzten durch Wachstum geprägten Jahre der Neuen Werft sind nicht nur immer eine Vision vor Augen zu haben, sondern auch das erfolgreiche Vermarkten der eigenen Produkte.

> *„Ein großer Vorteil ist, wenn der Unternehmer die Visionskraft selbst mitbringt und am Ende des Tages Vermarktung und Kommunikation. Du kannst das tollste Produkt der Welt haben, aber wenn Du die PS nicht auf die Straße bringst, hast Du ein Problem."*

Wachheit bewahren. Aber nicht nur der oder die UnternehmerIn braucht all diese Fähigkeiten, wie Visionskraft, Selbstvermarktung und Agilität, sondern auch seine oder ihre Mitarbeitenden. Aus Marc Ulrichs Sicht schafft das der Unternehmer vor allem durch Vorleben.

> *„Beispielsweise während der Flüchtlingskrise haben wir damals 5t Hilfsgüter organisiert, die ich dann selbst nach Kos transportiert habe. Das haben meine Mitarbeitenden mit mir an einem Wochenende umgesetzt. Ich finde es wichtig, dass man diese Wachheit behält."*

Da Marc Ulrich über die Jahre hinweg diese „Wachheit" vorgelebt hat, ist bei den Mitarbeitenden auch ein gewisses Vertrauen erwachsen, dass in der Regel hinter allen Projekten eine gewisse Substanz mit einem Sinn steckt.

> *„Selbst in der Corona- oder Flutzeit haben Mitarbeitende wie selbstverständlich ihre Jobs gewechselt, weil sie selbst ‚wach' sind, den Sinn für Veränderungen verstehen und Teil einer tollen Crew sind."*

Fazit und Handlungsempfehlungen für UnternehmerInnen
Die Marketingflotte GmbH wird zusammen mit der Gebensfreude GmbH unter dem Dach der Neuen Werft zusammengefasst, die **starke Unternehmen und Marken** beherbergen:
  Größte Erfolgsfaktoren hierfür sind:

1. Unternehmertum leben und damit vor allem die Nachfolge vorbereiten
2. Eigene Produkte mit guter Vermarktung auf die Straße bringen
3. Agilität in Krisenzeiten und das Unmögliche wagen

4. Die Wachheit unter den Mitarbeitenden bewahren

Literatur

Rhein-Ahr Anzeiger. (20. Juni 2023). *„We AHR open"-Kampagne gewinnt German Brand Award*. Rhein-Ahr Anzeiger.

Spendenshuttle. (2023). Von. https://www.spenden-shuttle.de/jahresbericht/. Zugegriffen: 3. Juli 2023.

Pedics KG 12

Pedics (s. Tab. 12.1) ist ein Unternehmen, welches sich auf die Entwicklung und Herstellung von innovativen Medizinprodukten spezialisiert hat. Das Sanitätshaus bietet von der Erst-Beratung über die individuelle Anpassung von orthopädischen Hilfsmitteln bis hin zu individuellen Trainings oder der Versorgung zu Hause ein vielfältiges Leistungsspektrum rund um die Gesundheit (s. Abb. 12.1). Auch die additive Fertigung kommt durch den 3D-Druck von Orthesen und Prothesen zum Einsatz.

Interview mit dem Geschäftsführer von Pedics in Bad Neuenahr-Ahrweiler, Thomas Pütz am 31.08.2022 von 12.00–15.00 Uhr

12.1 Entstehungsgeschichte: „Technik, Medizin, Unternehmertum und viele Mentoren"

Vom Bauernhof zum Maschinenschlosser. Der Gründer und Geschäftsführer von Pedics und unser Gesprächspartner Thomas Pütz begann bereits mit 11 Jahren auf einem Bauernhof in der Eifel, seiner Heimatregion, zu arbeiten.

> *„Ich brauchte immer etwas zu frickeln, hatte eine eigene Werkstatt. Da bot mir ein Landwirt Arbeit an. Dort konnte ich Trecker fahren und lernte sie auch zu reparieren."*

Im Laufe der Zeit durfte Thomas Pütz immer eigenständiger Traktoren umbauen oder restaurieren. Er lernte schweißen, drehen und fräsen. Ein Maschinenbauunternehmen wurde auf seine Fähigkeiten aufmerksam und bot ihm eine Ausbildung als Maschinenschlosser an.

Tab. 12.1 Fakten Pedics KG

Gründung	2017	**Mitarbeiteranzahl**	14 (2022)
Generation	1	**GeschäftsführerInnen**	Thomas Pütz
Branche	Einzelhandel mit Medizinprodukten	**(Globale) Standorte**	Bad Neuenahr, Ahrweiler, Sinzig, Bonn, Rheinbach
Produkte	Verschiedenste orthopädische und medizinische Hilfsmittel, wie Orthesen, Prothesen, Bandagen, Einlagen etc., sowie Beratung und Training		

Abb. 12.1 Thomas Pütz mit Mitarbeitenden vor seiner ersten Pedics Filiale in Bad Neuenahr kurz nach der Flut. (Mit freundlicher Genehmigung von © Pedics KG [2023]. All Rights Reserved)

„Vorher machte ich aber noch ein Praktikum auf Wunsch meines Vaters bei einer Bank. Aber das war einfach nichts für mich. Das Kunstschmiedepraktikum wiederum war toll, aber da gab es zu dieser Zeit keinen Ausbildungsplatz."

Somit verband Thomas Pütz seine Maschinenschlosserausbildung mit der Liebe zum Metall und erhielt durch seine Gesellenstücke während seiner Ausbildung verschiedene Auszeichnungen. Danach arbeitete er noch einige Monate im Ausbildungsunternehmen, bis dieses Insolvenz anmelden musste. Das war eine prägende Erfahrung für Thomas Pütz.

„Das war schon in jungen Jahren eine wirtschaftlich schwierige Situation, weil ich komplett eigenständig war. Aber die Zeit, einmal nur für das nötigste Geld zu haben, hat mich sehr geprägt und geformt. Ich habe gelernt, irgendwie geht es immer wieder weiter."

12.1 Entstehungsgeschichte: „Technik, Medizin, Unternehmertum

Die Liebe zur Medizin. Das tat es tatsächlich, denn glücklicherweise fand Thomas Pütz zeitnah eine Zivildienststelle an der Uniklinik in Bonn auf der chirurgischen Intensivstation – eine Erfahrung, die sein zukünftiges Interesse an der Medizin wecken sollte.

> *„Mich hat die Medizin so interessiert, dass ich viele Bücher gelesen habe und sicher war, eine Ausbildung zum Krankenpfleger zu machen. Aber das redeten die Ärzte mir aus."*

So kam es, dass Thomas Pütz noch während seines Zivildienstes begann, sein Abitur in der Abendschule nachzuholen. Nach dem Zivildienst musste er sich zunächst *„traurig von der Medizin verabschieden"* und nahm die nächstbeste Arbeitsstelle an, um Geld zu verdienen. Anfang der 2000er Jahre mit 21 Jahren startete Thomas Pütz als CNC-Programmierer bei Gifa in Hennef – einer Firma, die Extruder-Schnecken für die Kunststoffindustrie herstellt. In nur wenigen Monaten hatte er die Werkstattleitung inne und 15 Mitarbeitende.

> *„Zwischen mir und den Mitarbeitern war ein ganz schöner Altersunterschied. Aber ich habe mir keine blutige Nase geholt, denn diese Feinfühligkeit mit Menschen auf Augenhöhe zu kommunizieren, das hatte mir der Landwirt beigebracht."*

Die Liebe zum Risiko und das Problem mit der Langeweile. Da Thomas Pütz sehr erfolgreich für Gifa gearbeitet hatte, bot sein damaliger Chef ihm die Unternehmensübernahme an. Das lockte den jungen 21-jährigen Pütz.

> *„Diesen Mut zum Risiko und Verändern hatte ich schon damals. Da hatte ich Blut geleckt und es hat in mir gekocht. Aber mein Vater riet mir ab und da habe ich noch auf ihn gehört."*

So entschied sich Thomas Pütz gegen die Übernahme und fand eine attraktive Stelle bei GKN Sinter Metals, einem Metallverarbeitungsunternehmen in Bonn, sodass er bei Gifa kündigte. Sein damaliger Chef ließ ihn gehen.

> *„Das war ein Unternehmer vom alten Schlag. Er hat mich mit Freude gehen lassen und hat gesagt: ‚Ich lass Dich laufen. Geh auf die weite Bühne. Gib Gas!' Es gibt wenige magische Momente in meinem Leben. Das war einer davon."*

Bei GKN, dem weltweit größten Hersteller von Präzisionsbauteilen aus Metallpulver mit mehr als 6.500 Mitarbeitenden in 30 Niederlassungen, erfuhr Thomas Pütz erstmals die Auswirkungen der Größe eines Unternehmens auf Strukturen, Hierarchien und die Arbeitstätigkeiten an sich.

> *„Ich habe im untersten Segment angefangen, musste mich stark unterordnen. Aber das hat mir eine gewisse Resilienz gegeben und gelehrt, dass ich mich nur um meine eigene Motivation kümmern muss. Und da ich ein großes Problem mit Langeweile habe, musste ich die nur*

beseitigen. Ich habe die Effizienz so vorangetrieben, dass ich schnell dieselbe Arbeit in einem Drittel der Zeit geschafft habe."

Während der Arbeit bei GKN machte Thomas Pütz noch nebenher seinen Metallbaumeister in Hamburg und wurde somit mit 23 Jahren jüngster Meister in Norddeutschland.

Fügungen und Mentoren. Dass sich viele Dinge durch Zufall fügen, hatte Thomas Pütz bis zu diesem Zeitpunkt gelernt und auch von vielen Mentoren, wie beispielsweise dem Landwirt und seinem ehemaligen Chef bei Gifa, profitiert. Dies sollte auch bei GKN wieder so passieren. Denn eines Tages lief der damalige Werkleiter und bis 2016 Vizepräsident Neuentwicklungen GKN Weltweit, Toni Casellas, durch den Werkzeugbau. Toni Casellas lernte Thomas Pütz als *„wahnsinnigen Typ bei der Arbeit"* kennen und fand für ihn schließlich die richtige Position in der Vorentwicklung, wo er sich als *„einfacher Meister"* unter all den Ingenieuren gut entwickelte und man ihm nahelegte, doch noch zu studieren. So begann er mit 25 sein Studium des Wirtschaftsingenieurwesens an der RFH Köln im Abendstudium und Toni Casellas blieb bis heute sein Mentor.

„Toni hatte mein Potenzial einfach nach wenigen Sätzen erkannt, unterstützte uns immer wieder während der Flut und nennt mich heute noch Pützi."

Der Weg zurück aus der Technik zur Medizin. Während seiner Arbeit als Produkt- und Prozessingenieur in der Vorentwicklung bei GKN hatte Thomas Pütz auch immer wieder Berührungspunkte zur Medizintechnik. Beispielsweise entwickelte er bestimmte Produkte und Zubehör für Dialysegeräte oder Lordosenstützen für das PKW Interieur. Nach einem kleinen Abstecher als Vertriebsingenieur bei RWE, wo er auch wieder mit seinem *„unternehmerischen und innovativen Denken an die Grenzen eines Großkonzerns stieß"*, kündigte er mit guten Rücklagen mit dem Plan eine berufliche Neuorientierung anzustreben. Wie die Fügung es wieder wollte, rief drei Tage später ein guter Bekannter an und benötigte Unterstützung.

„Er brauchte jemanden, der ihn beim Vertrieb z. B. von Orthesen in seinem Sanitätshaus unterstützte, aber auch sein Unternehmen mit betriebswirtschaftlichem Know-how auf Vordermann brachte. Wir brachten das Sanitätshaus schließlich von 200.000 € Verlust auf 1,8 Mio. Euro Umsatz innerhalb von 24 Monaten."

Mit diesem Erfolg wurde Thomas Pütz schließlich Geschäftsführer des Sanitätshauses Sportello in Münster. Währenddessen bildete er sich kontinuierlich durch Schulungen und Fortbildungen in der Medizin weiter. Durch seine Geschäftsführer- und Vertriebstätigkeit bei Sportello baute er sich ein sehr gutes Netzwerk an Kontakten zu Kranken- und Sanitätshäusern sowie Ärzten auf.

12.1 Entstehungsgeschichte: „Technik, Medizin, Unternehmertum

> „Das waren stark verkrustete Strukturen, aber es gab auch einen Wandel in der Medizin mit vielen jungen Ärzten. Da hatte ich die Idee sozusagen, das Sanitätshaus mit der weißen Weste zu gründen, welches nur auf Qualität und zufriedenen Patienten beruht."

Zufällig begann Thomas Pütz aus Münster auch Patienten im Ahrtal zu versorgen, teilweise mehrmals in der Woche.

> „Dann sagte ein guter Arzt-Freund aus dem Ahrtal zu mir: ‚Thomas, Du musst aufmachen. Mach hier einen Laden auf.' Diese Aussage war der Startschuss für Pedics 2016!"

Der Business-Plan entstand dann mit einem guten Freund, der selbst bei der Unternehmensberatung PMPG in Köln war, ganz „old-school auf einem Bierdeckel in einer Kneipe". Daraus machte der PMPG-Berater ein „45-seitiges Business-Plan-Buch", welches Thomas Pütz bei der Bank sehr gute Dienste erwies.

> „Trotz der Wettbewerbssituation im Ahrtal hat die Kreissparkasse an mich geglaubt, denn ich hatte alles, auch mein ganzes Haus, auf eine Karte gesetzt. Die Bank sagte: ‚Wir haben alle ein gutes Gefühl bei Ihnen. Das Konzept ist schlüssig. Wir glauben daran.'"

So konnte Thomas Pütz 2017 seinen ersten Sanitätsladen in Bad Neuenahr mit 100 m² eröffnen.

> „Ich gehe gerne Risiken ein, auch existenzbedrohende Risiken. Natürlich war ich der Wahnsinnige, der im Konkurrenzgebiet ein Sanitätshaus aufmacht, aber dadurch hatte ich auch viele Pluspunkte und bin aufgefallen."

Das Markenzeichen von Pedics ist seitdem vor allem die Serviceorientierung, individuelle Kundenansprache und Patientenbehandlung. Dies war in den ersten Jahren nach der Eröffnung vollkommen an die Person Thomas Pütz geknüpft. Die ersten Mitarbeitenden, die er meist in Teilzeit einstellte, waren vor allem im Sanitätsladen tätig, während er die komplette Kundenakquise übernahm.

> „Neben meiner 24/7-Erreichbarkeit hieß das zu Anfang mindestens 14–16-h Tage und Münster zu Beginn noch am Laufen halten. Aber wie gesagt – ich mag keine Langeweile!"

Viele Firmen und die Pläne für die Zukunft. Pedics mit seinen Sanitätshäusern und Teststationen ist nicht das einzige Unternehmen, für welches sich Thomas Pütz als Geschäftsführer verantwortlich zeichnet. Hinzu kommt die Unternehmensberatung TP Ortho GmbH, die sich zum einen um die Sparte E-Commerce mit den geplanten Online-Shops kümmert. Da diese nicht auf Deutschland begrenzt sein sollen, existiert noch die TP-Ortho UK Limited, die rein für den E-Commerce ganz spezieller, weniger Produkte international tätig ist. Darüber hinaus fungiert die TP Ortho auch als Dienstleister in der Projektentwicklung.

> *"Zum Beispiel bediene ich mich der TP Ortho, wenn ich eine neue Filiale aufmache. Die TP Ortho kennt Gewerke, Projektabläufe bis hin zur Eröffnung und übernimmt alles."*

Für die Zukunft ist eine Dachorganisation geplant, die alle Unternehmen als Holding beherbergt.

12.2 Krisen oder Chancen: „Durchbeißen und Weitsicht"

Erste Krise direkt nach der Eröffnung. Die ersten Monate bis zum Winter nach der Eröffnung verliefen schleppend, denn *„die Konkurrenz schläft nicht, sondern erwacht gerade besonders, wenn ein weiterer auf den Markt kommt."* So war es auch bei Pedics und Thomas Pütz musste bereits im Winter 2017 einen hohen sechsstelligen Betrag investieren, um zu überleben.

> *"Das war für mich ganz schlimm, so stark an meine Reserven zu gehen. Ich musste mich für das Frühjahr wappnen, denn nach der Skisaison wird viel operiert. Ich hatte die Optionen, entweder in die Privatinsolvenz zu gehen oder mich da durchzubeißen."*

Durchbeißen hieß für Thomas Pütz ein gesamtes Jahr die Akquiseaktivitäten zu maximieren, indem er sechs Termine pro Tag annahm, sein Wirkgebiet durch Routing vergrößerte, volle sechs Tage arbeitete und am Sonntag den Bereitschaftsdienst in den Krankenhäusern übernahm.

> *"Von Ende 2017 bis Ende 2018 habe ich gebraucht, wieder die Füße auf den Boden zu kriegen. Danach ist die Nachfrage so rasant gewachsen, dass wir 2018 gleich den Laden vergrößern und neue Mitarbeiter einstellen durften. Das Beißen hatte sich also gelohnt!"*

Der Corona-Krise mit Voraussicht begegnet. Wer von Pedics während der Covid19-Pandemie zwischen 2020 und 2022 zunächst FFP2-Masken und später über die unzähligen Pedics-Teststationen seinen Corona-Test bezog, kann sich ausmalen, dass Thomas Pütz diese Krise als Chance begriff. Dass er in dieser Krise auch mit Weitsicht handelte, zeigt, dass er bereits vor dem Lockdown ins Maskengeschäft einstieg und seinen ersten Container mit FFP2-Masken am 14.03.2020, zwei Tage vor dem Lockdown, in Empfang nahm.

> *"Damit wurde ich plötzlich zum größten FFP2-Masken-Lieferanten in der Region, belieferte Krankenhäuser, Feuerwehr, Polizei, Kreisverwaltung usw. Sogar die Chinesen kauften von mir Masken und über die Kontakte, die ich dabei knüpfte, kam ich auch an die Corona-Tests."*

Zunächst bot Pedics kleine fahrbare Teststationen in der Region an. Mit einer durchdachten Online-Registrierung professionalisierte sich der Prozess und mit der Testpflicht im Laufe der Pandemie erhöhte sich die Nachfrage so sehr, dass Pedics in der Spitze 28 Teststationen mit mehr als 100 Mitarbeitenden betrieb und in Rheinland-Pfalz größter Anbieter wurde.

> *„Auch wenn wir das nicht geplant haben, ist es schon eine Art Geschäftsfeld geworden, weil wir heute noch für viele Groß-Events testen."*

Die Flut im Ahrtal 2021 und die Gründung des Helfershuttles. Die Geschichte über die Gründung des Helfershuttles in der Grafschaft im Kreis Ahrweiler durch Thomas Pütz und Marc Ulrich, Gründer der Marketingflotte (s. Kap. 11) wäre ein eigenes Unternehmerkapitel wert. Obwohl Thomas Pütz mit seinem Sanitätshaus in Bad Neuenahr selbst von der Flut betroffen war, war er von Tag 1 bis gut ein Jahr später in der Organisation des Helfershuttles involviert und organisierte die koordinierte Hilfe von freiwilligen Helfern aus ganz Deutschland und der Welt für das Ahrtal. In diesem Jahr schafften es Marc Ulrich und er über 125.000 Helfer ins Ahrtal zu shuttlen. Das Helfershuttle ging schließlich im Förderverein Spendenshuttle auf, zu dessen Vorsitzenden Thomas Pütz gehört und welches bis heute über 5 Mio. Euro an Spenden eingesammelt hat (Spendenshuttle, 2023).

12.3 Zukunft im Kreis Ahrweiler: „Innovativer denken"

Dem Ahrtal treu bleiben, aber auch darüber hinaus orientieren. Nach der Flut erhielt Thomas Pütz ein Kaufangebot für Pedics.

> *„Vor zwei Jahren hätte ich das sofort gemacht. Erstmal nicht mehr arbeiten und neu orientieren. Aber jetzt nach der Flut habe ich gemerkt, wie viel Power mein Team hat und wieviel es mir bedeutet."*

Die Geschäftsentwicklung gibt ihm recht. Pedics wuchs innerhalb von drei Jahren von einigen wenigen auf mehr als 80 Mitarbeitende, mit 180 Mitarbeitenden in der Spitze während des Booms der Teststationen. Die Geschäftsbereiche, in denen Thomas Pütz in der Region und speziell im Ahrtal tätig ist, möchte er gerne weiterführen, aber er orientiert sich für Folgeinvestitionen momentan außerhalb des Kreises.

> *„Die Zukunft meines Unternehmens hängt klar von der Umgebung ab. Das, was ich hier habe, mache ich weiter, keine Frage, schon alleine für meine Mitarbeiter. Aber für die weitere Expansion, passt das hier nicht mehr zu mir. Meine Power für die Zukunft liegt außerhalb."*

Schon heute versorgt Pedics PatientInnen von Leverkusen bis nach Bingen, durch die Produkte von TP-Ortho UK Limited bald auch international. Thomas Pütz würde das Bleiben wesentlich einfacher fallen, wenn der Kreis Ahrweiler sowohl für Privatpersonen als auch

Gewerbetreibende mehr attraktive Baugebiete zur Verfügung stellen könnte. Aus seiner Sicht könnten Arbeiten und Wohnen auch miteinander verbunden werden.

„Wenn wir Leben und Arbeiten in solchen Gebieten zusammen denken könnten, dann wären das Orte, die leichter Innovation zulassen und die auch nachhaltiger wären."

Es gibt noch viel zu tun im Ahrtal. Thomas Pütz hat mit seinem Engagement beim Helfer-Shuttle gezeigt, dass sein Ahrtal-Herz sehr groß ist. Aus emotionaler Sicht rät er daher allen potenziellen UnternehmerInnen ins Ahrtal zu kommen und mit ihren Geschäftsideen für wirtschaftlichen Aufschwung zu sorgen. Aus der neutralen Sicht eines Unternehmers ist er vorsichtiger.

„Wir haben momentan noch Voraussetzungen, die für Unternehmensgründungen nicht optimal sind. Immer noch zerstörte und schlechte Infrastruktur, knapper Wohnraum, hohe Kaufpreise. Dabei ist die große Anbindung zu Autobahn, Flughafen, Bahn perfekt im Ahrtal. Aber wir haben die Flutkrise noch nicht als große Chance genutzt. Daher würde ich eher abraten sich hier als Unternehmer niederzulassen, auch wenn mein Herz etwas anderes sagt."

Gesundheitsstandort Kreis Ahrweiler mit viel Potenzial. Als Gesundheits- und Medizinexperte sieht Thomas Pütz ein großes Potenzial nicht nur für den Gesundheitsstandort Bad Neuenahr, sondern für den gesamten Kreis Ahrweiler.

„Bad Neuenahr steht bereits für Gesundheit. Das, was wir hier eh haben, müssen wir wieder in Gang bringen. Dann aber nicht als Kurregion, sondern eine wahre Gesundheitsregion für den gesamten Kreis Ahrweiler denken, sozusagen das Silicon Valley der Gesundheitsbranche, mit Ärztehäusern, Ernährung, Wellness, Beauty und Lifestyle in Kombination mit Medizin."

Dieses Potenzial ist aus Thomas Pütz Sicht so groß, dass er nicht lange überlegen muss, als er dies als seinen größten Unternehmerwunsch für die Region formuliert. Für ihn ist dies kein kurzfristiges Wiederaufbauen, sondern ein langfristiges Konzept für den gesamten Kreis.

„In fünf Jahren wollen wir alles wieder aufgebaut haben, genauso wie es vorher war, das ist dumm."

Neue Wege und Innovationen für den Kreis Ahrweiler. Deswegen wünscht sich Thomas Pütz, dass der Kreis Ahrweiler auch einmal *„neue Wege denkt und geht"*. Beispielsweise hat er volles Verständnis, dass gerade beim Neu- oder Wiederaufbau einer Region wie dem Kreis Ahrweiler sehr viel Verantwortung und Aktivitäten auf der Landrätin liegen.

"Könnte man hier nicht einmal ganz neu denken und in so einer Situation ein Trio oder Duo als Landrat mit Aufgabenteilung einsetzen?"

Neben der oben erwähnten Gesundheitsregion als Innovation für eine Modellregion regt Thomas Pütz vor allem eine Fokussierung auf und ein Umdenken in der Bildung an.

"Bildung ist das wichtigste Instrument für unsere Zukunft. Vielleicht denken wir einmal weg vom zentralen Hochschulcampus hin zu Kommunenlernen und Studieren in Kleingruppen. Ein vielfältiges, innovatives Bildungsangebot im Kreis Ahrweiler könnte ich mir gut vorstellen."

12.4 Erfolgsrezept: „Voller Einsatz mit einem starken Team"

Zunächst selbst als Person kümmern. Um die Erstakquise von Krankenhaus- oder Ärztekunden kümmert sich Thomas Pütz vorwiegend selbst. Er überzeugt mit seinen Produkten nicht nur als Person, sondern mit Qualität, Service und ganzheitlicher Betrachtung.

"Zum einen war ich immer 24–7 erreichbar, zum anderen habe ich immer ein großes Lager vorgehalten. Ein Notfalllager, durch das uns Ärzte meistens schon in der Notfallambulanz kennen gelernt haben. Danach nahmen sie uns mit auf Station. 12 Monate später haben wir das ganze Krankenhaus beliefert."

Heute beschäftigt er auch Mitarbeitende im Außendienst, da er selbst vermehrt die Gesamtprojektleitung übernimmt, Strategien festlegt, Meilensteine abfragt und Budgets verteilt. Einen wichtigen Prozess, den er weiterhin intensiv begleitet, ist die Personalauswahl.

"Da wird auch viel mein Bauchgefühl abgefragt. Wenn ich nicht involviert war, haben wir viele faule Eier eingestellt. Motivierte Mitarbeiter tragen das Unternehmen. Wenn ich mich mit jemandem wohlfühle, dann ist ein bisschen Verrücktsein ok und meine Frustrationstoleranz bei Fehlern viel höher."

Momentan ist Thomas Pütz noch „sehr nahbar" für seine Mitarbeitenden und weiß auch, dass bei stetigem Wachstum der Firma, diese intensive Mitwirkung nicht mehr möglich ist.

"Wir sind gerade im Umbruch und haben deswegen jetzt einen Führungskreis etabliert. Es ist nicht für jeden Mitarbeiter einfach, dass ich nicht mehr so nahbar bin. Aber das ist der Lauf der Dinge. Wenn Du wächst, müsst Du Federn lassen. Das ist auch ein Prozess für mich selbst."

Absolute Personalorientierung. Für Thomas Pütz ist der Mitarbeitende im Zentrum und damit die wertvollste Ressource des Unternehmens, weswegen er die Personalauswahl eng betreut.

> *„Dein Konzept kann noch so schön sein. Wenn sich Deine Mitarbeiter nicht damit identifizieren, hast Du ein Problem. Wir brauchen niemanden, der nur Geld verdienen will, sondern jemanden, der mit Spaß dabei ist."*

Thomas Pütz orientiert sich dabei am wolfcraft-Modell vom Mitarbeitenden als MitunternehmerIn (s. Kap. 16). Er möchte seine Mitarbeitenden fest in die Visionen, Ziele und Produkte des Unternehmens integrieren.

> *„Deshalb erhält jeder Mitarbeiter bei uns in den ersten 24 Monaten ein großes Projekt, um sich mit der Firma zu identifizieren, um eben „mitzuunternehmern". Wenn Du Deine Mitarbeitende nicht wie Ware oder Erfüllungsgehilfen behandelst, zahlt sich das mehrfach aus."*

Das motivierte Team aus Quereinsteigern. All diese Personen zusammen sind das Team, welches aktiv an Veränderungen und Erfolgen mitwirkt.

> *„Wenn ich wieder eine verrückte Idee mitbringe, ist es immer das Team, das daraus ein Projekt oder neue Geschäftsfelder entwickelt. Wir erfinden uns gefühlt einmal im Monat neu."*

Es sind nicht immer nur die Experten, die hochmotiviert sind, sondern auch QuereinsteigerInnen, die das Gefühl für den Kunden, das Produkt oder den Markt haben.

> *„Wenn das Bauchgefühl stimmt, dann bringen Quereinsteiger ganz viel Motivation und auch viele neue Ideen mit. Wir haben Quereinsteigerinnen, die haben von heute auf morgen eine ganze Region versorgt oder jede Woche neue Kunden akquiriert. So habe ich das große Glück, dass immer neue Menschen den Weg zu mir finden, die den Laden weiterbringen."*

Am Ende beschreibt Thomas Pütz sein Team als *„Symbiose von vielen Charakteren"*, die er dank seiner *„relativ gut ausgeprägten Menschenkenntnis"* auswählen durfte.

Gute Mentoren und Ratgeber. Selbst ein erfolgreicher Unternehmer wie Thomas Pütz schafft den beschriebenen Weg nicht alleine, sondern es bedarf immer wieder Mentoren, Ratgebern und Vertrauenspersonen, die ihn auf seinem Unternehmensweg unterstützt haben.

> *„Diese Vertrauenspersonen nehmen mich aus schwierigen Situationen und Krisen heraus und helfen mir den Knoten im Kopf, z. B. durch Existenzängste, zu lösen. Da habe ich so eine Handvoll Leute, die ich fragen kann, nicht aus der Familie, sondern einfach Leute, denen ich vertraue und die mir auch Vorbild sind. Die geben mir dann die nötige Resilienz."*

> **Fazit und Handlungsempfehlungen für UnternehmerInnen**
> Pedics und im Speziellen Thomas Pütz haben durch Teststationen in der Coronazeit und das Helfershuttle in der Flutzeit bewiesen, wie aus **Krisen Chancen** entstehen können.
> Größte Erfolgsfaktoren hierfür sind:
>
> 1. Großer Einsatz als Geschäftsführer, vor allem zu Beginn und mit dem Kunden
> 2. Ständige Weiterbildung und *„Beseitigung von Langeweile"* hilft, um die Ecke zu denken und neue Wege zu gehen
> 3. Absolute Personalorientierung für Mitarbeitende als MitunternehmerInnen und Förderung von QuereinsteigerInnen
> 4. Gute Mentoren und Ratgeber für UnternehmerInnen

Literatur

Spendenshuttle. (2023). Von. https://www.spenden-shuttle.de/jahresbericht/. Zugegriffen: 3. Juli 2023.

RED Aircraft 13

Das Unternehmen RED Aircraft (s. Tab. 13.1), eine Marke der Raikhlin Aircraft Engine Developments GmbH, hat sich seit 2008 in Adenau der Entwicklung von Technologien für zukünftige Antriebssysteme in der allgemeinen Luftfahrt verschrieben. Ziel ist es, sparsamere und emissionsarme Flugmotoren auf den Markt zu bringen, welche den hohen Standards der Betriebssicherheit der Luftfahrt entsprechen (s. Abb. 13.1). Damit hat sich RED Aircraft als Nischenunternehmen einen weltweiten Ruf erarbeitet (SWR aktuell, 2022).

Interview mit dem Geschäftsführer der RED Aircraft, Jürgen Schwarz am 12.07.2022 von 12.15–13.45 Uhr

13.1 Entstehungsgeschichte: „Entwicklung und Management – jedem seine Kompetenz"

Der Entwickler und Gründer. Bevor Vladimir Raikhlin, der Gründer und langjährige Geschäftsführer der RED Aircraft, das Herzprodukt der Firma, den RED A03, einen sparsamen und emissionsarmen Dieselflugmotor, erfand, beschäftigte er sich mit dem Tuning von Fahrzeugmotoren, vorrangig der Marke Porsche. Dies wiederum ist auf seine Motorsport-Vergangenheit zurückzuführen, in welcher er in der der Formel 1-Rennserie mit Toyota zusammenarbeitete.

> *„Irgendwann ist die Idee geboren einen Luftfahrtmotor nach dem Diesel-Prozess zu entwickeln. Aber nicht wie unsere Marktbegleiter, die einfach einen Automotor umgebastelt haben, sondern er hat wirklich ein neues Produkt auf weißem Blatt Papier gezeichnet mit allen Spezifika, die die Luftfahrtindustrie so mit sich bringt."*

Tab. 13.1 Fakten RED Aircraft

Gründung	2008	Mitarbeiteranzahl	35 (2022)
Generation	1	GeschäftsführerInnen	Jürgen Schwarz
Branche	Motorenbau	(Globale) Standorte	Adenau
Produkte	Diesel-Flugmotoren		

Abb. 13.1 Integration eines RED-A03 Dieselmotors anstelle des ursprünglichen Flugzeugtriebwerks. (Mit freundlicher Genehmigung von © RED Aircraft [2023]. All Rights Reserved)

Vladimir Raikhlin konnte damals kurz vor der Gründung der Firma 2008 einige gute Konstrukteure von Toyota überzeugen und abwerben, die mit ihm den Weg in die Firma gingen. Zum Beispiel akquirierte er den Konstruktionsleiter der Formel 1 für die Motoren sowie einen Spezialisten für das Regelwerk an Rennstrecken.

> „Da hatte er ein gutes Team zusammen, dass auf mehr als 30 Jahre Motorsporterfahrung zurückblickte."

Zwischen Beginn des Projektes 2008 und der Fertigstellung des ersten lauffähigen Kolbenmotors lagen nur 13 Monate. Neben dem eigentlichen Motor mussten Prüfstände und weitere Vorrichtungen gebaut werden. Gestemmt wurde diese Leistung zu Beginn mit nur 12 Mitarbeitenden. 2013 und 2014 folgten dann die Zertifizierung der Konstruktions- und Entwicklungsabteilungen für die Luftfahrt sowie die Produktzertifizierung des Motors, der damit die anspruchsvollen Zulassungsvoraussetzungen für eine Verwendung in der Luftfahrt erreicht hatte.

13.1 Entstehungsgeschichte: „Entwicklung und Management ...

Als die Motorenentwicklung von RED Aircraft begann, an eine Serienproduktion zu denken, zog sich der Vollblutentwickler Vladimir Raikhlin sukzessive aus der operativen Geschäftsführung zurück, blieb aber weiterhin Gesellschafter.

> *„Das ist nicht so seine Welt, das alles in die Serie zu überführen. Er macht für sich Entwicklungstätigkeiten und steht uns bei Bedarf mit Rat und Tat zur Seite."*

So übernahm unser Gesprächspartner und studierter Maschinenbauer Jürgen Schwarz Anfang 2021 zunächst das Vertriebsgeschäft und kurze Zeit später auch die operative Geschäftsführung. Er umschreibt seine Arbeit so:

> *„Ich bin in der glücklichen Lage, dass ich nicht mit meinem Geld agiere, sondern darf auf das Geld anderer Leute aufpassen. Daher bin ich sicher auch nicht der geborene Firmengründer, wie Vladimir Raikhlin, der ein ganz anderes Risiko in seiner Vita einging."*

Die Führungskraft. Bevor Jürgen Schwarz die Geschäftsführung der RED Aircraft übernahm, konnte er bereits eine eindrückliche Konzernhistorie vorweisen, welche ihm den Weg in die Motorenbranche ebnete. Er begann seine Laufbahn als junger Ingenieur ebenfalls im Motorsport bei der Mercedes AMG GmbH und leitete später dort die Motorenentwicklung. Mit Verantwortungen für Entwicklung und Vertrieb beim Automobilzulieferer und auch größten Motorensport-Komponentenhersteller Mahle blieb er dem Motorsport treu.

> *„So bin ich in die Luftfahrtindustrie gekommen, denn die ganzen Luftfahrtmotorenbauer waren meine Kunden."*

Da Mahle Motorsport nicht nur die Automobilindustrie, sondern auch die Luftfahrtindustrie mit Motorenkomponenten versorgte, erhielt Jürgen Schwarz gute Kontakte in die Luftfahrtindustrie und damit ein Angebot, bei Continental Aerospace Technology als Konzernentwicklungsleiter einzusteigen. Später wurde er neben der Leitung der Gesamtmotorenentwicklung auch Geschäftsführer für alle deutschen Standorte und beschäftigte sich viel mit Dieselmotoren. Durch seine langjährigen Geschäftsbeziehungen zu RED Aircraft ergab sich schließlich die Übernahme der Geschäftsleitung 2021.

> *„RED war für mich kein unbekanntes Pflaster, aber natürlich ist die Aufgabe ganz anders. Eine Firma, die man aufbauen muss im Vergleich zu einer Firma, die schon ein gewisses Level erreicht hat."*

Daher agiert Jürgen Schwarz bei RED Aircraft heute weniger als Gründer oder Familienunternehmer, sondern vielmehr als Geschäftsführung und Führungskraft, dem vor allem der Dialog in der Teamarbeit wichtig ist.

> *„Mir ist es wichtig im Dialog mit den Mitarbeitenden zu sein und vor allem eine saubere, durchgängige Kommunikation anzubieten. Wir machen das Top-Down. Wir haben hier einen Führungskreis, deren Themen dann auch durch monatliche Team-Meetings in die Mannschaft kommuniziert werden. Ich glaube die Mitarbeiter sind sehr nah dran und wissen, was die Geschäftsführung bewegt."*

In einem kleinen Unternehmen wie RED Aircraft mit 35 Mitarbeitenden ist diese durchlässige Kommunikation einfacher zu realisieren als in größeren Unternehmen. Da sich die Mitarbeitenden teilweise auch privat gut kennen, sind die Kommunikationswege kurz und die Hierarchien flach.

> *„Es ist ein Geben und Nehmen. Ich kann mich auf die Mitarbeiter verlassen, wenn ich sie mal an einem Freitagabend oder Samstag brauche. Dafür kriegen sie dann frei an einem Wochentag für einen Zahnarzttermin."*

Auch eine große Eigenverantwortung der Mitarbeitenden sowie deren Expertenausbildung ist Jürgen Schwarz wichtig.

> *„Ich habe ein bisschen Erfahrung und bin schon in viele Fettnäpfchen getreten, das ist aber das Einzige. Aber mein Team sind die Experten. Ich kann nur die Richtung vorgeben, den Rest macht das Team."*

13.2 Krisen oder Chancen: „Nach vorne schauen"

Krisen als reinigende Gewitter. Jürgen Schwarz stellt zunächst klar, dass Krisen allgegenwärtig sind und häufig sowohl viele private (*„reflektieren und an Krisen wachsen und den Horizont erweitern"*) und auch geschäftliche (*„etwas neu zu gestalten, anders zu machen und auch effizienter zu werden"*) Möglichkeiten bieten.

> *„Das hört sich vielleicht nun etwas hart an, aber manchmal helfen solche Krisen auch in Unternehmen einfach mal die Luft rauszulassen. Einfach mal zu gucken, wie weit geht denn der Anspannungsgrad wirklich. Sind wir schon auf 100 % oder sind wir immer auf 80 % gefahren und es geht durch die Krise doch noch ein Ticken mehr? Das sind so reinigende Gewitter."*

Die härteste Krise für RED Aircraft ist der russische Angriffskrieg auf die Ukraine, mit welchem traditionelle Kundenbeziehungen von einem Tag auf den anderen hinter dem Sanktionsvorhang verschwinden und somit einen wichtigen Absatzmarkt verschließt.

> *„Klar ist, dass wir jetzt eine ganz lange Zeit die Zähne zusammenbeißen müssen. Das wird keine einfache Zeit, die nächsten Monate, Jahre. Ich weiß nicht wie lange es geht und es wird*

> *uns auch einmal den Boden unter den Füßen wegreißen. Aber wir werden neue Lösungen finden und gestärkt hieraus hervorgehen. Davon bin ich überzeugt!"*

Doch gemäß dem Sprichwort „Wenn sich eine Tür schließt, öffnet sich eine andere" eröffnet sich dem Unternehmen eine unerwartete Chance, welche die bitteren Auswirkungen der Sanktionen zunächst etwas in den Hintergrund treten lässt.

Ein Motor, um dem Klimawandel und der Flugscham entgegenzutreten. Das US-amerikanische Unternehmen AMPAIRE, welches sich als langfristiges Ziel gesetzt hat, CO_2-neutrales und somit klimaneutrales Fliegen zu ermöglichen, fokussiert sich aktuell in einer Machbarkeitsstudie auf hybrid-elektrische Antriebe und nutzt hierzu den RED A03-Motor von Red Aircraft.

> *„Einer unserer neuen Kunden, AMPAIRE, in den USA kam nun auf die Idee, bei einem sehr weit verbreiteten Flugzeug in dieser Kategorie den Turboprop zu entfernen, unser Triebwerk einzubauen und mit einem Elektro-Motor und Batterie zu ergänzen."*

Interessant ist dieses Konzept vor allem für Luftfahrtanbieter bzw. Kunden, welche mit ihrer Flotte (auch) Kurzstrecken abdecken und aufgrund des Flugprofils daher in tieferen Flughöhen unterwegs sind. Strahltriebwerke (wozu ein Turboprob-Antrieb zählt) spielen ihre Wirtschaftlichkeit jedoch erst in größeren Höhen aus. Diese Triebwerke sind jedoch aufgrund der benötigten Triebwerksleistung (> 500 Wellen-PS) und ihrer technischen Zuverlässigkeit bis dato alternativlos gewesen. Hinzu kommt, dass der verwendete Treibstoff Kerosin (JET-A) vergleichsweise günstig war. Kostete der Liter Kerosin Anfang 2000 noch knapp 1 EUR, so ist er mittlerweile auf mehr als das Doppelte, zwischenzeitlich sogar vierfache, angestiegen (US Energy Information Administration, 2023).

> *„Das war und ist unsere Chance, daran mitwirken zu können, langfristig CO_2-neutrales Fliegen zu ermöglichen."*

Mit steigendem wirtschaftlichem Druck sowie die durch den Klimawandel ausgelösten Diskussionen sehen sich Flottenbetreiber und letztlich auch Flugzeughersteller gezwungen, durch die Verwendung neuer klimafreundlicherer Technologien ihren Teil zur CO_2-Reduktion beizutragen. Dass das hybride Konzept funktioniert, hat der Erstflug einer von AMPAIRE umgerüsteten Cessna Grand Caravan im November 2022 bewiesen.

> *„Rund 3.000 Cessna Caravan wurden bisher produziert. Etwas plakativ gesprochen: Diese 3.000 Flugzeuge fliegen wahrscheinlich rund 1.200.000 Flugstunden pro Jahr gewerblich bzw. im Bereich der staatlichen Daseinsvorsorge. Würde man diese Flugzeuge spontan auf den RED/AMPAIRE Antrieb umrüsten, würden rund 100 Mio. Liter Jet-A Treibstoff pro Jahr nicht verbraucht."*

Abb. 13.2 Eine DHC-2 Beaver des kanadischen Flugzeugherstellers de Havilland of Canada mit einem RED-03 Motor. (Mit freundlicher Genehmigung von © RED Aircraft [2023]. All Rights Reserved)

Mit Sealand Aviation gibt es zudem noch ein weiteres kanadisches Unternehmen, welches sich auf Wartung und Reparatur von Flugzeugen ausgerichtet hat und den Motor von RED A03-Motor ebenfalls als Alternative in einer DHC-2 DeHavilland Beaver installiert (s. Abb. 13.2).

Durch die in Summe ca. 4.000 weltweit operierenden Flugzeuge mit Umrüstpotenzial entsteht für RED Aircraft eine wirtschaftlich interessante Perspektive, welche das Unternehmen auf eine völlig neue Stufe heben würde.

> „Damit können wir uns umorientieren. Die Produktpalette erweitern. Wir sind sozusagen im Blue Ocean unterwegs. Haben keinen echten Wettbewerber außer der Turbine."

Als Prestigeobjekt ist zuletzt noch die Partnerschaft mit dem amerikanischen Flugzeughersteller Otto Aviation zu nennen, welche den in Planung befindlichen Business Jet Celera 500 mit dem Adenauer Motor ausstattet. Damit sollen zukünftig auch Transatlantikflüge mit deutlich geringerem CO_2-Fußabdruck ermöglicht werden.

> „Da unser Motor den Verbrauch auf gegebener Strecke um bis zu 50 % reduziert, sehe ich großes Potential – auch im Zuge der Klimadiskussion – für die Luftfracht."

13.2 Krisen oder Chancen: „Nach vorne schauen"

Neben diesen erwähnten größeren Herausforderungen für das Unternehmen RED Aircraft, brachten die Corona-Pandemie 2020 und die Ahrflut 2021 vergleichsweise kleine und kaum merkliche Veränderungen mit sich.

Corona und Home-Office. Obwohl RED Aircraft auch schon vor der Corona-Pandemie Home-Office und mobiles Arbeiten ermöglichte, bevorzugten es die meisten Mitarbeitenden vor Ort zu arbeiten.

> *„Unsere Firma ist eine sehr technisch orientierte Entwicklungs- und Produktionsfirma. Wir leben stark über den Dialog!"*

Home-Office wird nun auch nach Corona eher tageweise gelebt und dann vor allem, wenn komplette und sinnvolle Arbeitspakete auch von zu Hause erledigt werden können.

> *„In der Konstruktion und Planung kann man das eher machen als in den Werkstätten und der Produktion. Da können wir das überhaupt gar nicht umsetzen. Aber auch vor allem entwicklungsgetriebene Teams brauchen die Präsenz und die Diskussion."*

Jürgen Schwarz beobachtet, dass ohne Austausch in der Entwicklung auch weniger Innovation passiert.

> *„Da wir im Entwicklungsprozess nicht nur blind nach Prozess arbeiten, sondern auch hier und da improvisieren und gemeinsam kreativ sein müssen, ist das Zusammenarbeiten vor Ort wirklich sinnvoll."*

Die Flut im Juli 2021. Glücklicherweise wurde RED Aircraft von der Flutkatastrophe im Ahrtal am 14.7.2021 direkt verschont – lediglich angrenzende Wiesen wurden überflutet. Auch wenn einige Mitarbeitende mit vollgelaufenen Kellern und über Wochen ausgefallenen Strom- und Wasseranschlüssen für einige Zeit ausfielen, gab es keine Einschränkungen für die Firma.

> *„Zum Glück hat niemand sein gesamtes Haus oder die Wohnung verloren. Wir hatten über einige Zeit Einschränkungen im Verkehr, aber darauf haben wir reagiert und toi, toi, toi."*

13.3 Zukunft im Kreis Ahrweiler: „Synergien unter Unternehmern schaffen"

Der Blick von außen. Da unser Gesprächspartner und Geschäftsführer der RED Aircraft, Jürgen Schwarz, aus Baden-Württemberg kommt und auch erst seit 2021 in Adenau wohnt und arbeitet, bringt er einen gewinnbringenden Blick von „außen" in den Kreis Ahrweiler mit. Er beschreibt die Verwaltungsprozesse als funktionierend und problemlos, sowohl geschäftlich als auch privat.

> *„Ich weiß, dass Rheinland-Pfalz in vielen verwaltungstechnischen Belangen anderen Bundesländern voraus ist. Das war alles relativ unspektakulär und einfach. Daher ist es ein attraktiver Standort."*

Im Vergleich zu Baden-Württemberg fällt ihm jedoch auf, dass die Gemeinden in Rheinland-Pfalz wenig für moderne Industriegebiete tun.

> *„Ein Industriegebiet in jeder Gemeinde ist sehr charmant, denn dabei ergeben sich immer viele Synergien. Es wäre toll, wenn die Gemeinden versuchten die Unternehmen etwas mehr zu konsolidieren, um dort dann gemeinsame Kitas, Kantinen, Betriebssport etc. anzubieten. Das können wir uns als kleiner Mittelständler alleine nicht leisten."*

Die Verkehrsinfrastruktur in Adenau, in der Eifel. Die meisten Mitarbeitenden bei RED Aircraft kommen aus dem Haupteinzugsgebiet des Kreises Ahrweiler, aber auch aus dem Kölner Raum oder Rhein-Main-Gebiet.

> *„Wir haben weniger als eine Handvoll Mitarbeiter, die zu Fuß zur Firma laufen können. Die durchschnittliche Anfahrtszeit unserer Mitarbeiter ist wohl ca. 40 min. Ich würde sagen ab einer Stunde Pendelzeit mit dem Auto nimmt die Motivation in unserem Unternehmen zu arbeiten stark ab. Daher brauchen wir bei der Schwierigkeit Mitarbeitende zu finden auch dringend neue Verkehrskonzepte!"*

Früher endeten die Bahngleise kurz vor dem Unternehmen in Adenau, nach dem Wiederaufbau der durch die Flutkatastrophe entstandenen Schäden soll diese Strecke auch wieder aufgebaut und befahren werden. Allerdings zweifelt Jürgen Schwarz daran, dass sich durch die ehemals selten befahrene Strecke die Mobilität für zukünftige Mitarbeitende erheblich verbessert.

> *„Wir sollten doch schon weiterdenken. Wir diskutieren ja diesen Wandel in der Mobilität. Die junge Generation will keine Pendelzeit im Auto mehr verplempern, sondern E-Mails machen, Zeitung lesen etc. Das kann ja auch ein Bus sein, der regelmäßig fährt oder ein persönlicher Nahverkehr für ein Industriegebiet, das wie schon gesagt Synergien schaffen würde – auch in der Mobilität."*

Fachkräftemangel im Maschinenbau. Auch für RED Aircraft ist es schwierig Fachkräfte im Maschinenbau-Sektor zu finden. Zwar nutzen sie auch die Möglichkeit selbst Mitarbeitende auszubilden, z. B. an den Fräsmaschinen, aber schon die Suche nach geeigneten Auszubildenden stellt sich als schwierig dar.

Für alle Themen im Kreis Ahrweiler sieht Jürgen Schwarz einen Kernpunkt: Synergien schaffen unter den Unternehmern des Kreises:

> *„Ich wünschte mir die Ortsvorsteher würden auf uns zukommen und die Unternehmer alle mal an einen Tisch holen und fragen, was man gemeinsam tun könne. Vielleicht würden dann kleine Unternehmensbusse alle Unternehmen des Kreises anfahren."*

Der Kreis Ahrweiler und das Land Rheinland-Pfalz sind laut Jürgen Schwarz attraktive Regionen, für ihn mit Adenau und der damit verbundenen nahen Anbindung an den Nürburgring noch attraktiver.

> *„Aber daran müssen wir stetig arbeiten, damit unsere Kinder als qualifizierte Arbeitskräfte nach Ausbildung und Studium auch gerne wieder in den Kreis zurückkommen."*

13.4 Erfolgsrezept: „Pioniergeist, Optimismus und ständige Verbesserung"

Pioniergeist von Vladimir Raikhlin. Der Pioniergeist von Vladimir Raikhlin ist im Unternehmen RED Aircraft immer noch präsent. Auch wenn er als operativer Geschäftsführer im Unternehmen nicht mehr tätig ist, so fing mit seiner Erfindung *„auf der grünen Wiese"* mit komplett neuem Konzept alles an.

> *„Von dieser Entwicklungsleistung profitieren wir noch heute und auch wenn Vladimir Raikhlin nicht mehr operativ im Unternehmen tätig ist, so entwickelt er weiterhin in seiner Entwicklungsfirma und hilft uns jederzeit aus."*

Optimismus trotz einschlagender Krisen. Auch wenn mit dem Russlandgeschäft der wichtigste potenzielle Kunde von RED Aircraft wegfiel, so hat die Firma nach vorne geschaut und sich andere Absatzmärkte gesucht, in denen sie sich mit ihrem *„technischen Vorsprung"* behaupten kann, wie z. B. auf dem amerikanischen Markt. Dabei bleiben sie ihrem Qualitätsanspruch treu, fertigen jeden Motor in Handarbeit und folgen den für die Luftfahrtindustrie üblichen hohen Sicherheitsstandards.

Ständige Überzeugung und Verbesserung durch hohe Qualität. Auch wenn Jürgen Schwarz die Luftfahrtbehörden als sehr kooperativ in der Zusammenarbeit beschreibt, so sind diese gegenüber neuen Technologien doch recht konservativ.

„In der Luftfahrt ist natürlich der Sicherheitsaspekt sehr wichtig und jede neue Technologie birgt wieder potenzielle Risiken. Da setzt man lieber auf einen Motor, der 30–40 Jahre seinen Dienst getan hat, dessen Stärken und Schwächen man kennt. Aber wir bleiben dran, werden immer besser und wenn sich unser Motor bewährt, dann ist das die Zukunft!"

Fazit und Handlungsempfehlungen für Unternehmer

Die RED Aircraft kennt große und kleine Krisen, ist aber weiterhin damit erfolgreich, ihrem technisch einzigartigen Produkt **treu zu bleiben**:

Größte Erfolgsfaktoren hierfür sind:

1. Pioniergeist des Gründers und Einzigartigkeit des Produktes
2. Hartnäckigkeit und Optimismus trotz einschlagender Krisen
3. Offene Kommunikation und Dialog im Unternehmen
4. Kompetenz- und Expertenfokussierung: Der Gründer entwickelt, der Geschäftsführer führt und managed

Literatur

SWR aktuell. (2022). SWR aktuell am 20.2.2022. Von https://www.swr.de/swraktuell/rheinland-pfalz/koblenz/aircraft-in-adenau-flugzeugmotoren-aus-der-eifel-fuer-die-welt-100.html. Zugegriffen: 03. Juli 2023.

US Energy Information Administration. (2023). Von Jet fuel prices 1990–2023. https://transportgeography.org/contents/chapter5/air-transport/jet-fuel-prices/. Zugegriffen: 03. Juli 2023.

Schiele Maschinenbau GmbH

Die Schiele Maschinenbau GmbH (s. Tab. 14.1) in Niederzissen ist ein Familienunternehmen, welches aktuell in zweiter, bald in dritter Generation Maschinen und Anlagen zum Imprägnieren, Lackieren und Trocknen von Holz-, Metall- und Kunststoffoberflächen herstellt (s. Abb. 14.1). Besonders ist die große Lösungsorientierung im Technikum der Firma, in welchem gemeinsam mit Kunden an neuen Anwendungen von morgen gefeilt wird.

Interview mit der Geschäftsführerin der Schiele Maschinenbau GmbH in Niederzissen, Birgit Gros am 06.04.2022 von 9.00–11.30 Uhr

14.1 Entstehungsgeschichte: „Motto ist Machen"

Innovative Lösungen und Technikbegeisterung. Josef (*1932) und Anneliese (*1936) Schiele gründeten 1958 kurz nach ihrer Hochzeit gemeinsam einen Landmaschinenhandel mit Porsche-Diesel Niederlassung in Niederzissen und handelten auch mit Dechentreiter Mähdreschern. Als Kind der Kriegsgeneration erhielt Josef Schiele eine dreieinhalbjährige Schulbildung, besuchte danach die Landwirtschaftsschule und beendete sie mit dem staatlich geprüften Landwirt.

> „Er arbeitete auf mehreren Gütern, liebte dort aber vor allem das Tüfteln, Umbauen und Verändern von Maschinen."

Tab. 14.1 Fakten Schiele Maschinenbau GmbH

Gründung	1958	**Mitarbeiteranzahl**	69 (2023)
Generation	2./3	**GeschäftsführerInnen**	Birgit Gros, Stefan Schiele
Branche	Maschinenbau	**(Globale) Standorte**	Niederzissen
Produkte	Maschinen und Anlagen zum Imprägnieren, Lackieren und Trocknen von Holz-, Metall- und Kunststoffoberflächen		

Abb. 14.1 Lackiermaschine EasyCoater und deren Technologie der Firma Schiele. (Mit freundlicher Genehmigung von © Schiele Maschinenbau GmbH [2023]. All Rights Reserved)

Die Tüftelei machte die Firma Heinrich Lanz AG in Mannheim, die später zum US-amerikanischen Landmaschinenhersteller John Deere gehörte, auf den jungen Josef aufmerksam und bot ihm eine Stelle in ihrer Forschungs- und Entwicklungsabteilung. Hier lernte Josef die Grundlagen der Produktentwicklung und Konstruktion.

> „Seine intrinsische Motivation für innovative Lösungen und seine Technikbegeisterung waren aber auch schon vorher in ihm angelegt und verhalfen ihm auch nach der Gründung 1958 technisch weiter am Ball zu bleiben."

Als es galt, den großen Verbrauch von Imprägniermitteln zu reduzieren und für die Flexibilität beim Wechseln der Farbe beim Imprägnieren von Hölzern eine Lösung zu finden, begann Josef zu tüfteln. Er entwickelte so die erste Maschine, die den Holzbalken im Durchlauf durch Aufsprühen imprägnierte, währenddessen gegenläufige Bürsten das Imprägniermittel einmassierten und gleichzeitig das überschüssige Material herunternahmen, das dann gefiltert und wieder verwendet werden konnte.

14.1 Entstehungsgeschichte: „Motto ist Machen"

> „So hatte mein Vater bereits Anfang der 70er Jahre eine Maschine mit einem sehr ökologischen Verfahren entwickelt."

Mit seiner Erfindung auf dem eigenen Anhänger fuhr Josef Schiele auf die Messe in Hannover und stellte seine Entwicklung auf dem Freigelände aus. Mit großem Interesse der Messebesucher an seinen Entwicklungen und den ersten Aufträgen in der Tasche kehrte er nach Niederzissen zurück, ohne zu wissen, in welchen Räumlichkeiten er diese Maschinen tatsächlich bauen sollte. Ideen und Hoffnungen gab es viele, Geld nicht.

> „Aber mein Vater traute sich und baute auf der gegenüberliegenden Straßenseite einen Lagerschuppen."

So wuchs die Firma Schiele weiter. Immer mehr Kunden kamen mit neuen technischen Aufgaben- und Problemstellungen zu Josef und er fand die Lösungen. Es entstanden neue Maschinen, neue Technologien, neue Anlagen. Josef und Anneliese investierten weiter, arbeiteten und testeten die neuen Entwicklungen. Natürlich gab es auch Zeiten, in denen es mal schwieriger wurde.

> „Aber das Motto meines Vaters war immer: Zu tun, was zu tun ist. Wenn es schwierig wird, nach Lösungen suchen, aufrappeln und weiter."

Zugute kam Josef auch, dass er ein Innovator war, der selbst neue Technologien erfand oder sie sehr früh anwendete. Als in Deutschland das Faxgerät Einzug hielt, nutzten Josef und Anneliese diese Art der Kommunikation bereits seit Jahren. Diese Technikaffinität hat auch sein Sohn Stefan Schiele geerbt, der heute die Firma zusammen mit seiner Schwester Birgit Gros, unserer Gesprächspartnerin, führt:

> „Immer machen, tun, ausprobieren, Lösungen finden; so geht es weiter."

Die unfreiwillige Übernahme. 1992 ereilte die Familie Schiele ein plötzlicher Schicksalsschlag. Bei Josef Schiele wurde Krebs diagnostiziert, woran er 1993 im Alter von 61 Jahren starb. Von heute auf morgen mussten die damals 25-jährige und hochschwangere Tochter Birgit Gros und der damals 23-jährige Sohn Stefan Schiele die Firma mit 30 Mitarbeitenden übernehmen.

> „Von heute auf morgen mussten wir übernehmen. Wieder heißt es „Machen"! Ohne die treue Mannschaft hätten wir das nicht geschafft!"

Glücklicherweise waren beide Kinder zu dieser Zeit schon gut und so divers ausgebildet, dass sie sich in ihren Fähigkeiten und Kompetenzen wunderbar ergänzten. Da Birgit Gros bereits früh klar war, eine eigene Familie gründen zu wollen, absolvierte sie nach dem

Abitur das Mittelrheinmodell, um die Ausbildung zur Industriekauffrau mit dem Studium der Betriebswirtin parallel abschließen zu können. Da Bruder Stefan Schiele das Technikgen vom Vater geerbt hatte, lernte er Industriemechaniker und machte seinen Meister, sowie einen Abschluss als SPS-Programmierer. Birgit bezeichnet ihren Bruder als hochintelligent, innovativ und technikbegeistert:

> „Er hat wirklich auch nur diese praktischen Ausbildungen. Aber ich glaube, ich kenne niemanden, der einen Ingenieurabschluss hat, mit dem er nicht auf Augenhöhe sprechen kann."

Auch finanziell fielen Birgit und Stefan nicht ins gemachte Nest. Die letzte große Maschine, die Josef Schiele für die Firma Roto zum Weißlackieren von Dachfenstern konzipiert hatte, wurde nicht abgenommen, da sich die Firma Roto mit ihren französischen Kunden verkalkuliert hatte und dort niemand weißlackierte Dachfenster haben wollte. Dies führte in den ersten Jahren zur kompletten Rückabwicklung des Vertrages.

> „Wir mussten mit einem Kredit von 500.000 DM die Maschine abholen und verschrotten. Das war dann unser erster Kredit – investiert in Schrott."

Über die unfreiwillige Firmenübernahme erzählt Birgit Gros:

> „Also vom Kopf her hätte man sagen müssen, von der Ausbildung, von der Qualifikation her ein bisschen früh, um da 30 Leute zu übernehmen. Ich habe das schon oft gesagt, die Leute sind geblieben. Das war unsere Rettung! Denn ohne die Kompetenz und das Wissen der Mitarbeiter hätten wir gar nicht weitermachen können. So, dann haben wir gemacht. Und ja, auch viele Fehler, logischerweise, daraus gelernt, auch wieder aufgestanden, auch berappelt."

14.2 Krisen oder Chancen: „Den Glauben nicht verlieren"

Die Bankenkrise als größte Herausforderung bisher. Die größte Krise erlebten Birgit Gros und Stefan Schiele zur Finanzkrise 2008/09, in der es zu einem „*kompletten Absturz*" kam, da über ein halbes Jahr keine Maschine mehr bestellt und gebaut wurde. Da bis kurz vor dem Bankencrash die Auftragsbücher gefüllt waren, hatten die Mitarbeitenden ihre Urlaubskonten bis zu diesem Zeitpunkt noch nicht angetastet, was dazu führte, dass Birgit Gros und Stefan Schiele für ihre Mitarbeitenden keine Kurzarbeit anmelden konnten. In dieser schwierigen Zeit waren es auch die Mitarbeitenden, die die Firma retteten.

> „Und das Thema, was wir immer haben, das sind die Mitarbeiter. Die Innovationskraft unserer Mitarbeiter zum Geldeinsparen war schier unerschöpflich. Unglaublich kooperativ."

Zwölf ihrer Mitarbeitenden gingen auf Birgit Gros zu und boten ihr einen Urlaubsverzicht an, um den Antrag zur Kurzarbeit zu ermöglichen. Die errechnete Ersparnis von 13.000 € zahlte sie später natürlich zurück.

> „Das war keine große Zahl, aber so ein unglaublich tolles Signal, dass ich heute noch Gänsehaut bekomme. Die Liste habe ich heute noch eingeschweißt unter meiner Tastatur liegen."

Birgit Gros erzählt, dass es sich mit dieser Erfahrung jede Sekunde lohnt, sich für das Wohl der Mitarbeitenden und eine gute Unternehmenskultur einzusetzen. Neun dieser Mitarbeitenden auf dieser Liste sind heute immer noch im Unternehmen tätig.

Der Umzug ist anstrengend, bringt neue Chancen. Eine zweite Krise, die sich später als Chance erwies, war ein kleiner Mini-Unfall im Technikum des Unternehmens 2016. Als ein Relais an einer Maschine durchbrannte, zogen die Mitarbeitenden die Maschine geistesgegenwärtig in den Hof, ohne dass etwas passierte.

> „Dies war der Zeitpunkt, an dem wir die damaligen Räumlichkeiten aus Wohn-, Eltern-, Großvater-Haus und die alten Hallen infrage stellten."

Als Josef und Anneliese Schiele den Landmaschinenhandel 1958 in ihrem Elternhaus gründeten, baute Josef eine Produktionshalle an. Mit dem jährlichen Wachstum an Mitarbeitenden und Aufträgen wurde jeder Quadratmeter der bestehenden Gebäude zu Büro und Nutzfläche um- und angebaut. Die Unterbringung von Personal wurde zunehmend schwieriger. Toiletten, Parkplätze, Sozialräume sowie Fluchtwege waren nicht im ausreichenden Maße vorhanden. Zudem entstanden lange Kommunikationswege zwischen einzelnen Abteilungen. Mit dem Feuer im Technikum wurde klar, dass das Thema Arbeitssicherheit nicht mehr ausreichend gewährleistet, aber auch eine effiziente Produktion nicht möglich war. So entstand 2016 die Entscheidung für einen Neubau im Industriegebiet an der BAB-61 in Niederzissen um die Ecke.

> „2016 waren mein Bruder und ich um die 50 und wir fühlten uns eigentlich zu alt für eine solche Investition. Aber wir haben es trotzdem gemacht, weil es sinnvoll ist."

2017 wurde der Bauantrag gestellt, 2018 neu gebaut und eingezogen. Insgesamt wurden 5 Mio. Euro investiert und das Eltern- und Großelternhaus verkauft. Trotzdem wurde dieser Neubau auch zur größten Herausforderung der Firmengeschichte. Da Birgit Gros die Bauleitung selbst übernehmen und alle Details mit den Handwerkern abstimmen musste, wuchs der Berg an Arbeit bei Umzug und Umbau stetig an. Im Interview schwärmt Birgit Gros wieder von den Mitarbeitenden:

> *„Auch hier waren unsere Mitarbeiter wieder sehr stark. Sie haben sich im Vorfeld einen Kopf gemacht, wie wir das mit dem Umzug abwickeln können – wie was gepackt wird, in welcher Reihenfolge. Unser Fertigungsleiter hat zum Beispiel aus Pappe die Flächen der Maschinen ausgeschnitten, diese mit den Mitarbeitern in der zukünftigen Halle ausgelegt und geschaut, ob die Arbeitsräume passen. Sie haben somit den Umzugsprozess maßgeblich geplant."*

Mit den Krisen intensivierte sich der interne Zusammenhalt zwischen den Mitarbeitenden und es entstanden die ersten externen Kollaborationen mit Universitäten und Hochschulen. Mit dem RheinAhrCampus der Hochschule Koblenz plante Birgit die Einrichtung der neuen Büroflächen, mit der RWTH Aachen die Ausgestaltung der Produktion und Fertigung. Seit dem Umzug ging es stetig bergauf. Ob Lieferengpässe, eine Corona-Pandemie oder die Flut im Ahrtal im Juli 2021; jegliche Herausforderungen haben Birgit und Stefan zusammen mit ihrem gesamten Team seither meistern können. Der Umzug hat ebenso dazu beigetragen, weitere qualifizierte Mitarbeitende gewinnen zu können. Heute beschäftigt Schiele Maschinenbau 70 Mitarbeitende, inklusive 12 Auszubildende.

Nun steht die dritte Generation in den Startlöchern. Ein weiterer Meilenstein in der Geschichte des Familienunternehmens war der Einstieg der dritten Generation. Auch die Nachfolgeregelung brachte und bringt einige Herausforderungen mit sich, obwohl sich mit Matthias, Theresa und Philip Gros, den Kindern von Birgit Gros, bereits NachfolgerInnen gefunden haben (s. Abb. 14.2): Matthias im Entwicklungsbereich als Technischer Leiter, Theresa als kaufmännische Leitung und Philip in Zukunft als Vertriebsleiter. Da die Kinder von Stefan Schiele an der Firmenübernahme nicht interessiert sind, wird es faire Verträge zwischen allen Beteiligten geben.

> *„Vor allem mein Bruder ist ein Fan von meinen Kindern. Also das macht es dann auch einfach. Es ist für ihn nicht bitter, dass seine nicht wollen, sondern es ist für ihn eine Freude, dass meine wollen."*

Wichtig ist Birgit Gros zu betonen, dass der Spruch ihres Vaters *„Die erste Generation baut auf, die zweite erhält's, die dritte Generation macht es kaputt."* aus drei Gründen nicht auf Schiele zutreffen wird:

1. Die 3. Generation stellt sich bereits heute den Herausforderungen der Zukunft, wie z. B. der Digitalisierung des Unternehmens.
2. Die NachfolgerInnen vernetzten sich schon jetzt regional und überregional, um für den Generationenwechsel Erfahrungen zu sammeln, beispielsweise im Austausch mit anderen Unternehmensnachfolgern zweier Hidden Champions des Kreises.
3. Zu guter Letzt wären sie nicht die Kinder von Birgit Gros, wenn sie nicht ebenfalls mit großer Bodenständigkeit ausgestattet wären.

> *„Wir haben alle große Füße und mit denen stehen wir fest auf dem Boden. Geld ist mehr wert, wenn man dafür arbeiten muss."*

14.2 Krisen oder Chancen: „Den Glauben nicht verlieren"

Abb. 14.2 Die 3. Generation der Firma Schiele: Philip, Teresa und Matthias Gros. (Mit freundlicher Genehmigung von © Schiele Maschinenbau GmbH [2023]. All Rights Reserved)

In solchen Krisen hilft der Glaube an die Zukunft und das Wissen, es schon einmal erfolgreich geschafft zu haben. Vor der Finanzkrise 2008/2009 war Schiele Maschinenbau sehr erfolgreich, die Auftragsbücher waren gut gefüllt. Und obwohl der Steuerberater Birgit Gros und Stefan Schiele damals zur Insolvenz riet, blieb der Glaube an die Firma bestehen. Bestärkt in ihrem Willen wurden beide nicht nur durch die Unterstützung ihrer Mitarbeitenden, sondern auch durch die regionalen Banken und Ämter. Verbandsgemeinde, Wirtschaftsförderung, Kreisverwaltung boten immer Beistand in schwierigen Zeiten, z. B. mit Fortbildungen der Agentur für Arbeit in Kurzarbeitszeiten oder beim Neubau im Niederzissener Industriepark, welcher in kürzester Zeit entstand. Eine zusätzliche Hilfe in diesen Krisenzeiten war der persönliche Unternehmensberater der Firma, Herr Jäger, den schon Josef Schiele immer wieder zu Rate zog: *„Das war ein Peitscher!"* Der Berater und mittlerweile verstorbene Freund der Familie kümmerte sich um Finanzplanung, Controlling, Forecasting sowie Förderanträge, sodass die mutigen Entscheidungen von Birgit Gros und Stefan Schiele auch immer eine solide Basis hatten und oft als Frühwarnsystem und Grundlage für Bankgespräche galten. Außerdem nutzten Birgit Gros und Stefan Schiele Krisen auch immer zur Neuorientierung, zum Umorganisieren und Lernen:

> „Keine Aufträge zu haben, ist viel anstrengender als viele Aufträge zu haben, weil man viel mehr überlegen und eine Lösung suchen muss."

14.3 Zukunft im Kreis Ahrweiler: „Mit guter Anbindung an einen Traumstandort"

Der Traumstandort Niederzissen. Birgit schwärmt von ihrer Verbandsgemeinde im Brohltal und Niederzissen im Speziellen.

> *„Ich behaupte, die, die hier gelandet sind, sind besser organisiert, vernetzt und werden mit offenen Armen empfangen."*

Da sind zum Beispiel die Vernetzungen zwischen den UnternehmerInnen, aber auch die günstigeren Grundstücke für Firma und Mitarbeitende im Vergleich zu anderen Orten im Kreis Ahrweiler oder Städten im Allgemeinen.

> *„Schiele Maschinenbau und Niederzissen gehören zusammen. Daran werden die Krisen der letzten Jahre nichts ändern."*

Auch wenn Birgit Gros vom Status Quo ihrer Heimat schwärmt, so sehr würde sie sich auch wünschen, dass der Neu- und Wiederaufbau nach der Flut im Juli 2021 den Kreis Ahrweiler zu einem Modell- und Innovationsprojekt hinsichtlich Nachhaltigkeit, erneuerbarer Energien und Natur werden lässt. Zu einer Vorzeigeregion, welche die Trends und Maßstäbe in Deutschland für die nächsten Jahre setzt.

Energetisch autarker werden. Denn das Energiethema ist auch seit der Energiekrise und dem russischen Angriffskrieg auf die Ukraine 2022 umso wichtiger für Schiele Maschinenbau geworden. Beim Umzug 2018 wurde keine Photovoltaik-Anlage installiert. Geeigneter wäre im zugigen Niederzissener Gewerbepark die Nutzung von Windenergie. Momentan stehen diesem Vorhaben jedoch gesetzliche Bestimmungen aufgrund des zu geringen Abstands zur Nachbargemeinde im Wege.

> *„Windräder sind so eine Sache, die wir uns gut vorstellen können, wo ich auch glaube, dass der Kreis wirklich ein Statement setzen und sich auch wirklich ganz außergewöhnlich positionieren könnte. Ich glaube, momentan hat aber Vorrang, die Infrastruktur so herzustellen, dass die Leute wieder von A nach B kommen."*

Eine öffentliche Verkehrsinfrastruktur schaffen. Allerdings ist die Verkehrsinfrastruktur rund um das Schiele Maschinenbau-Areal für öffentlichen Fern- und Nahverkehr nicht erschlossen. Es gibt keine Busanbindung sowie auf der Zuwegung zum Industriegebiet keinen Bürgersteig, welches die Fortbewerbung per pedes bei bereits heute schon hohem Verkehrsaufkommen sehr gefährlich macht.

"Für junge Auszubildende oder Mitarbeitende ohne Führerschein ist die Beschäftigung im Industriegebiet in Niederzissen nur als Mitfahrer oder per Fahrrad machbar. Häufig bleibt die berufliche Mobilität der Auszubildenden an den motorisierten Eltern hängen."

Fachkräftemangel entgegenwirken. Dem allgemeinen Fachkräftemangel im Kreis Ahrweiler und darüber hinaus können Birgit und Stefan mit ihrem hochmodernen Neubau und entsprechend modern eingerichteten Arbeitsplätzen aktuell noch entgegenwirken.

"Seitdem hat sich die Qualifikation der Neueinstellungen merklich gesteigert."

Zudem bietet sich über die ansässigen Hochschulen in Remagen und Koblenz die Möglichkeit, erste Kontakte über Praktika und Abschlussarbeiten aufzubauen und so potenzielle Arbeitskräfte zu gewinnen. Der Wohnungsmarkt rund um Niederzissen ist auch angespannt, und freie Grundstücke sind auch nicht im Überfluss vorhanden. Das Einzugsgebiet der Mitarbeitenden ist von Altenahr bis in die Pellenz für ein mittelständisches Unternehmen groß. Durch die Kooperation mit den Hochschulen haben Birgit und Stefan weniger Probleme Konstrukteure zu finden. Schwieriger wird es bei Industriemechanikern und Service-Mitarbeitenden, die auf Montage fahren.

"Die Mitarbeiter aus dem Service und im Bürobereich versuchen wir uns durch eigene Ausbildung heranzuziehen. In der Produktion haben wir einen guten Ruf, dass sich unsere außergewöhnliche Unternehmenskultur schon rumgesprochen hat und wir neue Mitarbeiter finden."

14.4 Das Erfolgsrezept: „Das Miteinander"

Die Beziehung zu den Mitarbeitenden. Fragt man Birgit Gros zum Erfolgsgeheimnis des Familienunternehmens Schiele Maschinenbau, dann sind es immer Themen, welche in Beziehung zu ihren Mitarbeitenden stehen. Als wichtigste Eigenschaften von UnternehmerInnen listet sie Mut, Kreativität, Optimismus, Begeisterung, Kritikfähigkeit, Organisationstalent und Freundlichkeit auf. Mut und Optimismus beschreibt sie als *„Courage mit Verstand"*, um den Mitarbeitenden zu zeigen *„Wir schaffen das!"*. Mit Kreativität meint sie vor allem immer wieder Lösungen für Probleme zu finden – und das *„gemeinsam mit ihren Mitarbeitern"*. Birgit Gros verrät uns eines ihrer größten Credos:

"Du kannst Leute nur mitreißen, wenn Du selbst begeistert bist, Dich aber auch kritisieren lässt."

Aber auch die Zahlen im Griff zu haben, um den Mitarbeitenden zu signalisieren: *„Wir sind vorbereitet!"* Und zu guter Letzt ist es die Freundlichkeit, die Birgit Gros ausmacht, um die

"Situation der Mitarbeiter zu verstehen." Auch zu aktuellen Themen pflegen Birgit Gros und Stefan Schiele eine sehr offene Kommunikation mit ihren Mitarbeitenden, z. B. das Thema, ob Schiele Maschinenbau seine Maschinen nach Russland liefert.

> *"Es entstehen schon einmal Wertediskussionen, viele sind moralisch in der Zwickmühle: Verzichten wir auf Gehalt oder entscheiden wir pro Wirtschaftlichkeit der Firma..."*.

Die Feiern und der Karneval. Bei Schiele Maschinenbau geht es nicht nur um partizipative Wertediskussionen, sondern auch um ein starkes Miteinander. Das zeigt sich vor allem an ihrem inoffiziellen Motto (Schiele Maschinenbau, 2023): *"Wir sind Schiele, wir sind anders!"* Gerade im rheinischen Karneval ist das ganze Unternehmen dabei. Birgit Gros und ihr Mann waren von 2011–2013 Prinzenpaar.

> *"Erst war ich unsicher, wie die Mannschaft reagieren würde, aber ich war positiv überrascht. Die männlichen Mitarbeitenden standen da in Tüll-Tütüs mit selbsteingebauter Beleuchtung, Krönchen und Handtaschen unter dem Motto „Wir sind Prinzessin" – das war irre!"*

Ein wichtiger Orientierungspunkt für die Mitarbeitenden ist die obligatorische Weihnachtsfeier. Egal wie groß die Krise ist, die Weihnachtsfeier wird abgehalten. Als es nach der Finanzkrise an Weihnachten 2008 kein Geld gab, wurde selbst gekocht. Als während der Covid19-Pandemie Kontakte verboten waren, wurde jedem/r Mitarbeitenden und den Familien eine Kiste mit Essen, Trinken, Spielen, Servietten und einem Tischläufer nach Hause geschickt.

> *"Wir haben über MS Teams den Jahresrückblick abgehalten und alle acht Babys, die in den Familien während der Corona-Zeit zur Welt kamen, waren in der Präsentation dabei."*

Es war die längste Weihnachtsfeier der Firmengeschichte bis nach Mitternacht in einem Krisenjahr 2020. Alle diese Firmenfeste, wie gemeinsames Wandern, Bowlen, Grillen und vieles mehr halten die Schiele-Kultur auch vor, während und nach Krisen stabil.

Fazit und Handlungsempfehlungen für UnternehmerInnen
Bei der Schiele Maschinenbau GmbH ist trotz der vielfältigen Krisen ein großes **Miteinander** vorhanden.
  Größte Erfolgsfaktoren hierfür sind:

1. Firmenfeste zur Stärkung der Unternehmenskultur
2. Eine gute Vernetzung im räumlichen Umfeld durch regionale Ämter und Verwaltungen, aber auch befreundete UnternehmerInnen

3. Beteiligungen der Mitarbeitenden in Entscheidungen
4. Einsatz der geschäftsführenden UnternehmerInnen als Vorbild mit Mut, Verstand, Lösungsorientierung, Optimismus und Freundlichkeit

Literatur

Schiele Maschinenbau. (2023). Von Schiele Maschinenbau GmbH. https://www.schiele.de/ueber-uns/. Zugegriffen: 10. Febr. 2023.

Sprengnetter GmbH 15

Die Sprengnetter GmbH (s. Tab. 15.1) in Bad Neuenahr-Ahrweiler war bis Juli 2023 ein Familienunternehmen in zweiter Generation, welches die Kredit- und Immobilienwirtschaft durch innovative Softwarelösungen, umfassende und aktuelle Marktdaten, professionelle Dienstleistungen, Fachliteratur sowie vielfältige Seminare zur Aus- und Weiterbildung (s. Abb. 15.1) unterstützt. Seit Juli 2023 gehört die Sprengnetter GmbH zur Unternehmensgruppe Scout24.

Interview mit dem Geschäftsführer der Sprengnetter GmbH in Bad Neuenahr-Ahrweiler, Jan Sprengnetter am 18.11.2022 von 10.00–11.30 Uhr

15.1 Entstehungsgeschichte: „Theoretische Basis legt den Grundstein"

Pionier und Gestalter des Wertermittlungswesens. Hans Otto Sprengnetter erblickte 1946 in Sinzig im Kreis Ahrweiler das Licht der Welt und folgte dem damalig klassischen zweiten Bildungsweg: Nach der Volksschule absolvierte er eine Ausbildung beim Katasteramt in Sinzig, wo er in den darauffolgenden Jahren als Vermessungstechniker arbeitete und nebenher die Berufsaufbauschule in Bad Neuenahr-Ahrweiler besuchte. Mit der Fachhochschulreife in der Tasche studierte er zunächst Vermessungstechnik an der FH Mainz, bevor er 1972 sein Studium der Geodäsie mit Vertiefung Städtebau an der Universität Bonn abschloss.

> „In der Geodäsie, also der Vermessungstechnik, gibt es ganz enge Berührungspunkte zum Thema Bewertung, die eigentlich aus der Vermessung kommt."

Tab. 15.1 Fakten Sprengnetter GmbH

Gründung	1978	**Mitarbeiteranzahl**	250 (2022)
Generation	2.	**GeschäftsführerInnen**	Jan Sprengnetter
Branche	Immobilien	**(Globale) Standorte**	Sprengnetter Austria GmbH und 6 Länder-Niederlassungen u. a. in Italien und Österreich
Produkte	Seminare, Software, Literatur, Marktdaten, Karten und Grundbuchauszüge für die Immobilienbewertung, Dienstleistungen rund um die Immobilienbewertung		

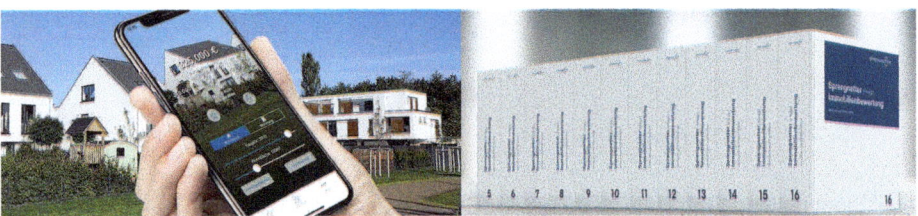

Abb. 15.1 Produkte der Firma Sprengnetter: Innovative Softwarelösungen, sowie Aus- und Weiterbildung. (Mit freundlicher Genehmigung von © Sprengentter GmbH [2023]. All Rights Reserved)

Bis 1980 war Hans Otto Sprengnetter als Hochschullehrer an den Universitäten Dortmund und Bonn tätig, wo er nicht nur Bewertungssachverständige ausbildete, sondern auch eine gesamtheitliche marktorientierte Wertermittlungstheorie entwickelte und schließlich zum Thema „mathematische Test- und Entscheidungsverfahren in der Immobilienbewertung" promovierte (AW-Wiki, 2023).

> „Das Thema Wertermittlung war in den 70er Jahren noch sehr ungeordnet und die Universität Bonn, an der mein Vater arbeitete, wurde beauftragt, Richtlinien ins Leben zu rufen. Er hat an den ersten Verordnungen tatsächlich mitgeschrieben und seine Passion entdeckt."

Die Passion von Dr. Hans Otto Sprengnetter war so groß, dass aus der 1978 ursprünglich als Stadtplanungsbüro gegründeten Firma die *Sprengnetter Immobilienbewertung* wurde, welche Dr. Sprengnetter in den folgenden Jahren nach und nach zum führenden Unternehmen für angehende und praktizierende Bewertungssachverständige weiterentwickelte (Aus- und Weiterbildung, Zertifizierung, Marktforschung, Arbeitshilfen, Lehrbücher, Kommentare, Software und Bewertungsdienstleistungen) (Sprengnetter, 2023).

> „Diesen Mut zu besitzen, aus dem öffentlichen Dienst herauszugehen und einem Thema zu folgen, an das er glaubte, war schon genial zu dieser Zeit. Zumal die Bewertungsmodelle sehr revolutionär und viele Jahrzehnte auch umstritten waren."

15.1 Entstehungsgeschichte: „Theoretische Basis legt den Grundstein"

Noch in den 70er und 80er Jahren beruhte Dr. Sprengnetters bundesweite Ausbildung von Bewertungssachverständigen auf vielen theoretischen Modellen der Wertermittlung, welche zwischenzeitlich sogar für das deutsche Wertermittlungsrecht zum Standard wurden.

> „Er hat aber schnell gemerkt, nur ausbilden reicht nicht. Die Gutachter benötigen auch Unterstützung in der täglichen Arbeit. So entwickelte er die Lehrmaterialien. Dann in den 90er-Jahren die erste Software und nebenbei arbeitete er weiter als Sachverständiger."

Nachdem es Dr. Sprengnetter in den 80er-Jahren irgendwann zu mühsam wurde, seine Seminarunterlagen kontinuierlich zu aktualisieren, entstand 1987 die erste Loseblattwerk-Sammlung „Marktdaten und Praxishilfen", die für viele Bewertungssachverständige bis heute ein Grundlagenwerk ist. Aber auch der Austausch zwischen den Sachverständigen sollte nicht zu kurz kommen, sodass Dr. Sprengnetter 1993 den Jahreskongress für Sachverständige ins Leben rief, der von damals 24 bis heute über 500 Teilnehmern anwuchs. 1996 gründete Dr. Sprengnetter eine eigene Akademie, um die Aus- und Weiterbildung von Sachverständigen zu fördern. Im gleichen Jahr kam ProSa, eine Gutachtensoftware für Sachverständige, auf den Markt.

Plattformen, Digitalisierung und europäische Produktorganisation. 2006 griff nun unser Gesprächspartner, der Sohn von Dr. Sprengnetter, Jan Sprengnetter, in das Unternehmensgeschehen ein, indem er die Sprengnetter goValue GmbH gründete.

> „Ich hatte zuvor in Trier BWL studiert und wollte eigentlich Investment-Banker werden. Das Thema der Plattformökonomie, also Player in gewissen Branchen plattformgesteuert zusammenzubringen, war Anfang 2000 en vogue. Und so ist mir am Ende des Studiums diese Idee gekommen, die von meinem Vater ausgebildeten Sachverständigen mit großen Auftraggebern zusammenzubringen."

Mit der goValue GmbH schuf Jan Sprengnetter ein bundesweites Netzwerk, welches die großen Kunden der Kreditwirtschaft mit über 800 Sachverständigen zusammenbrachte, die Objektbesichtigungen oder Gutachten im Namen der Kunden durchführten.

> „Heute würde man sagen, ich habe das Uber der Immobilienwirtschaft gegründet und wir hatten ein rasantes Wachstum."

Mit dem Umzug der Firmenzentrale von Sinzig auf den Sprengnetter-Campus (s. Abb. 15.2) in Bad Neuenahr-Ahrweiler 2016 wurde Jan Sprengnetter alleiniger Gesellschafter und Geschäftsführer – Dr. Hans Otto Sprengnetter zog sich weitestgehend aus der operativen Geschäftsführung zurück.

> „Man kann ihn immer fragen, wenn es um theoretische Fragen geht, aber operativ ist er komplett ausgestiegen."

Abb. 15.2 Sprengnetter Campus in Bad Neuenahr-Ahrweiler. (Mit freundlicher Genehmigung von © Sprengnetter GmbH [2023]. All Rights Reserved)

Seit 2016 setzt Sprengnetter neben bundesweiten Vernetzungsplattformen vor allem auf Digitalisierung. Die gesamte Software wurde ab diesem Zeitpunkt sowohl für Immobilienmakler als auch für Sachverständige und Banken webbasiert entwickelt.

> „Das war ein großer Erfolg, weil ein großer Bedarf am Markt war, Immobilien möglichst einfach automatisiert bewerten zu können."

In den letzten Jahren expandierte Sprengnetter stark in den Süden. Mit der Gründung der Niederlassungen in Slowenien, Kroatien, Bosnien, Serbien und Montenegro trieb die Firma ihre Expansion nach Südosteuropa voran. 2021 kam Sprengnetter seiner Vision „*Wir sind das Synonym für Immobilienbewertung in Europa*" noch einen Schritt näher, in dem die Firma eine Mehrheitsbeteiligung an Reopla S.r.L., einem in Turin (Italien) ansässigen führenden Anbieter von Bewertungstools und Daten erwarb.

Heute ist Sprengnetter als Holding in separate Business Units mit eigenen Geschäftsführungen unterteilt, welche mit einem starken Produktfokus über Länder hinweg agieren. Im Mai 2023 verkaufte Jan Sprengnetter 75 % des Unternehmens an Scout24, die Muttergesellschaft des größten deutschen Immobilien-Marktplatzes ImmoScout24.

15.2 Krisen oder Chancen: „Krisen für die nächste Krise nutzen"

Die Aus- und Weiterbildung als krisensicheres Geschäft. Bis Anfang der 2000er Jahre waren die Aus- und Weiterbildung von Sachverständigen für Immobilienbewertungen ein sehr konjunkturunabhängiges und solides Geschäftsmodell.

> „Treffender Satz von meinem Vater: Gestorben und geschieden wird immer. Dafür brauchst Du Immobilienbewertung."

15.2 Krisen oder Chancen: „Krisen für die nächste Krise nutzen"

Durch den Einstieg ins Plattform- und Bankengeschäft Mitte der 2000er Jahre und die kürzliche europäische Expansionen ist die Gruppe, gepaart mit der Aus- und Weiterbildung von Sachverständigen, so solide aufgestellt, dass sie krisenresilient in die Zukunft blickt.

> *„Natürlich merken auch wir die Konjunktur. Aber wenn das Geschäft mit einer unserer Zielgruppen oder einem bestimmten Produkt zurückgeht, nutzen wir eines unserer anderen Standbeine. Die Corona-Jahre beispielsweise haben dem Thema digitale Aus- und Weiterbildung für u. a. Immobilienmakler und auch Sachverständige einen immensen Schub versetzt. So konnten wir die Zeit nutzen, um unsere Kunden und natürlich auch uns fortzubilden."*

Ähnlich verhielten sich die Auswirkungen der Finanzkrise 2008 auf das Unternehmen. Obwohl sich das Plattform- und Bankengeschäft damals in extremem Wachstum befand, war die Krise kaum spürbar.

> *„Das Wachstum der neuen Bereiche war glücklicherweise so stark, dass sie vielleicht aufgrund der Finanzkrise langsamer gewachsen sind, aber wir haben das kaum gespürt."*

Der Umzug von Sinzig nach Bad Neuenahr-Ahrweiler. Aufgrund des rasanten Zuwachses an Mitarbeitenden wurden 2015 die Räumlichkeiten in Sinzig zu klein und zu unpraktisch. Obwohl Dr. Hans-Otto Sprengnetter 1978 die Firma dort gegründet hatte und seit 37 Jahren alle verfügbaren Büroobjekte kaufte oder mietete, waren schlussendlich 150 Mitarbeitende auf acht Sprengnetter-Bürostandorte in Sinzig verteilt. Weitere 50 arbeiteten zu dieser Zeit im Service-Center in Köln, etwa gleich viele in der Niederlassung in Berlin.

> *„Die Wege der Mitarbeitenden wurden immer weiter und bis morgens die Postfächer überprüft waren, das ging einfach nicht mehr. Trotzdem gab es keine Lösung von der Lokalpolitik in Sinzig. Hier hat sie einfach keinen guten Job gemacht, uns zu halten."*

Somit erwarb Sprengnetter 2015 das Gebäude der im Herbst 2013 von der Bundeswehr geräumten ehemaligen Ahrtal-Kaserne in Bad Neuenahr, begann im Herbst 2015 mit den ersten Renovierungsarbeiten und zog im Februar 2016 mit der gesamten Belegschaft um. Der neue Firmensitz bot eine Nutzfläche von 8600 m^2 Größe, wovon die Hälfte an kleine innovative Unternehmen vermietet werden sollte.

> *„In Ahrweiler hat die Politik bis zum Bürgermeister sehr stark unterstützt. Hier hat man gemerkt, die wollen uns hier haben. Es wurde viel in Bewegung gesetzt, damit wir im Herbst 2015 bereits die neuen Räumlichkeiten modernisieren konnten."*

Corona- und Ukraine-Krise 2020 und 2022. Aufgrund des diversifizierten Produktportfolios ist Sprengnetter vergleichsweise konjunkturunabhängig.

"Weil wir so breit aufgestellt sind, gibt es bezüglich unserer Geschäftsbereiche gegebenenfalls Gewinner und Verlierer im Unternehmen. Der springende Punkt ist, wie wir damit umgehen."

Der große Unterschied zwischen der Corona-Krise, die 2020 begann und dem russischen Angriffskrieg auf die Ukraine im Februar 2022 mit seinen wirtschaftlichen Folgen liegt bei Sprengnetter und dem Immobilienmarkt vor allem am sogenannten *„Nachholeffekt"*. Der Nachholeffekt im Immobilienmarkt beschreibt, dass die Immobilie, die heute nicht erstanden werden kann, trotzdem in der Zukunft gekauft wird, weil ein latentes Interesse an einem Immobilienkauf besteht.

"Ich kann mich noch gut daran erinnern: März bis Mai 2020 war wirklich Schockstarre. Keiner wusste, was das bedeutet. Ab Sommer 2020 haben wir aber gemerkt, dass alles gar nicht so schlimm ist, sodass wir sogar Ende des Jahres die Nachholeffekte hatten. 2020 war aus geschäftlicher Sicht ein gutes Jahr – trotz Corona-Pandemie!"

Da der russische Angriffskrieg auf die Ukraine eine tiefere wirtschaftliche Krise eingeleitet hat, bleibt der Nachholeffekt im Jahr 2022 für Sprengnetter voraussichtlich aus.

"Diese Krise wird nachhaltiger sein. Das merken wir im Unternehmen punktuell, können es aber immer noch durch andere Produkte ausgleichen."

Die Ahrflut im Juli 2021 mit den Learnings aus der Corona-Krise. Unser Gesprächspartner Jan Sprengnetter hätte wie viele andere Bürger des Kreises Ahrweiler nicht mit einer solchen Katastrophe gerechnet. Daher dachte er sich nichts dabei, als er am Abend des 14. Juli 2021 vereinbarte, dass das ehemalige Kasernengelände wie beim Hochwasser 2016 aufgrund seiner Lage und räumlichen Gegebenheiten als Krisenzentrum umfunktioniert werden sollte. Obwohl er selbst zu Hause sicher war, änderte sich sein Lagebild am nächsten Morgen.

"Als ich in Sinzig ganze Dachstühle die Ahr herunterschwimmen sah, war klar, dass auch die Ahr hoch eine unvorstellbare Katastrophe passiert sein musste."

Das Sprengnetter-Areal selbst wurde außer einem Wasserschaden durch das hochdrückende Wasser aus den Kanälen im Keller verschont. Der finanzielle Schaden war zwar groß, aber glücklicherweise versichert.

"In dieser Situation war es ein großes Glück, dass es die Corona-Krise vor der Flut gab. So waren wir so vorbereitet, dass alle direkt ins Homeoffice gehen konnten."

Während der Corona-Einschränkungen hatte die Corporate-IT es geschafft, alle 250 Mitarbeitende mit Laptop, VPN, Firewall und Netzwerkzugang auszustatten, sodass alle in kürzester Zeit für ein Arbeiten aus dem Homeoffice eingerichtet waren. Somit konnte der operative Betrieb bei Sprengnetter trotz des Wasserschadens reibungslos aufrechterhalten werden. Schlimmer traf es insgesamt 14 Mitarbeitende von Sprengnetter, die teilweise ihren gesamten Hausrat bis hin zu kompletten Immobilien verloren.

> *„Wir haben die betroffenen Mitarbeitenden freigestellt und finanziell wie auch seelsorgerisch unterstützt. Glücklicherweise hatten wir keine Personenschäden zu beklagen."*

Es dauerte aber von Donnerstagmorgen bis Samstag, bis der letzte Mitarbeitende kontaktiert werden konnte und sichergestellt war, dass dieses Ereignis alle Sprengnetter-Mitarbeitenden überlebt hatten.

15.3 Zukunft im Kreis Ahrweiler: „Über Bildung und gute Infrastruktur"

Unabhängig vom Standort. Aufgrund der hohen Digitalisierungsorientierung und der Struktur des Unternehmens mit seinen eigenständigen Geschäftsbereichen benötigt Sprengnetter kaum noch lokale Ressourcen und ist relativ standortunabhängig.

> *„Wir haben keinen direkten lokalen Bezug mehr. Wir könnten überall sitzen und arbeiten. Denn wir arbeiten von Ahrweiler aus bundesweit und im Ausland."*

Da die Business Units eigenständige Geschäftsführungen besitzen und konsequent nach Produkten und Zielgruppen organisiert sind, hat sich Sprengnetter zu einer starken, technologiegetriebenen, skalierbaren Produktorganisation entwickelt.

> *„Das heißt, es kann sein, dass ein Italiener für ein deutsches Produkt arbeitet oder ein Deutscher für ein italienisches Produkt. Wir wollen ein Produkt einmal bauen und dann in alle Länder ausrollen, sodass wir quasi über das Produkt skalieren."*

Durch die neuen Homeoffice-Regelungen, mit denen nur noch 10–15 % der Mitarbeitenden vor Ort auf dem Sprengnetter-Campus arbeiten, ist es Sprengnetter möglich, auch weiter über den Kreis Ahrweiler hinaus zu rekrutieren.

> *„Weit mehr als die Hälfte der Neurekrutierungen kommt außerhalb des Kreises Ahrweiler. Auch weil wir viele Spezialistenstellen für die starke Produktorientierung benötigen. Vor allem suchen wir händeringend Produktmanager, die die Produkte und Innovationen vorantreiben."*

Die große Anzahl an Home-Office-Arbeitenden lässt die Hauptgebäude von Sprengnetter nach der Corona-Krise mittlerweile verwaist aussehen.

> *„Wie viele andere digitale Firmen haben wir jetzt zu viel Platz. Auch wenn wir viele Kommunikationsflächen geschaffen haben, sparen wir unter dem Strich Flächenbedarf ein. Daher vermieten wir einiges an Fläche, die unseren Mitarbeitenden vor Ort auch zugutekommt, wie z. B. das Fitnessstudio oder das Bistro."*

Kein High-Potential Standort, aber exotisch mit Naherholung und bezahlbaren Grundstückspreisen. Provokativ fragt Jan Sprengnetter, ob der Standort Bad Neuenahr attraktiv für High Potentials aus Berlin, Hamburg, München, Wien, Zürich ist. Er antwortet selbst mit „Nein, da können wir nur mithalten, wenn sie von dort arbeiten können." Für einige Berufsgruppen ist der Kreis Ahrweiler wiederum interessant, wie beispielsweise Familien mit Kindern, die sich bis kurz vor der Flut auch noch bezahlbaren Wohnraum im Kreis Ahrweiler leisten konnten.

> *„Die Flut hat natürlich viel Wohnraum weggenommen und die Mieten steigen, weil wir eine Verknappung haben. Aber im Vergleich zu München, Berlin etc. ist hier alles einfach. Das war bis zur Flut sicherlich ein Standortvorteil."*

Auf der anderen Seite berichtet Jan Sprengnetter, dass man auf Kongressen auch mal heraussticht.

> *„Es ist immer ganz schön, wenn man so im Pitch mit seinen Wettbewerbern ist und die kommen aus Zürich, München, Frankfurt und Berlin und Du aus Bad Neuenahr-Ahrweiler. Dann ist man schon vom Standort her der Exot."*

Schließlich birgt der Kreis Ahrweiler als bekannte Wein- und Tourismusregion auch einen Vorteil für eigene Kundenveranstaltungen vor Ort.

> *„Wenn wir Kunden einladen, dann beziehen wir das Thema Wein ganz stark ein. Wir arbeiten eben hier, wo andere Urlaub machen."*

Öffentliche Verkehrsanbindung verbessern. Gemäß der Aussage von Jan Sprengnetter würden mehr Mitarbeitende am Sprengnetter-Campus vor Ort arbeiten, wenn die Verkehrsanbindung vor allem mit öffentlichen Verkehrsmitteln (ÖV), wie Bus und Bahn, besser gelöst wäre.

> *„Die ÖV-Anbindung ist für das Ahrtal ein Riesenthema. Ich habe jetzt einen Geschäftsführer aus München eingestellt. Der zieht nicht nach Bad Neuenahr, sondern nach Bonn. Der schafft es nicht mit ÖV pünktlich und zu Arbeitszeiten an den Sprengnetter-Campus. Der ist auf das Auto angewiesen. Ein Intercity-Express nach Bad Neuenahr. Das wäre mein Wunsch!"*

Mit Bildung junge Menschen locken und halten. Infrastrukturverbesserung bezieht nicht nur das öffentliche Nahverkehrsthema mit ein, sondern auch die Bildungsangebote vor Ort. Auch wenn der Kreis Ahrweiler mit dem RheinAhrCampus der Hochschule Koblenz bereits eine Hochschule für angewandte Wissenschaften vor Ort hat, sollte auch die Stadt Bad Neuenahr-Ahrweiler laut Jan Sprengnetter interessante Bildungsangebote schaffen, um eine neue Generation an diesen Standort zu locken und um dem Fachkräftemangel entgegenzuwirken.

> *„Bad Neuenahr-Ahrweiler hat ja bereits aufgrund der Alterspyramide ein Problem, die Fachstellen zu besetzen. Wie kann ich dem entgegenwirken? Bildungseinrichtungen in den Themen bauen, die hier wichtig sind: Eine Gesundheits- und Pflegeakademie oder die Weinakademie von Trier hierherholen."*

Jan Sprengnetter ist der Meinung, für solche Projekte nicht auf die Politik zu warten, sondern dass sich UnternehmerInnen, die den Bedarf nach Fachkräften haben, austauschen, kooperieren und gemeinsam sogenannte *„Hubs"* für ihren Bedarf schaffen.

> *„Würde ich einem Gründer heute empfehlen, im Kreis Ahrweiler zu gründen? Ich weiß es nicht. Aber über Bildung könnte es funktionieren. Um die Bildungseinrichtung werden Gründungen gefördert, sodass die jungen Leute erst gar nicht weggehen und bleiben. Und diese Hubs müssen von den Unternehmern getrieben werden. Die Politik kann nur die Infrastruktur bereitstellen."*

15.4 Erfolgsrezept: „Am Puls der Zeit mit Start-ups"

In Start-ups investieren, kooperieren und mit einer jungen Mannschaft am Trend bleiben. Jan Sprengnetter hat seinen damaligen Traumberuf Investmentbanker teilweise doch nicht aufgegeben. Um Technologietrends nicht zu verpassen, investiert er in Start-ups, deren Geschäftsmodelle ihn überzeugen oder welche einen Impact auf Sprengnetter selbst haben.

> *„Wenn Du ein technologiegetriebenes Unternehmen bist, passiert viel sehr schnell. Auch wenn Du BWLer bist, musst Du Dich mit der Technik beschäftigen, um zu verstehen, was möglich ist. Sonst kannst Du Dir bestimmte Geschäftsmodelle gar nicht vorstellen."*

Trotz seiner Technikaffinität kann Jan Sprengnetter allein nicht den Überblick über alle Technologietrends behalten, deren Einschätzungen sich von Generation zu Generation unterscheiden. Um die Technologietrends der jungen Generationen ins Unternehmen zu holen, wurden in den letzten Jahren vor allem auch jüngere Mitarbeitende eingestellt.

> *„Du musst auch die Firma verjüngen, damit du auch diese jungen Trends mitbekommst. Zum Beispiel nutzen die Jungen doch nur noch Voice-Messages bei WhatsApp und Du musst Dir überlegen, welchen Impact wird das auf Dein Business haben?"*

Natürlich gibt es auch viele Trends und Technologien, die sich nicht durchsetzen. Ein gutes Urteilsvermögen über Erfolg und Misserfolg von Trends und Technologien gehört nach Jan Sprengnetters Aussage auch zu einem guten Unternehmer.

> *„Also auch da habe ich viele Erfahrungen, auch negative Erfahrungen. Ich habe mal in ein Start-up investiert, die waren zehn Jahre zu früh mit ihrer Idee am Markt. Auch das gibt es."*

Die Umsetzung der neuen Technologien und Ideen bezeichnet Jan Sprengnetter als den springenden Punkt und erklärt dies am Beispiel von Künstlicher Intelligenz (KI).

> *„KI macht jetzt jeder. Mein Vater lacht sich immer kaputt und sagt: ‚Das machen wir seit 40 Jahren. Heute hast du andere Technologien und bessere Mathematik. Und die Programme, die hatten sie früher nicht. Aber an der Grundsystematik und an der Grundmethodik hat sich eigentlich nichts geändert bis heute.' KI in wirklichen echten Businessprozessen zu monetarisieren, das ist nicht so einfach."*

Daher investiert Jan Sprengnetter nicht nur in Start-ups, sondern arbeitet auch mit ihnen zusammen.

> *„Wir kooperieren auch mit vielen oder nehmen auch deren Technik, binden sie in unsere Produkte ein, also das ist schon immer bei mir im Hinterkopf."*

Leidenschaft, aber auch Management. Jan Sprengnetter beschreibt einen guten Unternehmer als *„passioniert"*, vor allem in der Anfangsphase einer Gründung und hat daher großen Respekt vor GründerInnen. Aber alle Leidenschaft nützt nichts, wenn UnternehmerInnen nicht mit den sich immer wandelnden Marktbegebenheiten durch **V**olatilität, **U**nsicherheit, **K**omplexität und **A**mbiguität (VUCA-Welt) umgehen können.

> *„Ein Unternehmer muss die Realität managen können. Und die verändert sich und ist durchaus anspruchsvoll. Sprich: Getreu dem darwinistischen Motto heißt es auch hier: anpassen oder untergehen."*

Mitarbeitende sind das A und O. Mitarbeitende sind vor allem in wissensbasierten Unternehmen wie Sprengnetter diejenigen, die für den Erfolg des Unternehmens verantwortlich sind. Daher sind für Jan Sprengnetter die Menschen im Unternehmen ein wesentlicher Erfolgsfaktor.

> *„Zunächst ist es wichtig, dass gut ausgebildete Mitarbeiterinnen und Mitarbeiter vor Ort vorhanden sind und nicht zum Engpass werden. Und wenn die High-Potentials da sind, dann fördern, fördern, fördern und binden! Das geht mit attraktiven Weiterbildungsprogrammen,*

moderner Büroausstattung und spannenden Teams und Produkten. Aber machen wir uns nichts vor: Gehalt ist immer noch Hygienefaktor Nr. 1."

> **Fazit und Handlungsempfehlungen für UnternehmerInnen**
> Die Sprengnetter GmbH ist als Digitalunternehmen vom Standort her sehr **unabhängig,** hat aber auch neue Ideen für die Region, wie beispielsweise **Bildungshubs.** Größte Erfolgsfaktoren hierfür sind:
>
> 1. Mit Start-up-Investments und -Kooperationen und modernen und technologieaffinen Mitarbeitenden am Puls der Zeit bleiben und diese in Geschäftsmodellen auch monetarisieren
> 2. Gute Mitarbeitende fördern, weiterbilden und binden
> 3. Die Realität managen: Marktgegebenheiten beobachten und dementsprechend flexibel agieren
> 4. Aus Krisen für neue Krisen lernen, sie als Chance sehen und vorbereitet sein

Literatur

AW-Wiki. (2023). Von Hans Otto Sprengnetter. https://www.aw-wiki.de/index.php/Hans_Otto_Sprengnetter. Zugegriffen: 12. Juni 2023.

Sprengnetter. (2023). Sprengnetter. Von. https://www.sprengnetter.de/ueber-uns/ueber-sprengnetter/unternehmensgeschichte/. Zugegriffen: 12. Juni 2023.

wolfcraft GmbH 16

Die wolfcraft GmbH (s. Tab. 16.1) in Kempenich ist ein Hidden Champion (Block et al., 2021) im Heim- und Handwerkermarkt. Das Unternehmen ist Hersteller und Anbieter von innovativen Werkzeugen und Elektrowerkzeug-Zubehör. Hervorzuheben ist, dass wolfcraft einer der Impulsgeber der DIY-(do-it-yourself)-Bewegung gilt, mit dem wolfcraft-Modell auch Organisationsinnovationen hervorgebracht hat und dazu mehrfach ausgezeichnet wurde.

Interview mit dem damals noch geschäftsführenden Gesellschafter der wolfcraft GmbH in Kempenich, Thomas Wolff am 19.05.2022 von 14.00–16.00 Uhr, der zum 31.12.2022 aus der operativen Geschäftsführung ausgeschieden und in den Beirat gewechselt ist

16.1 Entstehungsgeschichte: „Der Innovator aus Remscheid"

Innovation unter schwierigen Bedingungen. Als Robert Wolff am 01. Juli 1949 sein Unternehmen beim Amtsgericht in Remscheid anmeldete, hatte er bereits längere Zeit das väterliche Feilenschmied Unternehmen mit seinem Bruder Hermann geführt. Vor dem ersten Weltkrieg hatte das väterliche Remscheider Unternehmen sogar Tochtergesellschaften in England betrieben, die aber im Krieg von den Engländern konfisziert wurden.

> *„Die Familie war für das Unternehmertum schon ‚erblich vorbelastet'."*

In der Nachkriegszeit produzierten die beiden Brüder vornehmlich für die Landwirtschaft und schmiedeten beispielsweise Hacken und Mistgabeln.

Tab. 16.1 Fakten wolfcraft GmbH

Gründung	1949 in Remscheid	**Mitarbeiteranzahl**	720 (2022), 330 in Kempenich
Generation	2./3.	**Geschäftsführer**	Reinhard Wolff, Thomas Wolff
Branche	Werkzeugbau	**Globale Standorte**	>50 (73 % Auslandsgeschäft)
Produkte	Werkzeuge und Elektrowerkzeug-Zubehör für den Heim- und Handwerkermarkt		

Abb. 16.1 Das Produktportfolio von wolfcraft. (Mit freundlicher Genehmigung von © wolfcraft GmbH [2023]. All Rights Reserved)

> *„Dann sind sie mit ihren Produkten übers Land in Westfalen gefahren und haben diese gegen Lebensmittel wie Eier, Butter und Speck getauscht, um so die Familie zu ernähren."*

Aber Robert Wolff merkte, dass mehr in ihm schlummerte, dass er neue Ideen verwirklichen und angehen wollte. Obwohl er sich 1949 ohne seinen Bruder selbstständig machte, blieb er zunächst im gleichen Gebäude in Remscheid. Zum Namen „*wolfcraft*" kam es erst 1961, als Robert Wolff sich auf Werkzeuge für Heimwerker spezialisierte. Robert Wolffs Kernkompetenzen lagen zwar nicht im Maschinenbau, aber um neue Innovationen für seinen Markt zu realisieren, begab er sich auch in Themengebiete, die ihm nicht so leicht zugänglich waren.

> *„Beispielsweise fing er damals an, Werkzeuge in Blisterverpackungen zu verkaufen. Das hatte es bis dahin nur für Kosmetik oder Medikamente gegeben. Da es die Maschinen dafür nicht gab, entwickelte er sie selbst. Heute würde man sagen, er trat immer wieder aus seiner Komfortzone."*

Robert Wolff war aber nicht nur ein Innovator im Heimwerkermarkt, sondern auch in seiner eigenen Organisation, als er 1973 als einer der ersten das sogenannte „wolfcraft-Modell" entwickelte. Ein Konzept, welches Mitarbeitende zu MitunternehmerInnen machte und nicht nur am Gewinn beteiligte, sondern ihnen auch die größtmögliche Transparenz über das Unternehmen zukommen ließ, um sie für einen langfristigen Unternehmenserfolg zu begeistern und einzubinden.

> *„Dieses Konzept war revolutionär zur damaligen Zeit."*

16.1 Entstehungsgeschichte: „Der Innovator aus Remscheid"

Robert Wolff setzte sich auch über das Unternehmerische hinaus für seine Mitarbeitenden im Sozialen ein: In der betriebseigenen Sport- und Schwimmhalle förderte Robert Wolff Spiel und Sport als Ausgleich zur Erwerbsarbeit. Er wollte nie als sozialer Unternehmer gesehen werden, für ihn war es Marktwirtschaft in Form von Leistung und Gegenleistung.

Der Umzug in den Kreis Ahrweiler. Als Anfang der 60er-Jahre in der Wirtschaftswunderzeit die Arbeitskräfte und Immobilien im sehr industriell geprägten Remscheid rar wurden, versuchte Robert Wolff zunächst mit Gastarbeitenden aus Spanien sein wachsendes Unternehmen zu stützen.

> *„Ich weiß noch, ich war acht Jahre alt, als der Anruf von der IHK kam, dass am Bahnhof Spanier angekommen seien. Mein Vater kam mit vier zurück. Einer war Tierarzt aus Andalusien. Das waren die ersten Gastarbeiter."*

Die große Unterstützung der Gastarbeitenden reichte allerdings nicht aus, um den Arbeitskräftebedarf zu decken, welchen die wolfcraft GmbH aufgrund stetig wachsender Fläche für Produktion und Bürogebäude benötigte. Ein Ansiedlungsprogramm des damals noch jungen Bundeslandes Rheinland-Pfalz überzeugte Robert Wolff, sodass er 1965 mit seiner Firma nach Weibern im Kreis Ahrweiler umzog. Ausschlaggebend war, dass sich dort bereits die Remscheider Firma Herbertz angesiedelt hatte. Trotz eines Rückschlages im Jahr 1971, als ein Großteil der Firma abbrannte, entschied sich Robert Wolff Mitte der 70er Jahre in Kempenich den Standort durch den Bau einer Logistikhalle zu erweitern. Doch aufgrund der guten Auftragslage kam das Unternehmen auch hier schnell wieder an seine logistischen Grenzen.

> *„Das war dann auch so ein Beispiel für Lokalpolitik. In Weibern waren wir in einem kleinen Tal und hätten uns noch erweitern können. Aber mittendrin war ein Grundstück von 1000m², die als Bauland irgendjemandem gehörten. Der Weiberner Gemeinderat stimmte nicht zu."*

Die Konsequenz war, dass Robert Wolff 1976 sein Zentrallager im Nachbarort Kempenich bauen und einweihen ließ. 1995 wurde dann das gesamte Verwaltungsgebäude von Weibern nach Kempenich verlagert und somit zog das Unternehmen zum zweiten Mal um.

> *„1995 kamen dann Bürgermeister und Gemeinderatsabgeordnete von Weibern zur Einweihung, wollten wieder zurückrudern. Das war dann 20 Jahre zu spät."*

Seither erfolgten kontinuierlich Investitionen in Gebäudeerweiterungen am Standort in Kempenich: 2016 und 2020 jeweils neue Logistikhallen, die 1995 eröffnete Kindertagesstätte wurde 2021 vergrößert und 2022 begann der Spatenstich für das „Verwaltungsgebäude der Zukunft" (Schneider, 2022). Zudem soll das in Weibern 2018 eröffnete Schulungszentrum durch ein Museum ergänzt werden.

Die nächste Generation. Im Jahr 1982 übernahmen die Söhne Reinhard und Thomas Wolff die Leitung des Unternehmens. Obwohl neben den beiden erstgeborenen Söhnen noch weitere vier Geschwister infrage gekommen wären, war für Robert Wolff immer klar, dass lediglich zwei seiner Kinder das Unternehmen übernehmen sollten.

> *„Ich war ein kleines Kind, da hatte die Firma gerade fünf Mitarbeiter und mein Vater hat immer schon gesagt, ihr zwei übernehmt das Unternehmen. Einer macht die Technik, der andere das Kaufen. Für meinen Vater war klar, zu viele in der Leitung sind nie gut. Zwei sind gute Sparringspartner. Er musste immer alleine Entscheidungen treffen."*

Um einen Streit zwischen den Geschwistern zukünftig zu verhindern, ließ Robert Wolff alle übrigen Kinder unter Aufsicht des Steuerberaters einen Erbteilverzicht unterschreiben. *„Mein jüngster Bruder mit gesetzlichem Vertreter, denn er war noch minderjährig."* Als Ausgleich erhielt jeder der Geschwister einen kleinen prozentualen Anteil am Unternehmen und wurde außerhalb des Unternehmens entschädigt.

Ende der 80er Jahre zog sich Robert Wolff 68-jährig konsequent aus dem Unternehmen zurück, gab alle Anteile ab und verließ Geschäftsführung und Beirat.

> *„Er hat oft gesagt, dass der Rückzug eine Entscheidung des Kopfes und nicht des Herzens war. Er wusste auch nicht, ob das gut geht, aber es war sinnvoll. Die langjährigen Mitarbeiter, die zuerst lieber mit ihm sprechen wollten, hat er konsequent an uns verwiesen. Wir sind dann so reingewachsen."*

Reinhard und Thomas Wolff führten das Unternehmen schließlich über 40 Jahre über Hoch- und Krisenjahre in eine innovative Zukunft, welche durch eine stetige Erweiterung des Produktsortiments, durch Internationalisierung und Digitalisierung, durch Markenetablierung und durch Investitionen in Erweiterungsbauten gekennzeichnet war und ist. Aus der Sicht von Thomas Wolff waren diese vielfältigen Veränderungen vor allem durch die Beibehaltung der durch das wolfcraft-Modell geprägten Unternehmenskultur möglich. Mit vielen Marken- und Unternehmensführungspreisen der letzten Jahre ausgezeichnet, erzählt Thomas Wolff wie immer bescheiden:

> *„Ein großer Teil unseres Online-Geschäfts geht mittlerweile über Amazon. Und auch wenn wir dort viele chinesische Mitanbieter haben. Schlussendlich entscheiden sich die meisten für die Marke wolfcraft. Wir sind eine starke Marke."*

Mittlerweile ist unser Interviewpartner Thomas Wolff nicht mehr operativ in der Geschäftsführung, sondern nur im Beirat vertreten. Zum Zeitpunkt des Interviews 2022 hatte er sich bereits langsam auf 60 % zurückgezogen, die Unternehmensnachfolge aber bereits mit seinem Bruder sowie den jeweiligen Kindern mit Unterstützung einer externen Beratung geplant.

> *"Wir haben in den letzten Jahren mit den Kindern einige Workshops zu Unternehmensnachfolgen gemacht. Also, was heißt es Eigentümer zu sein? Welche Rollen gibt es, Geschäftsführung, Beirat, Gesellschafter? Was willst Du, was kannst Du? Usw. Dieser Prozess läuft weiter für einen kontinuierlichen Übergang."*

2020 und 2021 stiegen zwei Töchter von Reinhard Wolff ins Unternehmen ein. Bevor allerdings alle Kinder im Unternehmen ihre Führungsrollen finden, wird eine Fremdgeschäftsführung bestehend aus vier Führungskräften die Leitung von wolfcraft zwischenzeitlich übernehmen.

> *"Obwohl drei der neuen Leitung über 20 Jahre im Unternehmen sind, werden wir das aus dem Beirat begleiten. Das wird sicherlich eine Aufgabe."*

16.2 Krisen oder Chancen: „Krisenresistent mit Glück und Reflektion"

Grundsätzlich sind Werkzeuge, die wolfcraft als Konsumartikel produziert, sehr krisenresistent.

> *"Einige Herausforderungen und Krisen haben wir durch unser ständiges Innovieren auch selbst heraufbeschworen. Wir haben immer wieder Produktpaletten überarbeitet und in Krisenzeiten saßen uns die Banken im Nacken."*

Vom nationalen zum internationalen Unternehmen. Nachdem die Baumärkte Ende der 70er und Anfang der 80er Jahre ihren Boom erlebten und damit auch die Firma wolfcraft explosionsartig wuchs, kamen den neuen Geschäftsführern Reinhard und Thomas Wolff vor allem die Aufhebung der Zollschranken Ende der 80er Jahre zugute, sodass 1989 wolfcraft seine Tochtergesellschaften in Frankreich, Großbritannien, Italien, Österreich und Spanien gründete.

> *"Damit konnten wir direkt aus Kempenich nach ganz Europa liefern. Damit waren wir als kleine Mittelständler in der Lage mit Verkaufsbüros und ohne Lager vor Ort zu arbeiten. So machen wir das heute noch. Wir haben schon immer viel exportiert, aber damals wurden wir wirklich zum internationalen Unternehmen."*

Als Anfang der 90er Jahren viele Streiks und Kampagnen der Gewerkschaften zur Einführung der 35 Stundenwoche starteten, hatten viele Produktionsunternehmen Sorge um ihre Produktionskosten. Die großen Konzerne verlagerten ihre Produktion nach China oder Fernost, der kleinere Mittelstand versuchte sich in Osteuropa.

> „Wir haben damals die ersten Kontakte in die Tschechoslowakei geknüpft und aus diesen Anfängen ist dann 1990 unsere eigene Fertigungsstätte geworden, die heute der größte Standort von uns ist."

Damit auch die Unternehmenskultur nach dem wolfcraft-Modell im neuen Standort etabliert werden konnte, musste vor allem die Sprachbarriere als große Herausforderung überwunden werden. Mit einer deutschen Geschäftsführung und einem slowakischen Werkleiter vor Ort versucht die Geschäftsleitung diesem Problem entgegenzutreten.

> „Es ist definitiv nicht so einfach wie in den Verkaufsgesellschaften, wo jeder Englisch spricht."

Eine weitere Niederlassung in den USA wurde aufgrund der Bankenkrise und den damit einhergehenden Wechselkurs-Probleme 2009 geschlossen.

Die Bankenkrise war sehr einschneidend. Die Bankenkrise 2008/2009 war für das erfolgsverwöhnte Unternehmen wolfcraft ein großer wirtschaftlicher Einschnitt. Das Unternehmen musste 25 % der Belegschaft entlassen, von einer 35- auf eine 40-Stundenwoche ohne Monatsausgleich umsteigen und das Weihnachtsgeld streichen. Obwohl dies alles zügig und sozialverträglich nach Sozialplan umgesetzt wurde, bezeichnet Thomas Wolff diese Zeit für viele als „Schock".

> „Das war für die meisten der Belegschaft einmalig. Aber – und da gab uns das wolfcraft-Modell recht – es wurde von allen mitgetragen, weil die Leute informiert waren. Sie wussten das ist keine Willkür!"

Die Bankenkrise wurde auch als Phase zur Reflektion genutzt: Beispielsweise wurden Abteilungen, die im Laufe der Jahre durch Bürokratisierung ineffizient angewachsen waren, personell reduziert.

> „So waren wir auf einer gesunden Struktur, als z. B. unser Online-Geschäft das Wachstum wieder beschleunigte."

wolfcraft als Krisen-Gewinner aus Corona und Flut. In den Corona-Jahren wurde wolfcraft als Hidden Champion im Heimwerker-Markt mit 20 % Wachstum belohnt.

> „Die Baumärkte waren während der gesamten Corona-Zeit in Europa unterschiedlich geöffnet. Viele nutzten die Zeit zu Hause, um Liegengebliebenes zu reparieren und es sich schön zu machen."

Auch der Fachkräftemangel im Handwerk stützte die DIY-Branche, in der wolfcraft schon seit 2010 öfter zur bekanntesten DIY-Marke gekrönt worden war. Zusätzlich spezialisierten sich die Baumärkte auf Produkte und Sortimente, die sich auf immer komplexere Heimwerker-Projekte konzentrierten.

„Die Werkzeughersteller und Baumärkte haben bereits vor 10–15 Jahren begonnen in Projekten zu denken. Z.B. das Projekt Bodenlegen und dafür braucht man die Werkzeuge und Zutaten und diese Beschreibungen, für die wir zig How-to-Tuturials anbieten."

Grundsätzlich ist wolfcraft aus den Krisen der letzten Jahre als Gewinner hervorgegangen. Auch durch den Fachkräftemangel nach der Flut im Juli 2021 brach die DIY-Welle nicht ab, denn viele Betroffene waren zum Heimwerken gezwungen. Auch wolfcraft hatte selbst über 30 Mitarbeitende, die vom Hochwasser betroffen waren und einige Zeit ausfielen.

„Die Solidahrität im Ahrtal auch von den Unternehmern, die Mitarbeiter freigestellt haben, war einmalig und beeindruckend."

16.3 Zukunft im Kreis Ahrweiler: „Unternehmerfreundlich, mehr Zukunftsorientierung"

Infrastruktur und Standort. Thomas Wolff erklärt sich mit dem Standort in Kempenich *„sehr zufrieden"*. Durch die gute Anbindung an die A61 kommen die Spediteure gut in alle ausländischen Baumärkte. Auch die Endkundenbelieferung über die Onlineanbieter ist mit der Logistikfläche und den -partnern in Kempenich innerhalb der geforderten 24 h sehr gut möglich.

„Auch mit dem Flughafen Köln-Bonn sind wir gut angebunden und könnten auch relativ schnell weiter weg liefern."

Zwar gibt es mit den Verwaltungen auf Kreisebene immer mal wieder Hindernisse bezüglich Baugenehmigungen, aber grundsätzlich fühlt sich Thomas Wolff lokalpolitisch sehr gut unterstützt.

„Sie sind sehr bemüht, gerade was Unternehmen angeht. Man merkt, wie wichtig wir für die Region sind."

Trotzdem teilen Gemeinderäte nicht immer diesen langfristigen Blick auf die Zukunft, wie es UnternehmerInnen in ihrem Berufsleben sowie durch ihre Erfahrungen gelernt haben.

„Die Gemeinderäte fragten, was wir mit 40.000 m² wollten. Sie wollten eine Beschäftigungsgarantie, die wir noch nicht geben konnten. Z.B. haben wir uns zwischen 1970 und 1980

aufgrund des Baumarkt-Booms verzehnfacht. Da sind die Wachstumsraten heute harmlos. Da waren wir froh, dass wir Fläche hatten. Mehr Vertrauen in uns Unternehmer wäre manchmal schön."

16.4 Erfolgsrezept: „Voraussichtige Produkt- und Organisationsinnovationen"

Vom wolfcraft-Modell profitiert die Unternehmenskultur noch heute. Bei wolfcraft ist der Mitarbeitende vom Eintritt bis zu seinem Ausscheiden aus dem Unternehmen mit einem Prozentsatz seines Gehaltes am Ergebnis beteiligt. Ein wichtiges Element dieser Beteiligung ist der Anreiz zur Partizipation.

„Wenn wir uns in einer Krise, wie der Ukraine-Krise befinden, können alle nachvollziehen, wenn es mal keine Gewinnbeteiligung gibt."

MitunternehmerInnen im wolfcraft-Modell sollen nicht nur schnell sein, sondern vor allem mit Herz und Verstand arbeiten, mitdenken und sich aktiv einbringen.

„Wir haben alle das gleiche Ziel: Wir alle wollen zum langfristigen Erhalt des Unternehmens beitragen. Dann ist der Mitarbeitende auch nicht nur ein Kostenfaktor, sondern ein Mensch mit seinen Bedürfnissen, Rechten und Pflichten! Ein Mitunternehmer."

Ein weiteres Element des wolfcraft-Modells ist die Transparenz und Information. Denn nur diejenigen im Unternehmen, die über alle Zahlen, Daten und Fakten informiert sind, werden am Unternehmenserfolg überhaupt mitwirken zu können.

„Selbst an der Produktionsmaschine, die beispielsweise kaputt ist. Ich könnte, während die Instandhaltung an der Maschine arbeitet, eine Stunde Pause machen. Oder überlege mir in der Zeit, wie ich den Verschleiß der Maschine vorbeugend verhindern kann. Das geht aber nur mit Informationen, wo das Unternehmen langfristig hin will. Die Leute bei uns kennen Umsätze, Kosten, Gewinne, Hauptinvestitionen usw."

Mit der Etablierung des wolfcraft-Modells in den 70er-Jahren löste sich die Unternehmensführung vom Shareholder-Value-Ansatz und orientierte sich fortan an drei Stakeholdern: 1) Mitarbeitende, 2) Kunden und 3) Eigentümer.

„Die drei müssen in der Balance sein. Es kann mal Verschiebungen geben, aber grundsätzlich müssen alle zufrieden sein. Der Kunde ist bei uns nicht immer König und schon gar nicht der Shareholder, also wir Eigentümer."

Für diese Balance haben Reinhard und Thomas Wolff auch individuelle Ziel- oder Bonusvereinbarungen abgeschafft.

16.4 Erfolgsrezept: „Voraussichtige Produkt- und Organisationsinnovationen"

> *„Das ist so ein Nasenfaktor und nie gerecht. Dann haben einige ihr Ziel erfüllt und dann war aber das Ergebnis des Gesamtunternehmens nicht befriedigend. Das machte alles keinen Sinn. Natürlich ist das bei jetzt 750 Mitarbeitern etwas über einen Kamm geschert und manche könnten sich verstecken, aber das ist eben die Aufgabe der Unternehmer eine Kultur des Mitunternehmertums zu etablieren."*

Im wolfcraft-Modell steckt vor allem der Motivationsfaktor „Sinn zur Arbeit", denn das „Warum" des Arbeitens zu verstehen, ist für eine hohe Motivation während der Arbeit die halbe Miete.

> *„Wenn der Mitarbeiter den Sinn in seiner Arbeit erkennt, dann wird er zum Überzeugungstäter, weil er oder sie vom Sinn der Arbeit so grundlegend überzeugt ist. Das ist die tiefste Motivation, die man haben kann."*

Das soziale Unternehmen wolfcraft. Thomas Wolff bestätigt auf die Frage, was UnternehmerInnen erfolgreich macht, noch einmal das von seinem Vater initiierte und von der zweiten Generation weiter gelebte Thema: *„Mein Erfolgsfaktor als Unternehmer sind die Menschen!"* Und zum Fachkräfte- und Bewerbermangel fügt er hinzu:

> *„Warum bewerben sich die Leute? Weil sie eine gute Anzeige gelesen haben oder weil sie mit Menschen gesprochen haben, die auch hier arbeiten? Die meisten sagen: Hier ist es toll. Hier kannst Du arbeiten. Davon profitieren wir enorm!"*

Auch das Engagement des Unternehmens für seine Mitarbeitenden über das Tagesgeschäft und die Arbeit hinaus hat wolfcraft zu einem beliebten Arbeitgeber in der Region gemacht.

> *„Seit über 40 Jahren bieten wir unseren Mitarbeitern Freizeitangebote, seit 25 Jahren die Kindertagesstätte. Würden wir eine Fußballmannschaft sponsoren, hätten wir nur einen Bruchteil des Effekts. Wir investieren komplett in die Mitarbeiter. Das hat uns ein sehr positives Image verschafft."*

Dazu gehören neben einer sehr flexiblen Arbeitszeitgestaltung ebenfalls eine wettbewerbs- und zukunftsfähige Bürogestaltung, damit Mitarbeitende weiterhin gerne an den Standort kommen. Die Mitarbeitenden können sich trotzdem im Rahmen der Vereinbarungen entscheiden, auch wenn Homeoffice seit der Corona-Krise etwas häufiger praktiziert wird.

Als Unternehmer in Generationen denken. Vor allem, was Bauaktivitäten angeht, haben die Eigentümer von wolfcraft immer in Zeiträumen von Generationen gedacht und nicht nur über ein paar Jahre hinweg. Dies hat Thomas Wolff vor allem aus der Historie seiner Umzüge und Entwicklungen gelernt.

> *„Es gibt natürlich Entwicklungen, die können Sie nicht planen. Vor 10 Jahren wollten wir den Platz hier in Kempenich nutzen, um ein Feld mit Solarpanels aufzustellen. Die hätten wir heute abgerissen. Gott sei Dank haben wir dort heute unsere Logistikerweiterung gebaut, die wir dringend brauchten. Jetzt könne wir die Solarpanels aufs Dach setzen."*

Das ist ein Erfolgsrezept, welches Thomas Wolff immer wieder im Gespräch beschreibt: Den Mut zu haben, auch langfristiger (*„in Generationen"*) zu denken und dementsprechend *„für neue Zeiten"* zu investieren. Aber auch die Hartnäckigkeit und die Ausdauer zu haben an Dingen dranzubleiben.

> *„Die Innovation zieht sich wie ein roter Faden durch unser Unternehmen, das gilt für Produkte, Prozesse, Büros. Und für eine Innovation muss man an einer Idee oder Erfindung dranbleiben und Bedürfnisse verstehen, damit sie überhaupt von allen Stakeholdern gekauft oder akzeptiert wird."*

Fazit und Handlungsempfehlungen für UnternehmerInnen

Die wolfcraft GmbH profitiert auch in Krisen von einer langjährigen Unternehmenskultur, die auf dem **wolfcraft-Modell** des Gründers Robert Wolff beruht:

Größte Erfolgsfaktoren hierfür sind:

1. Hartnäckig und ausdauernd an neuen Ideen dranbleiben bis zur Innovation
2. Drei Maßnahmen des wolfcraft-Modells: 1) Information, 2) Erfolgsbeteiligung, 3) soziale Leistungen
3. Voraussichtige Nachfolgeplanung
4. Als Unternehmer in Generationen und langfristig denken

Literatur

Block, J., Moritz, A., Benz, L., & Johann, M. (2021). *Hidden Champions in Rheinland-Pfalz – Identifikation, Erfolgsfaktoren, Herausforderungen*. Studie der Uni Trier.

Schneider, H.-J. (17. Juni 2022). *Millionenschweres Vorhaben: Wolfcraft baut Büro der Zukunft in Kempenich*. Rhein-Zeitung.

Fazit 17

Krisen und KMU. Wie reagieren UnternehmerInnen kleiner und mittelständischer Unternehmen (KMUs) in Krisenzeiten auf Widrigkeiten und Unsicherheiten? Wie verhalten sich diese Unternehmen, wenn alles zusammenkommt, wie beispielsweise im Kreis Ahrweiler, wo zwischen zwei globalen Krisen, wie der Covid19-Pandemie und den Auswirkungen des Ukraine-Krieges, vom 14. auf den 15. Juli 2021 eine Flutwelle Teile der Firmengebäude mit sich riss oder Infrastruktur für lange Zeit lahmlegte? Was können andere etablierte oder auch potenzielle UnternehmerInnen von diesen besonders krisengeschüttelten KMUs lernen? Welche internen und externen Rahmenbedingungen sind wichtig, um Unternehmen in Krisenzeiten in einer Region zu unterstützen?

Die am häufigsten genannten Krisen. Die 15 Praxisberichte der namhaftesten KMUs des Kreises Ahrweiler, unter ihnen 5 Hidden Champions (Block et al., 2021) zeigen, dass alle vorgestellten Unternehmen vor allem in den letzten Jahren diverse Krisen erfahren haben. Einige wurden intensiver erlebt, andere fast nicht bemerkt. Da die Gründung dieser Unternehmen teilweise 200 Jahre zurück liegt, kann sicher gesagt werden, dass auch erhebliche Krisen vor den Lebzeiten der jetzigen GeschäftsführerInnen und EigentümerInnen geschahen. Zu den Krisen der letzten Jahre zählen die interviewten UnternehmerInnen vor allem die Finanzkrise 2008, die Covid19-Pandemie 2020, den russischen Angriffskrieg auf die Ukraine 2022, sowie die spezielle Naturkatastrophe im Ahrtal mit der Flut vom 14. auf den 15. Juli 2021. Neben diesen globalen bzw. regionalen Krisen wurden aber auch häufig allgemeinere Krisen genannt, wie die Herausforderungen durch den momentanen Fachkräftemangel oder den demographischen Wandel. Auch mit unternehmensinternen Krisen haben die befragten KMUs zu kämpfen, wie beispielsweise Nachfolgeregelungen oder durch Wachstum induzierte Firmenerweiterungen und Umzüge. Abb. 17.1 zeigt die Verteilung der am häufigsten genannten Krisen der interviewten CEOs, die sicherlich auch dem Zeitpunkt der Interviews 2022 geschuldet ist.

Abb. 17.1 Am häufigsten erwähnte Krisen der interviewten UnternehmerInnen in den Interviews des Jahres 2022

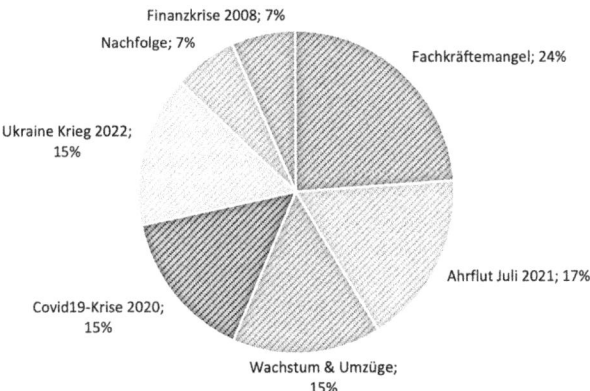

Antworten auf VUCA mit Chancenerkennung. Ausnahmslos alle UnternehmerInnen berichten vielmehr von Chancen als von Krisen. Sie finden jederzeit eine Antwort auf manchmal auch aussichtslose Herausforderungen. Eine Unternehmerin erklärt hierzu: „*Rückblickend erkennt man nur die Höhen, wenn man die Tiefs auch kennt.*" und „*Unternehmer fühlen sich ja geradezu herausgefordert, wenn es Probleme gibt, die passende Lösung dazu zu finden.*" Ein anderer Unternehmer berichtet davon, wie er und seine Mitarbeitenden bereits präventiv Herausforderungen suchen, um diese schon vor eintretenden Krisen durchgespielt zu haben. Die Erzählungen der UnternehmerInnen bestätigen die angewandte Forschung, die Antworten auf VUCA unter anderem mit *Visions (Visionen), Understanding (Verstehen), Clarity (Klarheit)* und *Agility (Agilität)* gefunden zu haben (s. Abb. 17.1).

17.1 Wie UnternehmerInnen aus Krisen Chancen ergreifen

Unternehmerisches Denken und Handeln in Krisenzeiten hilfreich. Wie schon eingangs definiert, sind UnternehmerInnen per se mit besonderer unternehmerischer Orientierung und Leidenschaft ausgestattet, besitzen meist die Fähigkeit, proaktiv nach neuen Möglichkeiten zu suchen, Risiken einzugehen und innovative Lösungen zu entwickeln. Dies zeigt sich in ihren Antworten und Erfolgsrezepten, die sie zu den Herausforderungen der letzten Jahre gefunden haben (s. Abb. 17.2).

Mit 23 % heben alle befragten UnternehmerInnen am häufigsten ihr typisches unternehmerisches Verhalten, Denken und Handeln hervor, um auf Krisen und Herausforderungen zu reagieren. Zusammenfassend kann dieses Verhalten mit Proaktivität, Mut, Innovations- und Veränderungsfähigkeit, Resilienz, Weitsicht und Reflektion beschrieben werden und entspricht in vielen Variablen somit auch der etablierten Forschung zur unternehmerischen Orientierung (Lumpkin & Dess, 2015). Alle vorgestellten Unternehmen waren Pioniere mit

Abb. 17.2 Um die Krisen zu meistern, wenden die befragten UnternehmerInnen diese Erfolgsrezepte an

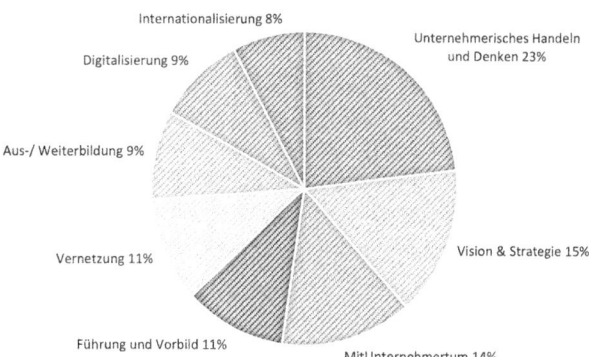

ihren Produkten oder Dienstleistungen. Unabhängig vom Gründungsjahr haben die GründerInnen dem Unternehmen einen Pioniergeist eingehaucht, der heute noch spürbar ist. Dazu gehört die **Proaktivität** – teilweise ohne Not und Problemstellung – neue Ideen auszuprobieren und in die Tat umzusetzen. Bei fast allen GründerInnen zeigt sich, dass sie ihrer Zeit voraus waren und einen großen Erfindergeist an den Tag legten. Nach der bereits erwähnten Diffusionstheorie von Rogers (Rogers, 2010) gehören sie somit zu den sogenannten InnovatorInnen, den wenigen 2,5 % der Menschheit, die Technologien früh ausprobieren und selbst erfinden. Die vorgestellten UnternehmerInnen agieren nicht nur einmalig, sondern erfinden sich immer wieder neu, meist bevor Krisen, Probleme und Herausforderungen entstehen. Es gibt unterschiedliche Herangehensweisen, Proaktivität im Unternehmen zu schaffen, wovon zwei hier Erwähnung finden sollen:

1. *In Herausforderungen denken:* Das Unternehmen möchte Herausforderungen gerade dann angehen, wenn sich die Firma in der Komfortzone und noch in keiner Krise befindet. Innerhalb der Komfortzone lässt es sich leichter innovieren als in der Panikzone.
2. *Freiräume für Proaktivität schaffen:* Sich aus dem Alltagsgeschäft Zeit für neue Ideen zu nehmen, ist häufig nicht einfach. Diese Freiräume müssen explizit geschaffen werden, sonst gehen sie unter. Feste Termine für proaktives Handeln zu schaffen, kann eine große Hilfe sein.

Sich Freiheiten zu schaffen, wo das Tagesgeschäft drückt oder Herausforderungen zu suchen, die momentan noch gar nicht existieren, verlangt von UnternehmerInnen eine große Portion **Mut** ab. Denn dann heißt es auch Entscheidungen für Investitionen in Projekte oder Ideen zu treffen, die noch nicht erprobt oder neu für den Markt sind. Sicherheiten für diese Neuerungen lassen sich kaum kalkulieren. Daher beweisen die interviewten UnternehmerInnen große Beherztheit, wenn sie sich grundsätzlich an Probleme oder Herausforderungen wagen, auch wenn diese vermeintlich zu groß sind. Sie treffen couragiert Entscheidungen und haben beschlossen „*nicht im Schock zu verharren.*" Den Grundstein für diese Entschlossenheit zur **Innovation und Veränderung** haben die GründerInnen mit ihren einzigartigen Produkten, wie Maschinen, Lebensmitteln oder Dienstleistungen gelegt. Wie auch Proaktivität und Mut zeigt sich bei allen befragten UnternehmerInnen auch Innovations- und Veränderungsfähigkeit **kontinuierlich**. Dazu gehören eine fortwährende Neugierde und Offenheit für neue Themen, Technologien, Verfahren oder Trends. Diese ständige fachliche, aber auch persönliche Weiterbildung der UnternehmerInnen hilft ihnen, um die Ecke zu denken und neue Wege zu beschreiten, teilweise sogar *„Langeweile zu beseitigen"*. Das heißt aber auch die kontinuierliche Veränderung durch neue Trends, aber auch herausfordernde Krisen anzunehmen und diesen mit Hartnäckigkeit und Optimismus zu begegnen. Die befragten UnternehmerInnen beschreiben Krisen ausnahmslos als Chancen, aus deren Fehlern sie lernen und stärker als zuvor hervorgehen konnten. Sie zeigen **Resilienz** und damit die Fähigkeit, Katastrophen oder Krisen ohne dauerhafte Beeinträchtigung zu überstehen. Natürlich war dies immer mit Ehrgeiz und Ausdauer verknüpft, aber auch mit dem Bewusstsein, dass durch die persönlichen Erfahrungen im Umgang mit Niederlagen und Misserfolgen Selbstvertrauen erwachsen würde. Dazu gehört auch immer wieder die Gewissheit, dass *„am Ende alles gut wird"*. Daher raten die krisengebeutelten UnternehmerInnen aus dem Kreis Ahrweiler vor allem mehr in die Zukunft zu schauen als in die Vergangenheit und mit **Weitsicht** langfristig, nachhaltig und in den meisten hier beschriebenen Fällen über Generationen hinweg zu denken. Dafür benötigt es die oben bereits beschriebenen Freiräume zur **Reflektion**, aber auch eine hohe Selbstreflektion der Geschäftsführenden, um sich immer wieder auf die eigentlichen Visionen, Ziele und Werte zurückzubesinnen.

Vision und Strategie unterstützen Fokus und Priorisierung. Die *Vision* wurde bereits als eine Maßnahme beschrieben, die Fokussierung in der *volatilen VUCA-Welt* zu unterstützen. Auch in diesem Buch antworten 15 % der befragten UnternehmerInnen, mit ganzheitlichen Visionen und Strategien auf die vorherrschenden Krisen der letzten Jahre reagiert zu haben. Gerade in Krisenzeiten beschreiben die GeschäftsführerInnen Visionen, Strategien und Wertegerüste als Anker, an denen sie sich selbst, aber auch die Mitarbeitenden orientieren können. Eine zusätzliche Bemerkung war in diesem Zusammenhang die Kongruenz der eigenen Vision und Strategie zu denen der Region, welche gerade bei einer regionalen Krise wie der Ahrflut besonders wichtig ist.

Mitunternehmertum – ein Konzept aus der Region. 1973 war der wolfcraft-Gründer Robert Wolff sicherlich der erste Geschäftsführende in der Region, der dieses spezielle Mitarbeitermodell des Mitunternehmers einführte, welches die drei Maßnahmen 1) Information, 2) Erfolgsbeteiligung und 3) soziale Leistungen in den Vordergrund stellt. Diese Maßnahmen stärken die Eigenverantwortung und das unternehmerische Denken und Handeln der Mitarbeitenden. Das Konzept des Mitunternehmertums fand in der Unternehmerlandschaft des Kreises Ahrweiler erfreulicherweise sehr viele Nachahmer, auch wenn nicht alle befragten UnternehmerInnen ihr Mitarbeitermodell so benennen. Dennoch bezeichnen fast alle GeschäftsführerInnen ihre Mitarbeitenden als ihren größten Vermögensgegenstand und berichten von sehr guten Erfahrungen mit der Übertragung und Förderung von Eigenverantwortlichkeit auf Führungskräfte und Mitarbeitende, vor allem in Krisenzeiten. Die Beteiligung aller Mitarbeitenden an Entscheidungen führt zu einer größeren Identifikation mit dem Unternehmen, was die Unternehmenskultur erheblich stärkt. Als Maßnahme gegen die *unsichere VUCA-Welt* zusammengefasst, lässt sich das Mitunternehmertum vor allem als *Understanding* beschreiben: Durch das Verstehen der Organisation und ihres Kontextes wird die Unsicherheit der Mitarbeitenden gemindert. Auf der einen Seite beobachten die GeschäftsführerInnen, dass so ihre MitunternehmerInnen leichter den Visionen und Strategien des Unternehmens folgen und treu bleiben können, und ein stärkerer Teamgeist entsteht. Auf der anderen Seite fällt es auch den GeschäftsführerInnen selbst leichter, ein großes Vertrauen ihren MitunternehmerInnen gegenüber zu entwickeln und beispielsweise wie nach der COVID19-Pandemie flexible Arbeitszeiten, Homeoffice und Remote Work zuzulassen. Eine nachhaltige Unternehmenskultur wird ebenso durch Firmenfeste und Betriebsfeiern geschaffen, die den Zusammenhalt jenseits des Arbeitstages stärkt. UnternehmerInnen berichten, dass dies zu zufriedeneren, motivierteren und loyaleren Mitarbeitenden führt. Neben einem solchen Mitarbeitermodell, welches die Führungs- und Unternehmenskultur festigt, hilft allerdings auch die idyllische Umgebung des Kreises Ahrweiler, die Unternehmensloyalität der Mitarbeitenden hochzuhalten.

Führung und Vorbild – mit großem Einsatz vorangehen. Mitunternehmertum bedeutet nicht das Abwälzen von Entscheidungen und unternehmerischem Denken und Handeln auf die Mitarbeitenden, sondern auch eine aktive Führungsrolle einzunehmen, indem wie oben beschrieben informiert, beteiligt und gefördert wird. 11 % der Lösungsansätze in Krisen bestehen laut den befragten UnternehmerInnen darin, mit gutem Beispiel voranzugehen und Verantwortungsbewusstsein vorzuleben. Dazu gehört vor allem in Krisenzeiten Geduld und Optimismus zu bewahren, sich aber auch über das normale Maß hinaus mit Mut, Verstand, Lösungsorientierung und Freundlichkeit einzusetzen. Gerade zu Beginn von Gründungen oder Generationenübergängen und auch bei der Akquise neuer Kunden bedeutet dies für die Geschäftsführenden einen großen Einsatz weit über die normale Arbeitszeit hinaus.

Vernetzung – allein geht in Krisenzeiten nichts mehr. Ähnlich wichtig wie das Vorbild der UnternehmerInnen war die Vernetzung in der Region und über Unternehmensgrenzen hinweg, um aus den Krisen der letzten Jahre gestärkt hervorzugehen. Die Vernetzung und der Austausch mit ExpertInnen, aber auch guten Datenbanken, die Wissen teilen, verhelfen zur *Klarheit* und sind somit Maßnahmen gegen die *komplexe VUCA-Welt*. UnternehmerInnen berichten aber auch von guten MentorInnen, RatgeberInnen oder befreundeten UnternehmerInnen, die sie anhand guter Gespräche durch die Krisen gebracht haben. Eine spannende, innovative Vernetzung und Zusammenarbeit kann auch durch Start-up-Investments und -Kooperationen entstehen, um darüber technologische Trends zu entdecken oder Geschäftsmodelle zu monetarisieren und damit Krisen zu überstehen. Die Vernetzung beschränkt sich aber nicht nur auf das Unternehmensumfeld – in den Gesprächen wurde vor allem auch die notwendige Zusammenarbeit mit lokalen und regionalen Ämtern und Verwaltungen hervorgehoben, die in Krisenzeiten eine große Unterstützung sein können.

Aus- und Weiterbildung, um Talente zu fördern und dem Fachkräftemangel entgegenzuwirken. Die Aus- und Weiterbildung ist ebenfalls ein anerkanntes Erfolgsrezept, um aus Krisen gestärkt hervorzugehen. Fast alle interviewten Unternehmen bilden selbst aus und beugen so dem Fachkräftemangel vor, indem sie gute Auszubildende übernehmen und fördern, weiterbilden und somit an das Unternehmen binden. Hierbei plädieren viele UnternehmerInnen für die Förderung und Ausbildung vor allem junger Mitarbeitender, die zum einen mit den Trends von morgen vertraut sind, aber auch eine gewisse Unbedarftheit mitbringen, welche neue Ideen und damit Innovationen fördert und das Unternehmen letztendlich nach vorne bringt. Aber auch mit QuereinsteigerInnen haben die Unternehmen gute Erfahrungen gemacht: Der frische Wind, den sie in die Firma mitbringen, verhilft häufig dem gesamten Team zu einem Perspektivwechsel.

Digitalisierung schafft Flexibilisierung und Automatisierung. Ein hoher Digitalisierungsgrad hat vielen befragten Unternehmen durch die Krisen der letzten Jahre geholfen und somit auch *ambige* Situationen der *VUCA-Welt* durch *Agilität* und Flexibilisierung beherrschbarer gemacht. Speziell während der COVID19-Pandemie und der darauffolgenden Ausgangssperren waren digitalisierte und automatisierte Prozesse von großem Vorteil. Prozesse mussten teilweise nicht manuell gesteuert werden, Meetings konnten online per Videokonferenz stattfinden und Maschinen remote bedient werden. Die Digitalisierung hat viele Strukturen und Prozesse beschleunigt und professionalisiert, aber vor allem flexibilisiert. Die Unternehmen sind nun auf viele Widrigkeiten und Krisen besser vorbereitet und können sofort reagieren, wenn sich äußere Gegebenheiten ändern. Digitalisierung bedeutet auch besser „*die Realität managen zu können*". Dies schafft einen Gestaltungsspielraum für alle Beteiligten, der in Krisen für Entscheidungen sehr wichtig sein kann.

Internationalisierung für Offenheit in der Entwicklung und Unterstützung gegen den Fachkräftemangel. Ein letztes und weiteres wichtiges Instrument, welches den befragten UnternehmerInnen in Krisen den Rücken stärkt, sind internationale Mitarbeitende oder auch Kooperationen mit ausländischen Partnern. Neben einer zweiten Firmensprache bringen internationale Mitarbeitende ebenfalls neue Perspektiven aus anderen Kulturen mit und damit häufig neue Lösungsansätze. Nebenbei sind qualifizierte, internationale Mitarbeitende eine wichtige Stellschraube, in der Krise dem Fachkräftemangel entgegenzuwirken. Auch Kollaborationen mit ausländischen Partnern erweitern den Horizont für neue Produkte, Märkte und Kunden.

17.2 Plädoyers und Ausblick für die Zukunft

Wenn eine Fee käme – die drei wichtigsten Wünsche der CEOs. Alle UnternehmerInnen, die für dieses Buch befragt wurden, erhielten am Ende des Interviews die berühmte Frage nach den drei wichtigsten Wünschen für ihr Unternehmen. Diese sind im Folgenden als Plädoyers für das Unternehmen selbst, sein Umfeld und als Ausblick für die Zukunft als Unternehmen im Kreis Ahrweiler zu verstehen.

Erster Wunsch an sich selbst – Mehr Zeit für Innovationen. Viele CEOs berichten auch kriseninduziert von einem gestiegenen Workload und getriebenen Tagesgeschäft. Sie wünschen sich mehr Freiraum für disruptivere Ideen und Geschäftsmodelle und nehmen sich vor, diese in der Zukunft zusammen mit ihren Entwicklungsabteilungen und Mitarbeitenden zu realisieren.

Zweiter Wunsch an sich selbst – Nachfolge meistern. Einige der interviewten Unternehmen befinden sich momentan in der Vorbereitung oder Abwicklung der Generationennachfolge, wofür sie sich teilweise beratende Unterstützung gesucht haben. Ein großes persönliches Anliegen ist es den jetzigen GeschäftsführerInnen, den Generationenwechsel strategisch, operativ, aber auch persönlich ohne Hindernisse und Streitigkeiten umzusetzen.

Wunsch an die Region – Standorte für Fachkräfte und Kunden attraktiver gestalten. Alle UnternehmerInnen schwärmen vom Kreis Ahrweiler als Region, *„in der wir arbeiten und andere Menschen Urlaub machen."* Die Natur, die Kultur, der Weinbau, der Tourismus – Themen, für die das Ahrtal bekannt ist und der viele Touristen, aber auch Arbeitgeber- und ArbeitnehmerInnen anzieht. Einige Unternehmensstandorte, an denen die Interviews stattfanden, befinden sich weiter abgelegen und litten auch schon vor der Flut an Abwanderung und Entfernung von Infrastruktur. Gute Fachkräfte jedoch können überwiegend nur mit attraktiven Angeboten bzgl. Arbeit, Familie und Freizeit gelockt werden. Das gleiche gilt für Kunden, die die Unternehmen im Ahrtal regelmäßig besuchen, um sich von den Produkten der Hidden Champions und KMUs zu überzeugen. Die befragten UnternehmerInnen plädieren dafür, das Momentum der Flut zu nutzen, die jeweiligen Standorte attraktiver zu gestalten. Dazu gehören der Ausbau von Hotellerie, sowie Gästehäusern, der Gastronomie, eines kulturellen Angebotes, Freizeitmöglichkeiten für die Familie, aber auch einer intelligenten, ökologischen und flexiblen Verkehrsinfrastruktur für den urbanen-ländlichen Bereich.

Wunsch an die Region – Verkehrsinfrastruktur verbessern. Um den Unternehmensstandort Kreis Ahrweiler neben der Naherholung für potenzielle ArbeitnehmerInnen, aber auch UnternehmerInnen, Familien oder Gäste attraktiver zu gestalten, wünschen sich die befragten GeschäftsführerInnen des Kreises eine Verbesserung des Ausbaus der öffentlichen

Verkehrsmittel, in erster Linie die der Bus- und Bahnverbindungen. Besonders jüngere Auszubildende oder Mitarbeitende ohne Führerschein sind überwiegend auf den öffentlichen Personennahverkehr (ÖPNV) angewiesen und suchen sich dementsprechend gut erreichbare Ausbildungsstätten. Dieser Wunsch wurde ausnahmslos von allen UnternehmerInnen genannt und dementsprechend auf die allgemeine Infrastruktur ausgeweitet. Sie wünschen sich eine *„massive Investition in Verkehrsinfrastruktur"*, denn dies ist die Voraussetzung, um Interesse bei potenziellen Fachkräften zu wecken. Um Fachkräfte langfristig zu binden, wünschen sich die UnternehmerInnen ausreichend zur Verfügung stehende Grundstücke und Kindergartenplätze, welche gerade für junge Familien als essenziell genannt werden. Auch eine verbesserungswürdige Funk- und Breitbandverbindung wird in Zeiten von vermehrter Remote Work genannt. Die UnternehmerInnen plädieren dafür, dass die Politik *„gerne breiter und innovativer denkt als bisher."*

Wunsch an die Region – Familien unterstützen. Alle UnternehmerInnen, ob mit oder ohne Kinder sind sich einig, dass die Grundlage für eine florierende Wirtschaft in der Familien- und damit Nachwuchsförderung liegt, welche bei den Kleinsten beginnt. Denn Mitarbeitende mit Kindern stehen nur dann dem Arbeitsmarkt zur Verfügung, sofern die Kinderbetreuung gewährleistet ist. Zudem stellen diese Kinder auch die potenziellen Mitarbeitenden von morgen dar und sollten eine qualitativ hochwertige Betreuung und Bildung erfahren. Obwohl das Angebot einer kostenfreien Kindertagesbetreuung in Rheinland-Pfalz gelobt wird, fehlt es oftmals an ausreichenden Ganztagsbetreuungsplätzen bzw. auch an flexiblen und durchgängigen Betreuungsangeboten. UnternehmerInnen berichten, dass die offiziellen Schließtage von Kindertagesstätten oftmals das verfügbare Urlaubsbudget von Mitarbeitenden übersteigen. Hinzu kommen vermehrt zusätzliche Schließtage aufgrund von Personalmangel. Die UnternehmerInnen sind sich einig, dass der Kreis Ahrweiler eine ideale Lebensgrundlage für Familien bietet. Daher sollten Familien und ihren Bedürfnissen besondere Aufmerksamkeit zu Teil werden, indem ein Schwerpunkt auf Investitionen in Kindergärten, Schulen, Spiel- und Sportplätze und bezahlbare Grundstücke gelegt wird. Leider berichten UnternehmerInnen, dass im Zuge des Wiederaufbaus nach der Flut eher entgegengesetzte Signale ausgesendet wurden, beispielsweise die Schließung der Geburtsstation des Klinikums der Kreisstadt oder die langwierige Instandsetzung von zerstörten Spiel- und Sportstätten.

Wunsch an die Region – Gründungen unterstützen und Bildungshubs bauen. Einige UnternehmerInnen gehen über die Schulbildung hinaus und appellieren an die Hochschulen in und um die Region, vermehrt unternehmerisches Denken und Handeln in die Lehre einzubeziehen und gezielt auf Gründungen bzw. Selbstständigkeit vorzubereiten. Weitere Vorschläge sind eine Verschlankung der Prozesse in Gründungswettbewerben sowie ein vielfältigeres Angebot ohne aufwändige Anmeldeverfahren. Eine weitere von vielen UnternehmerInnen unterstützte Idee, um dem demographischen Wandel entgegenzuwirken und Fachkräfte früh zu binden, wären sogenannte Bildungshubs, die zusammen mit Unternehmen thematische Außenstellen von Hochschulen bilden. Diese sollen einerseits eine Vernetzung von Wissensträgern ermöglichen und andererseits die Bindung zwischen Studierenden und Arbeitgebern der Region erhöhen.

Wunsch an die Region – Zugang zu Personal einfacher gestalten. Leider ist der Bedarf an Mitarbeitenden nur aus der Region heraus nicht zu decken. Daher muss sich das Unternehmen auch überregional, deutschlandweit bzw. international „bewerben", um interessant für potenzielle neue ArbeitnehmerInnen zu erscheinen. Ein klarer Wunsch vieler befragter UnternehmerInnen ist deshalb die Vereinfachung der Integration ausländischen Personals, die vielfach noch sehr kompliziert abläuft. Ein Vorschlag der UnternehmerInnen ist es, diese Nachfragen zu bündeln und ein gemeinsames Konzept für den Fachkräftemangel in der Region zu entwickeln. So soll die Vermittlung von Arbeitskräften koordiniert und die rechtlichen und bürokratischen Herausforderungen, die damit einhergehen, gemeinsam gestemmt werden.

Wunsch an die Region – Umweltschutz und Energiewende im Mittelstand unterstützen. Die UnternehmerInnen loben vielfach die Unterstützung aus und Zusammenarbeit mit der Kreisverwaltung, Investitionen für die Energiewende anzugehen. Dennoch würden sich die UnternehmerInnen einen größeren Austausch zwischen Politik und Unternehmen zum Thema Umweltschutz und Energiewende wünschen – beispielsweise eine kreisweite Arbeitsgruppe, die sich mit dem Thema Nachhaltigkeit beschäftigt. In dieser könnte man ganzheitlich auf die Nachhaltigkeitsthemen der einzelnen Unternehmen schauen und sich so gegenseitig unterstützen. Nachhaltigkeitsthemen wie ökologische Landwirtschaft oder Verkehrs- oder Gebäudeinfrastruktur sind häufig miteinander verzahnt, tangieren aber die befragten Unternehmen in unterschiedlichem Maße.

Wunsch an die Region – Digitalisierung unterstützen. Digitalisierun Die UnternehmerInnen betonen, dass Industrieunternehmen eine andere Digitalisierung benötigen als die Gastronomie oder Hotellerie oder öffentliche Themen. Viele UnternehmerInnen im Kreis Ahrweiler haben bereits die Digitalisierung von Prozessen in Eigenregie erprobt und als Erfolgsrezept in Krisen bestätigt. Digitalisierung führt zu 1) Komplexitätsreduktion durch Datensammlung und -teilung, sodass nicht nur ExpertInnen die Zusammenhänge verstehen und ein ganzheitlicher Blick auf die Problematik möglich ist, 2) zur Automatisierung und Flexibilisierung von Prozessen, was ebenfalls dem Fachkräftemangel entgegenwirkt, aber auch zur 3) Vernetzung und zum Austausch von Daten und Wissen, sodass auch überregional gelernt werden kann. Auch hier wünschen sich die UnternehmerInnen mehr Struktur und Kanalisierung der Themen, beispielsweise digitale Plattformen, die Daten und Wissen sammeln und zugänglich machen. Diese Datensammlung könnte in Krisen als *„digitales Gedächtnis"* – auch mithilfe von künstlicher Intelligenz – Maßnahmen vorschlagen, die sich bereits bewährt haben und nicht ständig neu erfunden werden müssten.

Wunsch an die Region – Vernetzung und Engagement unterstützen. Die Vernetzung soll natürlich nicht nur digital stattfinden, sondern die UnternehmerInnen könnten sich auch einen sogenannten strategischen *„Denkkreis"* vorstellen. Dieser Denkkreis könnte in der Hektik von Krisen die Ruhe bewahren und langfristig an einem optimistischen Zukunftsbild *„auch für unsere Kinder"* arbeiten. Denn ein positiv empfundenes Netzwerk in der Region erhöht das Vertrauen der MitbürgerInnen sowie deren Selbstverständnis und Mut, sich für diese Heimat einzusetzen. Alle BürgerInnen des Kreises Ahrweiler sollen sich gerne beteiligen und durch Verantwortungsübernahme sowie Engagement ein gemeinsames positives Zukunftsbild schaffen.

Ein genereller Wunsch – Weniger Bürokratismus in Deutschland. Ein genereller Appell der UnternehmerInnen, der in allen Wünschen durchklingt, ist ein Abbau der Bürokratie. Prozesse von der Personaleinstellung bis zum Gebäudeantrag werden zunehmend komplexer und langwieriger – dies bindet Arbeitskräfte, welche nicht produktiv für das Unternehmen tätig sein können. Dies erschwert für viele UnternehmerInnen die Realisierung vieler oben genannter Wünsche in Eigenregie. Den Willen dazu hätten sie, wie dieses Buch zeigt.

Literatur

Block, J., Moritz, A., Benz, L., & Johann, M. (2021). *Hidden Champions in Rheinland-Pfalz – Identifikation, Erfolgsfaktoren, Herausforderungen*. Studie der Uni Trier.

Lumpkin, G., & Dess, G. (2015). Entrepreneurial orientation. *Wiley Encyclopedia of Management, 3*, 1–4.

Rogers, E. (2010). *Diffusion of innovations*. Free Press.

Stichwortverzeichnis

A
Akquise, 14, 102, 179
Ambiguität, 1, 2, 48

C
Covid19-Pandemie, 1, 60, 74, 92, 124, 150, 175

D
Digitalisierung, 38, 82, 87, 90, 92, 95, 96, 146, 168, 180, 183

F
Fachkräftemangel, 40, 51, 52, 60, 72, 73, 85, 92, 139, 149, 171, 175, 180, 183
Familienunternehmen, 5, 45, 47, 49, 53, 83, 85, 141
Finanzkrise, VIII, 38, 81, 82, 112, 144, 147, 150, 175
Flut, IX, 6, 25–27, 30, 49, 60, 71–75, 82, 83, 86, 87, 93, 114, 120, 122, 125, 137, 146, 148, 170, 171, 175, 181, 182
Flutkatastrophe, 2, 5, 9, 12, 46, 49, 64, 72, 73, 81, 83, 89, 93, 104, 115, 137, 138

G
Generation, 37, 38, 45, 47, 57, 61–63, 70, 79, 80, 91, 138, 141, 146, 168, 173
Geschäftsmodelle, 3, 42, 179, 181
Gründungen, 42, 179, 182

H
Hidden Champions, VIII, 6, 7, 146, 181
Hochschulen, VIII, 57, 62, 64, 96, 115, 146, 149, 182

I
Infrastruktur, VIII, 1, 5, 6, 21, 23–25, 27, 28, 50, 86, 115, 126, 148, 171, 175, 181, 182
Innovation, 3, 24, 25, 43, 53, 56, 70, 92, 126, 166, 180, 181
Internationalisierung, 40, 41, 44, 168, 180

K
KMU, 1, 175
Komplexität, 1, 2, 48

M
Mittelstand, 43, 75, 169, 183
Mitunternehmertum, 178, 179
Mut, VIII, 23, 29, 30, 33, 42, 52, 53, 55, 57, 59, 64, 73, 121, 149, 151, 174, 176, 177, 179, 184

N
Nachfolge, 116, 181
Nachhaltigkeit, 51, 52, 148, 183

© Der/die Herausgeber bzw. der/die Autor(en), exklusiv lizenziert an Springer-Verlag GmbH, DE, ein Teil von Springer Nature 2024
M. Heinzen und J. Thiele, *Unternehmertum im Kreis Ahrweiler*,
https://doi.org/10.1007/978-3-662-68329-3

P
Proaktivität, 30, 52, 86, 96, 176–178

R
Reflektion, 60, 96, 169, 170, 176, 178
Resilienz, 5, 121, 128, 176, 178
russischen Angriffskrieg auf die Ukraine, 148, 175

S
Start-ups, 8, 85
Strategie, 24, 27, 53, 70, 74, 86, 108, 178

T
Technologie, 56, 91, 101, 106, 131, 135, 139, 143, 177, 178

U
Umzug, 79, 84, 101, 103, 104, 145, 146, 148, 167
Unsicherheit, 1, 2, 48, 61, 72, 81, 114, 179
Unternehmerisches Denken und Handeln, 176

V
Vernetzung, 24, 25, 30, 94, 115, 150, 179, 183, 184
Vision, 2, 24, 116, 178
Volatilität, 1, 2, 48
VUCA, 1–3, 48, 50, 52, 53, 176, 178–180

W
Weitsicht, 11, 19, 124, 176, 178

Printed by Books on Demand, Germany